EU 진출 기업을 위해
공정거래 전문가가 쉽게 풀어쓴 EU 경쟁법 해설서

EU 경쟁법의 이해

김문식

박영사

저자_ 김문식

서울대학교 경제학부를 졸업하고, 미국 University of Illinois at Urbana-Champaign에서 경제학 박사학위를 취득했다. 공정거래위원회 제조업감시과장, 전자거래과장, 부당지원감시과장 등을 거쳐 2019년 8월부터 3년 동안 주벨기에 · 유럽연합대사관에서 참사관으로 근무했다. 2022년 8월부터 공정거래위원회에 재직 중이다.

EU 경쟁법의 이해
— EU 진출 기업을 위해 공정거래 전문가가 쉽게 풀어쓴 EU 경쟁법 해설서

초판발행	2022년 8월 25일
지은이	김문식
펴낸이	안종만 · 안상준
편 집	조한라
기획/마케팅	정연환
표지디자인	BEN STORY
제 작	고철민 · 조영환
펴낸곳	(주) 박영사
	서울특별시 금천구 가산디지털2로 53, 210호(가산동, 한라시그마밸리)
	등록 1959. 3. 11. 제300−1959−1호(倫)
전 화	02)733−6771
f a x	02)736−4818
e-mail	pys@pybook.co.kr
homepage	www.pybook.co.kr
ISBN	979−11−303−4253−5 93360

정 가   23,000원

우리나라를 포함해서 시장경제를 채택하고 있는 대부분의 국가는 자유롭고 공정한 경쟁을 촉진하기 위해 경쟁법을 운영하고 있다. 마찬가지로 유럽연합EU의 27개 회원국도 모두 경쟁법을 운영하고 있다. 그렇다면 왜 EU는 별도의 경쟁법을 운영하고 있을까? EU 경쟁법과 회원국 경쟁법은 어떤 관계에 있을까? EU 경쟁법은 미국 등 여타 국가의 경쟁법과 어떤 점이 다른가? 간단히 답변하면 EU 경쟁법은 유럽 통합의 역사와 궤를 같이하고, EU 단일시장을 유지하는 데 핵심적인 역할을 담당한다는 것이다. 이러한 EU 경쟁법만의 독특한 특징을 알고 나면 왜 경쟁법이 EU에서 크게 발달해 있고 EU가 전 세계에서도 가장 강력하게 경쟁법을 집행하는지 쉽게 이해할 수 있다.

2010년 한-EU FTA 체결을 계기로 우리나라 기업의 EU 수출과 투자가 크게 증가하고 있다. 경제 교류 확대는 우리 기업에게는 큰 성장의 기회가 될 수 있지만, 다른 한편으로는 우리 기업이 EU 시장과 소비자에게 미치는 영향이 커져서, EU 경쟁법 위반을 이유로 조사와 제재를 받을 가능성도 커졌음을 의미한다. 실제로 EU는 2010년 이후 국제카르텔을 적발해서 우리 기업들에 약 11억 6,490만 유로의 과징금을 부과했다. 최근에는 카르텔을 넘어 기업결합, 국가보조금 등으로 경쟁법 사건의 범위가 확대되고 있다. 예를 들어 EU는 2022년 1월 우리 조선사 간의 기업결합(현대중공업의 대우조선해양 인수)을 금지했다. 또한 항공사(대한항공–아시아나항공), 전기차 배터리 제조사(삼성SDI, LG에너지솔루션) 등 우리 기업들에 대한 기업결합, 국가보조금 사건이 잇달아 발생하고 있다. 경쟁법 사건은 피조사기업의 재무구조와 경영전략 등에 큰 충격을 줄 수 있고, 더 나아가 우리나라의 관련 산업과 지역경제 전반에도 상당한 영향을 미칠 수 있다. EU 경쟁법에 대한 정확한 이해와 대비가 필요한 실질적 이유가 여기에 있다.

저자는 주벨기에·유럽연합대사관에서 2019년 8월부터 근무하면서 다양한 기업결합·국가보조금 사건, Google, Apple, Amazon 등 빅테크 기업 조사, 디지털시장법 제정, 역외 보조금 규제 도입 등 EU의 경쟁법 집행 및 경쟁정책 수립과정을 현장에서 직접 경험했다. 아울러 EU에 진출한 우리 기업들을 대상으로 EU 경쟁법을 위반하지 않도록 다양한 예방교육과 지원 활동을 수행했다. 이 책은 이러한 저자의 경험을 국내에 있는 우리 기업, 정책 입안자 등 이해관계자들에게 전파함으로써 EU 경쟁법 리스크를 최소화하려는 목적에서 집필했다.

이 책을 쓰면서 특히 두 가지에 신경을 썼다. 첫째, 연구 목적의 교과서가 아닌 우리 기업과 정책입안자들이 직접 도움을 얻을 수 있도록 EU 경쟁법에 대한 실무적 참고서를 쓰려고 노력했다. 우리 기업들은 기업결합, 투자 등 주요 의사결정과정에서 이해 부족이나 부주의로 인해 EU 경쟁법을 위반하지 않도록 하고, 정책입안자들은 공정거래, 구조조정, 보조금 지원, 디지털 규제 등 경쟁·산업·통상 정책을 설계함에 있어 EU 경쟁정책을 이해하고 참고할 수 있도록 하는 데 중점을 두었다. 특히, 그간 기업과 관계 부처들로부터 질문을 많이 받았던 최근 규제 입법동향, 입법절차, 경쟁법 세부 규정, 사건처리절차, 카르텔 자진신고 방법, 과징금 산정방식, 방어권 행사방법 등 실무적인 내용을 최대한 많이 담으려고 했다. 둘째, EU 경쟁법이 전문용어로 가득해 이해가 어렵다는 이해관계자들의 고충이 많아 최대한 쉬운 용어로 설명하려고 노력했으며, 상세한 내용이 필요한 경우에는 참고자료를 쉽게 찾아볼 수 있도록 자료명과 출처를 주석에 표기했다.

이 책이 나오기까지 여러 주제에 대해 함께 토론하고 기꺼이 조언을 해준 EU 경쟁총국의 많은 동료들, 브뤼셀 현지의 교수·변호사 등 여러 경쟁법 전문가분들에게 감사인사를 드린다. 특히 Torben Toft, Henry Abbott, Damien Gerard, Bertold Bär-Bouyssière에게 고마움을 표하고 싶다. 그리고 이 책을 출판하기까지 저자의 여러 고민에 대해 친절히 소통해주신 박영사 임재무 전무님, 빠듯한 일정 속에서 완성도를 높이려는 저자의 고집스러움을 끝까지 이해해주고 교정 작업에 최선을 다해주신 조한라님 등 출판사 관계자분들께도 감사의 마음을 전한다.마지막으로 퇴근 후 매일 밤마다 책을 쓴다는 이유로 가정에 소홀히 한 잘못을 너그러이 이해하고 응원해준 아내와 아이들(도연, 대윤)에게 사랑하고 고맙다는 말을 남기고 싶다.

2022년 8월 브뤼셀에서,
김문식

차례

제1장

EU 경쟁법 이해하기:
실무편

1. EU 경쟁법은 유럽 통합의 핵심 정책수단이다!

전 세계 국가 중 유럽연합European Union, EU에서 경쟁법competition law이 가장 발달해 있고 집행수준 역시 가장 높다고 해도 과언이 아니다. 그 이유는 유럽 통합과 EU 경쟁법 간의 관계를 이해하면 알 수 있다.

EU는 정치적으로는 27개 회원국들이 각각 독립된 주권을 행사하지만 경제적으로는 하나의 시장, 즉 단일시장single market을 형성하고 있다. 따라서 단일시장이 붕괴되면 유럽 통합은 그 경제적 의미를 상실하게 된다. EU의 법적 근거인 EU 기능조약Treaty on the Functioning of the European Union, TFEU[1] 제3조는 단일시장을 유지하기 위한 핵심 수단으로 통화정책monetary policy, 관세동맹customs union과 함께 경쟁법을 규정하고 있다. 이에 따라 EU 회원국들은 단일 통화를 사용[2]하고, 역외 국가로부터의 수입품에 대해 단일 관세율을 적용하면서 회원국 간의 무역에 대해서는 관세를 부과하지 않고 있다.

그렇다면 경쟁법은 단일시장을 형성하는 데 어떤 역할을 수행하는 것일까? 27개 회원국 시장이 경제적으로 하나로 통합되기 위해서는 상품과 서비스의 자유로운 이동이 가능해야만 한다. 그런데 만약 독점적 지위에 있는 자동차회사가 회원국별로 자동차 판매가격을 다르게 설정하고, 소비자들이 국경을 넘어 가격이 낮은 다른 회원국에서는 자동차를 구매할 수 없도록 제한하는 경우를 생각해보자. 회원국 간 무역을 제한하는 법률적인 장벽이 없더라도 이러한 시장분할 등 반경쟁적 행위anti-competitive practices가 지

---

1 EU의 권한과 기능을 규정하고 있다.
2 엄밀히 말하면, 유로화를 사용하는 19개 회원국을 의미하며 이를 유로존Euro Zone이라고 한다.

EU 경쟁법의 이해

그림 1 ..... **로마 조약 체결(1957, 왼쪽)과 EU 단일시장(2022)**(출처: 위키피디아)

속되면 EU 단일시장은 유지될 수 없다. 회원국들이 각기 경쟁법을 채택하고 있음에도, EU 차원에서 모든 회원국에 동일하게 적용되는 경쟁법을 직접 제정하고 강력히 집행하는 이유가 바로 여기에 있다.

연혁적으로도 EU 차원의 경쟁법은 1957년 유럽경제공동체^{European Economic Community, EEC}의 창설 근거인 로마 조약^{Treaty of Rome}부터 포함되어 현재의 EU에까지 이르고 있다.

EU 경쟁법이 유럽 통합에 실질적으로 기여하는 또 하나의 사례로 국가보조금 규제^{state aid control}를 들 수 있다.[3] 이는 회원국이 특정 기업에 일정 규모 이상의 보조금을 지원하려는 경우, 사전에 EU에 신고하고 승인을 받은 경우에만 보조금을 지원하도록 하는 것이다. 이때 EU는 관련 시장의 경쟁이 왜곡되는지를 심사해서 승인 여부를 결정하게 된다.[4] 일반적으로 경쟁법은 카르텔^{cartel}, 독점력 남용^{abuse of dominance}, 기업결합^{mergers and aquisition, M&A}

....

3 TFEU 제107조에 근거하고 있다.
4 만약 회원국이 EU의 심사를 거치지 않고 보조금을 지원한 경우에는 회원국에 이자를 포함해서 보조금을 회수하도록 명령하거나 EU 법원에 소송을 제기할 수 있다.

규제로 구분될 수 있는데, 이에 더해 EU는 전 세계에서 유일하게 국가보조금을 경쟁법 차원에서 규제하고 있는 것이다. 실제로 국가보조금 규제는 경쟁 담당 부처인 EU 경쟁총국^{Directorate-General for Competition, DG Comp}의 업무 중 50% 이상을 차지할 정도로 그 중요성이 매우 크다.[5] 이는 회원국들이 보조금 지원 경쟁을 펼칠 경우 경쟁이 왜곡될 뿐만 아니라 단일시장 유지 및 유럽 통합에 큰 위협이 되기 때문이다.

2. 구체적으로 무슨 법률을 말하나?

'EU 경쟁법'은 카르텔, 독점력 남용, 국가보조금, 기업결합 등 4개 분야에서의 경쟁을 제한하는 행위를 규제하는 법률을 통칭한다.

먼저 카르텔, 독점력 남용, 국가보조금 규제는 각각 TFEU 제101조, 제102조, 제107조에 법적 근거를 두고 있다. 그리고 이를 기초로 법률 성격의 EU 이사회 규정과 시행령 성격의 EU 집행위원회^{European Commission} 규정이 운영되고 있다. 한편, 기업결합 규제는 TFEU가 그 법적 근거로 부적절하다는 지적이 제기되어 1989년 12월 EU 기업결합 심사규정^{EU Merger Regulation, EUMR}이 EU 이사회^{Council of the EU} 규정 형식으로 제정되었다.

··········

5 2022년 8월 기준 EU 경쟁총국이 조사를 완료했거나 조사 중인 사건 수를 살펴보면, 독점력 남용 및 카르텔 사건은 약 4만 개, 기업결합 사건은 약 1만 개인 반면, 국가보조금 사건은 약 10만 개에 이르고 있다.

EU 경쟁법의 이해

표 1_ 분야별 EU 경쟁법령

분야	TFEU	Council Regulation	Commission Regulation
카르텔	제101조	No. 1/2003	No. 773/2004
독점력 남용	제102조		
기업결합	-	No. 139/2004	No. 802/2004
국가보조금	제107조	No. 2015/1589	No. 794/2004

카르텔 규제의 법적 근거인 TFEU 제101조 제1항은 경쟁을 제한하는 경쟁업체 간 합의agreements[6] 또는 거래 상대방 간 합의[7]를 금지하고 있다. 특히 가격 고정, 생산량 제한, 시장분할 등[8]이 대표적인 규제 대상이다.

TFEU 제101조 제1항 회원국 간 거래에 영향을 미치면서 경쟁을 저해하는 목적이나 효과를 지니는 기업들 간의 모든 합의, 사업자단체의 결정decisions 또는 협력행위 concerted practices는 EU 역내 시장과 양립하지 않아 금지된다. 특히 다음 5가지 유형은 금지 대상에 포함된다.

1) 직간접으로 구매가격 또는 판매가격, 기타 거래조건을 고정하는 행위
2) 생산·판매·기술개발·투자를 제한하거나 통제하는 행위
3) 시장과 공급원을 분할하는 행위
4) 동일한 거래임에도 불구하고 차별적인 조건을 부과해서 경쟁에서 불리하도록 하는 행위
5) 계약의 성질상 또는 상관습에 비추어 계약의 목적과 관계없는 부가 의무를 수용하는 조건으로 계약을 체결하는 행위

....

6　이를 수평적 합의horizontal agreement라고 한다.
7　이를 수직적 합의vertical agreement 또는 수직적 제한vertical restraint이라고 한다. 제조업체와 유통업체 간 계약이 대표적이다.
8　이와 같이 경쟁제한을 그 목적으로 하는 합의를 경성카르텔hardcore cartel이라고 한다.

TFEU 제102조는 독점적 지위^{dominant position}를 보유한 기업의 남용 행위를 금지하고 있다. 독점적 지위 자체는 불법이 아니지만, 그러한 지위를 가진 기업은 경쟁을 제한하지 않도록 하는 특별한 책임을 부담해야 한다는 인식에 기초하고 있다. 예를 들어 구매업체로 하여금 자신의 제품을 모두 구매하도록 강제하는 행위^{exclusive purchasing}, 경쟁업체를 퇴출시키기 위해 손실을 보는 정도의 가격을 부과하는 행위^{predatory pricing}, 필수 불가결한 원자재의 공급을 거절하는 행위 등이 대표적인 금지 행위이다.

TFEU 제102조 회원국 간의 거래에 영향을 미치는 행위로서, 역내 시장의 전체 또는 상당 부분에서 독점적 지위를 가진 1개 이상 기업들의 남용 행위는 EU 역내 시장과 양립하지 않아 금지된다. 그러한 남용 행위는 특히 아래와 같다.

1) 직간접적으로 부당한 구매가격 또는 판매가격, 기타 부당한 거래 조건을 부과하는 행위
2) 생산, 시장, 기술개발을 제한해서 소비자 피해를 유발하는 행위
3) 동일한 거래임에도 불구하고 차별적인 조건을 부과해서 경쟁에서 불리하도록 하는 행위
4) 계약의 성질상 또는 상관습에 비추어 계약의 목적과 관계없는 부가 의무를 수용하는 조건으로 계약을 체결하는 행위

TFEU 제107조는 회원국이 선택적으로 특정 기업에만 보조금을 지원하면 경쟁을 왜곡하기 때문에 보조금 지원을 원칙적으로 금지하고 있다. 다만, 낙후지역^{disadvantaged area}의 경제개발 등 예외적인 사유가 있는 경우에는 EU 집행위원회의 심사를 거쳐 승인을 얻은 경우에만 회원국의 보조금 지원이 허용되고 있다.

> **TFEU 제107조 제1항** 조약에 달리 규정되어 있는 경우를 제외하고, 회원국 간 거래에 영향을 미치면서 특정 기업에 혜택을 주어 경쟁을 왜곡하거나 왜곡시킬 우려가 있는 회원국의 보조금 지원은 역내 시장과 양립하지 않는다.

한편, 대부분의 기업결합은 신제품 생산, 비용 절감 등 효율성을 목적으로 추진된다. 그러나 일부에서는 기업결합 후 기업이 독점적 지위를 갖게 되어 경쟁이 제한됨으로써 가격 인상, 혁신 유인 감소, 선택의 폭 축소 등 소비자 피해가 발생할 수 있다. 이에 따라 EU 집행위원회는 매출액turnover을 기준으로 일정 규모 이상의 기업결합에 대해 사전심사를 하고, 경쟁이 제한될 우려가 있는 경우 해당 기업에게 시정방안remedy을 제출하도록 하고 있다.

> **EU 기업결합 심사 규정 제2조 제3항** 기업결합을 통해 독점적 지위를 갖게 되거나 강화시킴으로써 역내 시장의 전체 또는 상당 부분에서 경쟁을 현저히 제한하는 기업결합은 역내 시장과 양립되지 않는다.

3. EU 경쟁법과 회원국 경쟁법은 어떤 관계에 있나?

EU 단일시장이 정상적으로 기능하기 위해서는 단일의 경쟁법이 전체 회원국 내에서 일관되게 적용되어야 한다. 그런데 27개 회원국은 개별적으로 자국 시장에 적용되는 경쟁법을 운영하고 있고, 그 내용은 국가별로 조금씩 다를 수밖에 없다. 이러한 상황에서 어떻게 EU 전 지역에 걸쳐 경쟁법이 조화롭게 적용될 수 있을까? 이는 회원국 간 경쟁법 적용이 분절화fragmentation 되지 않도록 EU 차원에서 다양한 안전장치safeguard를 두고 있기 때문이다.

첫째, 회원국은 자국 경쟁법뿐만 아니라 EU 경쟁법(TFEU 제101조, 제102조)도 집행할 수 있다.[9] 이에 따라 EU 경쟁법이 EU 집행위원회와 회원국 경쟁 당국에 의해 EU 전역에서 촘촘하게 집행되는 것이다. 실제로 2004년 5월부터 2020년 12월까지 EU 경쟁법을 적용해서 내려진 결정(1,392건) 중 90.7%(1,263건)가 회원국 경쟁 당국에 의해서 이루어지고 있다.[10]

둘째, 회원국은 자국 경쟁법으로 카르텔과 독점력 남용 행위를 규제하려면 반드시 EU 경쟁법(TFEU 제101조, 제102조)을 함께 적용해야 한다.[11] 또한 회원국 경쟁 당국은 EU 집행위원회가 기존에 내린 결정에 반하는 결정을 할 수 없다.[12] 따라서 EU 경쟁법상 위법한 행위는 회원국도 위법한 것으로 평가하게 된다.

셋째, 회원국 경쟁 당국은 EU 경쟁법(TFEU 제101조, 제102조)을 적용할 때 EU 집행위원회에 자문할 수 있다. 또한 회원국은 경쟁법 위반을 이유로 시정조치 등을 부과하려는 경우 최소 30일 전에 EU 집행위원회에 관련 내용을 통보하고 EU 집행위원회는 이견이 있는 경우 의견을 개진할 수 있다.[13]

넷째, EU 집행위원회가 EU 경쟁법(TFEU 제101조, 제102조) 위반혐의에 대해 먼저 공식조사에 착수^{opening of proceedings}한 경우, 중복조사를 회피하기 위해 회원국 경쟁 당국은 동일한 기업에 대해 동일한 혐의를 이유로 조사를 개시할 수 없다.[14]

....

9 Council Regulation 1/2003 Article 5
10 EU 경쟁총국 홈페이지의 유럽경쟁네트워크 사건처리 통계(https://ec.europa.eu/competition-policy/european-competition-network/statistics_en)
11 Council Regulation 1/2003 Article 3
12 Council Regulation 1/2003 Article 16
13 Council Regulation 1/2003 Article 11(4), 11(5)
14 Council Regulation 1/2003 Article 11(6)

EU 경쟁법의 이해

다섯째, 기업결합 사건에서 EU 집행위원회가 심사 권한을 갖는 경우[15] 회원국은 동일한 사건을 심사할 수 없다. 이를 원스톱숍one-stop shop 원칙이라고 한다. 또한 개별 회원국의 경쟁법상 기업결합 신고 요건을 충족해서 여러 회원국이 동일한 기업결합에 대해 심사 권한을 갖게 되는 경우, 회원국들은 EU 집행위원회에서 사건을 심사하도록 공동으로 사건 이관referral 요청을 할 수 있다.[16] 이러한 심사 권한의 조정을 통해 동일한 기업결합에 대해 EU 집행위원회와 회원국 간 또는 회원국들 간에 상충되는 기업결합 심사 결과가 발생하지 않게 된다.

여섯째, EU 집행위원회와 27개 회원국 경쟁 당국은 회의체인 유럽경쟁네트워크European Competition Network(카르텔, 독점력 남용 분야), 기업결합워킹그룹Merger Working Group(기업결합 분야)을 운영하고 있다.[17] 이 회의체에서 EU 집행위원회와 회원국들은 사건을 처리할 소관 당국을 결정하거나 상호간에 필요한 정보를 교환하는 등 EU 전체에서 경쟁법이 조화롭고 일관되게 적용되도록 적극 협력하고 있다.

마지막으로 회원국 법원도 EU 경쟁법을 적용할 수 있으며[18], 의문이 있는 경우 EU 사법재판소Court of Justice of the EU에 해석을 요청할 수 있다.[19] EU 사법재판소의 결정을 선결적 판결preliminary ruling이라고 하는데, 이를 통해 EU 집행위원회와 회원국 경쟁 당국 간뿐만 아니라 회원국 법원 간에도 일관된 법 적용이 가능해진다.

··········

15 Merger Regulation 139/2004의 신고 요건을 충족하는 기업결합
16 Merger Regulation No 139/2004 Article 22
17 27개 회원국 경쟁 당국의 기관명과 홈페이지는 EU 경쟁총국 홈페이지(https://ec.europa.eu/competition-policy/antitrust/national-competition-authorities_en)에서 확인 가능하다.
18 Council Regulation 1/2003 Article 6
19 TFEU Article 267

4. 담당 부처와 의사결정구조는?

EU의 행정부는 EU 집행위원회이며, 5년 단위로 새로운 집행위원회가 구성된다. EU 집행위원회는 27개 회원국을 대표하는 27명의 집행위원들로 구성된다. 2019년 12월부터 임기를 시작한 현 집행위원회는 집행위원장president 1명, 수석부집행위원장executive vice-president 3명, 부집행위원장vice-president 5명, 집행위원commissioner 18명으로 구성되어 있다.

EU 집행위원회 산하의 여러 부처를 총국Directorate-General이라 하고 줄여서 DG로 쓴다. '총국'으로 번역하는 이유는 EU 집행위원회 내 특정 분야의 소관 부처가 27개 회원국의 관련 부처들을 총괄적으로 조정, 지휘하는 위치에 있기 때문이다. EU 집행위원회 내에는 34개의 총국이 있는데, 이중 EU 경쟁법을 담당하는 부처는 EU 경쟁총국Directorate-General for Competition이며 줄여서 DG Comp로 쓴다.[20]

EU 경쟁총국은 경쟁총국장Director-General 1명, 반독점antitrust[21] · 기업결합 · 국가보조금 분야를 각각 담당하는 3명의 부총국장 아래에 9개 국(A~I), 44개 과로 구성되어 있다. 2022년 8월 현재 경쟁총국장은 올리비에 게르성Olivier Guersent[22]이다. A국은 정책 · 제도, G국은 카르텔, H국은 국가보조금, I국은 행정 업무를 담당하며, B~F국은 산업별로 해당 산업에서의 반

----

20 EU 경쟁총국 홈페이지 주소는 https://ec.europa.eu/competition-policy/index_en이다. EU 경쟁총국이 조사한 사건에 대한 최종 결정은 EU 집행위원회에서 이루어지기 때문에 EU 경쟁총국과 EU 집행위원회를 혼용해서 사용하기도 한다.
21 카르텔과 독점력 남용 행위 규제를 통칭한 용어이다.
22 게르성 총국장은 프랑스 출신이며, 1984년 프랑스 경쟁 당국에서 공직생활을 시작한 후 1992년 EU 경쟁총국으로 이직했다. 2014~2019년에는 EU 금융총국 부총국장, 총국장을 역임한 뒤 2020년 1월 EU 경쟁총국장에 임명되었다.

그림 2 ..... **EU 경쟁총국 홈페이지**(출처: EU 집행위원회)

독점, 기업결합, 국가보조금 사건을 처리한다. B국은 환경 및 에너지, C국은 정보통신 및 미디어, D국은 금융, E국은 기초산업, 제조업 및 농업, F국은 운송, 우편 및 기타 서비스 분야를 담당한다. 한편, EU 경쟁총국은 사건의 경제분석 업무를 담당하는 전담 조직Chief Economist's team 조직을 두고 있다. 2022년 8월 현재 EU 경쟁총국 조직도는 〈그림 3〉과 같다.

EU 경쟁총국장은 EU 경쟁 담당 집행위원의 지휘를 받는데, 2022년 8월 현재 집행위원은 덴마크 출신의 마가렛 베스타거Margrethe Vestager[23]가 담당

··········

23 20대 초반부터 덴마크에서 직업 정치인으로서 활동해왔으며, 사회자유당 대표 (2007~2014년), 경제·내무부 장관(2011~2014년), 교육부 장관(1998~2001년) 등을 역임했다. 홈페이지는 https://ec.europa.eu/commission/commissioners/2019-2024/

European Commission

DG COM

HR CORRESPONDENT
STEFAN SIEBERT

ADVISER MERGERS
HENRI PIFFAUT

DEPUTY DIRECTOR-GENERAL
MERGERS
GUILLAUME LORIOT

DEPUTY DIRECTOR-GENERAL
ANTITRUST
LINSEY MCCALLUM

ADVISER FOR CONSUMER
LIAISON
ALES MUSIL

COMP.A
POLICY & STRATEGY
INGE BERNAERTS

COMP.A.1
ANTITRUST CASE SUPPORT & POLICY
SOPHIE MOONEN

COMP.A.2
MERGERS CASE SUPPORT & POLICY
JULIA BROCKHOFF

COMP.A.3
STATE AID: CASE SUPPORT & POLICY
KOEN VAN DE CASTEELE

COMP.A.4
EUROPEAN COMPETITION NETWORK & PRIVATE
ENFORCEMENT
ANNA VERNET

COMP.A.5
INTERNATIONAL RELATIONS
EDDY DE SMIJTER

TASK FORCE
THIRD-COUNTRY SUBSIDIES

COMP.G
CARTELS
MARIA JASPERS

COMP.G.1
CARTELS I
MARIA JASPERS (ACTING)

COMP.G.2
CARTELS II
CLAUDIA DE CESARIS

COMP.G.3
CARTELS III
BRIGITTA RENNER-LOQUENZ

COMP.G.4
CARTELS IV
GERALD MIERSCH

DDG1.02
INTELLIGENCE, ANALYSIS & FORENSI
DIRK VAN ERPS (ACTING)

COMP.B
MARKETS & CASES I: ENERGY & ENVIRONMENT
ANNA COLUCCI

COMP.B.1
ANTITRUST. ENERGY, ENVIRONMENT
MARIEKE SCHOLZ

COMP.B.2
STATE AID I
NICOLA PESARESI

COMP.B.3
STATE AID II
PEER RITTER

COMP.B.4
MERGERS
FRANCK DUPONT

COMP.C
MARKETS & CASES II: INFORMATION, COMMUNICATION & MEDIA
ALBERTO BACCHIEGA

COMP.C.1
ANTITRUST. ELECTRONIC, COMMUNICATIONS
HANNA ANTTILAINEN

COMP.C.2
ANTITRUST. MEDIA
FRIEDRICH WENZEL BULST

COMP.C.3
ANTITRUST. IT, INTERNET & CONSUMER ELECTRONICS
BRICE ALLIBERT

COMP.C.4
STATE AID
KRZYSZTOF KUIK

COMP.C.5
MERGERS
ANNEMIEK WILPSHAAR

COMP.C.6
ANTITRUST E-COMMERCE & DATA ECONOMY
THOMAS KRAMLER

TASK FORCE
DIGITAL MARKETS ACT

CO
MAR
BAR

COMP.D
ANTITRUS
MONIQUE

COMP.D
ANTITRUS
JEAN BER

COMP.D
STATE AI
ANDREA E

COMP.D
STATE AI
AGATA M

COMP.D
MERGERS
ULLA SC

D Deputy to the Director

SECONDED MANAGERS AND ADVISERS: L. BONOVA, SECONDED TO THE CABINET OF EXECUTIVE VICE-PRESIDENT VESTAGER / H. PIFFAUT, S

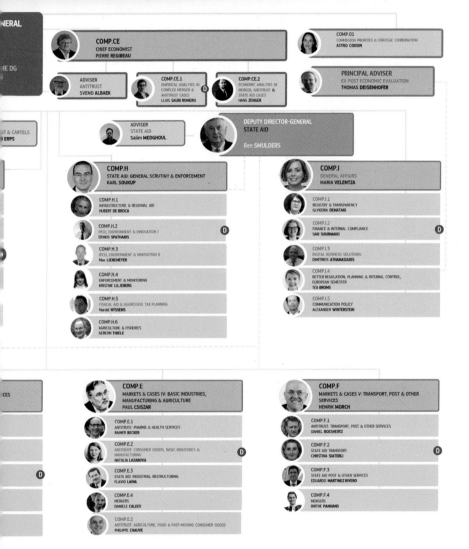

그림 3 ..... EU 경쟁총국 조직도(출처 : EU 집행위원회)

그림 4 ..... 마가렛 베스타거 수석부집행위원장의 Google Android 사건 기자회견(출처 : EU 집행위원회)

하고 있다. 베스타거 집행위원은 2014년 11월부터 2019년 11월까지 이전 EU 집행위원회 시절에 경쟁 담당 집행위원을 역임했는데, 2019년 12월 새로운 집행위원회가 출범하면서 수석부집행위원장으로 지위가 격상되어 경쟁 업무와 함께 전 부처의 디지털 정책업무를 총괄하고 있다. 특히 집행위원 재직 기간 내내 Google, Amazon, Apple, Broadcom 등 빅테크big tech 기업들의 독점력 남용 행위를 조사하고 제재하는 데 많은 노력을 기울이고 있으며[24], 2021년 12월에는 빅테크 기업들에 대해 사후ex-post 규제인 경쟁법 적용을 넘어서 사전ex-ante 규제수단인 디지털시장법Digital Markets Act. DMA 제정을 추진하는 등 디지털시장에서의 공정경쟁 환경level-playing field 조성을 경쟁정책

....

vestager_en 참조.

24 미국 빅테크 기업들에 대한 EU 집행위원회의 조사가 계속 이어지자, 2019년 6월 도널드 트럼프Donald Trump 미국 대통령은 언론 인터뷰에서 마가렛 베스타거 EU 수석부집행위원장을, "지금까지 만난 사람 중에 가장 미국을 싫어하는 사람She hates the United States perhaps worse than any person I've ever met"이라고 칭하며 반감을 표현하기도 했다.

EU 경쟁법의 이해

의 최우선과제로 추진하고 있다.

EU 경쟁법 위반 사건에 대한 과징금, 시정조치 부과 등 최종 결정은 경쟁 집행위원이 단독으로 하는 것이 아니라, 27명의 집행위원으로 구성된 집행위원단college of commissioners 회의에서 EU 집행위원회의 다수결 방식으로 채택된다. 그러나 실제로는 준사법절차가 적용되는 조사업무의 성격, 경쟁 당국의 전문성 등을 존중해서 경쟁 집행위원의 의견이 그대로 EU 집행위원회의 결정으로 이어지는 것이 일반적이다.

5. 사건은 어떤 절차를 거쳐 처리되나?

EU 경쟁법 분야별로 사건처리절차가 상이하다.

(1) 카르텔·독점력 남용 사건

신고, 직권조사, 시장조사, 자신신고 감면제도(리니언시) → 예비조사 → 공식조사 착수 → 이의제기서 채택 → 피조사기업 자료접근권 행사 → 피조사기업 의견서 제출 → 청문회 개최(선택사항) → 자문위원회 개최 → 집행위원단 회의 최종 결정

카르텔·독점력 남용 사건은 신고complaint가 있거나, 시장조사sector inquiry 등을 통해 파악한 기업의 법위반 정보를 기초로 조사가 시작된다. 다만, 카르텔 사건 중 상당수는 카르텔에 참여한 기업들 중 일부가 자진신고를 하면서 조사가 시작되고 있다.

그러나 EU 경쟁총국이 특정 기업의 법위반혐의에 관한 정보를 인지했다고 해서 모두 사건화를 하지는 않음에 유의할 필요가 있다. 따라서 신고

가 있었더라도 EU 경쟁총국은 예비조사initial assessment를 통해 추가 조사의 실익이 없는 것으로 판단될 경우 사건을 종결하고, 경쟁제한이나 소비자 피해 등이 예상되는 법위반 가능성이 높은 사건에 한해서만 공식적인 조사에 착수opening of proceedings한다.[25] 예비조사 단계에서도 EU 경쟁총국은 피조사기업에게 예비조사의 범위, 목적 등을 통보하며, 자료 제출 요구 등 조사권을 발동할 수 있다. 신고사건의 경우, EU 경쟁총국은 신고서 접수일로부터 원칙적으로 4개월[26] 내에 사건을 종결할지, 공식조사에 착수할지를 결정해서 신고인에게 통보한다.

EU 경쟁총국은 공식조사에 착수하기로 결정한 경우, 조사에 지장을 초래하지 않는 한 피조사기업에게 해당 사실을 통지하고, 홈페이지와 보도자료를 통해 그 사실을 대외에 발표한다. 다만, 카르텔 사건의 경우 일반적으로 공식조사 착수는 EU 경쟁총국이 이의제기서statement of objections. SO를 채택하는 시점에 이루어진다. 이는 카르텔 사건의 경우 SO 채택 이전까지는 충실한 조사를 위해 사건을 비밀로 유지해야 할 필요가 있기 때문이다.

EU 경쟁총국은 조사를 통해 피조사기업이 TFEU 제101조 또는 제102조를 위반했다고 잠정적으로 판단하는 경우, SO를 채택하고 피조사기업에게 송부하게 된다. SO는 우리나라 공정거래법령상의 심사보고서에 해당한다. SO에는 피조사기업의 행위 사실, EU 경쟁총국이 법위반이라고 판단한 사유와 근거가 기재된다. 또한 법위반 상태를 중단시키기 위해 필요한 시정

....

25 반면, 우리나라의 공정거래위원회는 공정거래법령의 적용 대상이 아닌 것이 명백한 경우 등 예외적인 경우를 제외하고, 원칙적으로 모든 신고사건에 대해 조사를 실시하고 조사 결과를 신고인에게 통보한다.
26 다만, 4개월의 기간은 법정 기간이 아니며 EU 경쟁총국을 구속하지 않는다. 통보 기간은 신고 내용, 신고인과 피조사기업의 자료 제출 협조 여부 등에 따라 사건마다 달라질 수 있다.

EU 경쟁법의 이해

조치가 부과되거나, 제재 등의 목적으로 과징금이 부과되는 경우에는 시정 조치의 내용, 과징금의 산정 근거도 포함된다. 신고사건의 경우, 신고인은 SO의 공개 버전non-confidential version을 수령할 수 있다.

피조사기업은 SO를 송부받은 후, 서면으로 반박 의견서를 제출하고 청문회에 참석해서 구두로 의견을 진술할 기회를 부여받게 된다. 이러한 방어권을 행사하기에 앞서 피조사기업은 EU 경쟁총국이 보유한 자료를 사전에 확인할 수 있다. 이를 자료접근권access to file이라 하는데, EU 경쟁총국은 관련 자료를 유에스비universal serial bus, USB 등에 저장해서 피조사기업에 전달한다. SO에 대한 의견서 제출기간은 보통 4주 정도가 부여되지만, 사안의 복잡성 등에 따라 EU 집행위원회가 더 긴 기간을 부여할 수 있으며, 정당한 사유가 있는 경우 피조사기업이 제출기한의 연장을 요청할 수도 있다. 의견 제출기간은 피조사기업이 EU 경쟁총국으로부터 자료를 받은 날로부터 기산된다.[27]

의견서 제출 이후, 피조사기업은 청문관hearing officer이 주재하는 청문회 oral hearing에 참석해서 의견서로 제출한 내용 등을 구두로 다시 한번 주장할 수 있다. 청문회는 의무 절차가 아니기 때문에 피조사기업이 요청하는 경우에만 개최된다. 청문회는 비공개이며, EU 경쟁총국의 고위 관료와 사건 부서case team, 회원국 경쟁 당국, EU 집행위원회의 법제 서비스 부서Legal Service team 등이 참석하게 된다. 청문관은 EU 경쟁총국 소속이 아니며 독립적으로 활동한다. 청문회가 종료되면 청문관은 피조사기업의 방어권, 자료 제공자의 비밀 보장 등 당해 사건과 관련된 절차적 권리가 모두 존중되었

··········
27 다만, 자료의 성격상 USB 등을 통해 전달받기 어렵고 EU 경쟁총국을 직접 방문해서만 확인할 수 있는 경우에는 예외적으로 방문 시점으로부터 기간이 기산될 수 있다.

는지에 관한 보고서를 작성해서 경쟁 집행위원과 EU 집행위원단에 제출하게 된다.

청문회까지의 단계를 거친 후 EU 집행위원회가 SO의 모든 내용이 입증되었다고 판단하는 경우, 자문위원회advisory committee와 EU 집행위원단 회의 등 최종 결정을 채택하기 위한 절차로 진행하게 된다. 만약 EU 집행위원회가 SO의 내용 중 일부 또는 전체가 입증되지 않았다고 판단할 경우, 해당 부분을 철회하거나 사건 자체를 종결하게 된다. 자문위원회[28]는 27개 회원국 경쟁 당국들의 의견을 청취하는 절차이며, 최종 결정은 27명의 EU 집행위원들로 구성된 집행위원단 회의에서 이루어진다.

최종 결정이 채택되면 피조사기업에게 즉시 통보되며, 결정문 사본은 특급 운송서비스(예 : DHL, UPS 등)를 통해 전달된다.

(2) 기업결합 사건

신고 전 사전협의 → 사전신고→ 1단계 심사(원칙 25 영업일) → 2단계 심사(원칙 90 영업일) → 이의제기서 채택 → 신고기업 의견서 제출 → 청문회 개최 → 자문위원회 개최 → 집행위원단 회의 최종 결정

EUMR상 매출액 등 신고기준notification threshold을 충족하는 기업결합의 경우, 회사는 EU 경쟁총국에 반드시 신고를 해야 한다. 다만, EU 경쟁총국은 신고기업에게 신고 전에 사전협의pre-notification consultation를 진행하도록 강력하게 권고하고 있다. 사전협의 기간 동안 기업과 EU 경쟁총국은 기업결합

··········
28 과징금이 부과되는 사건의 경우, 자문위원회가 두 차례 개최될 수 있다. 첫 번째는 실체적 내용에 관한 회의, 두 번째는 과징금의 규모에 관한 회의이다.

EU 경쟁법의 이해

의 내용, 신고 시 제출 서류의 범위, 심사의 쟁점사항, 필요한 시정방안 등에 대해 광범위한 의견을 교환하게 된다. 사전협의 기간은 사건의 복잡성, 신고기업의 자료 제출 협력 수준, 시정방안 협의 여부 등에 따라 달라지며 짧게는 수개월, 길게는 1년이 넘게 소요되기도 한다.

사전협의가 완료되면 기업은 기업결합 신고를 하게 된다. 심사는 1단계 심사와 2단계 심사로 나뉘며 법정 심사기간legal deadline이 정해져 있다. 심사 결과, 경쟁을 제한하지 않는 경우와 경쟁을 제한하더라도 신고기업이 경쟁제한 문제를 해소할 수 있는 시정방안을 제출[29]한 경우에는 1단계에서 심사가 종료된다. 그러나 경쟁제한이 강하게 의심되지만 신고기업이 1단계 심사에서 시정방안을 제출하지 않은 경우에는 2단계 심사가 진행된다.

경쟁제한적 기업결합 사건의 경우, 일반적으로 신고기업이 경쟁제한 문제를 해소할 수 있는 시정방안을 제출하고 EU 집행위원회는 이를 이행하는 조건으로 기업결합을 승인하게 된다. 다만, 예외적으로 신고기업이 제출한 시정방안이 불충분하거나, 신고기업이 시정방안을 제출하지 않는 경우 EU 집행위원회는 기업결합 금지결정prohibition decision을 할 수 있다.

(3) 국가보조금 사건

회원국 사전신고 → 예비조사 → 심층조사 → 회원국 및 이해관계자 의견 제출(1개월)
→ 이해관계자 의견에 대한 회원국 의견 제출 → 집행위원단 회의

··········
29 신고기업이 시정방안을 제출하면 EU 집행위원회는 이해관계자들로부터 해당 시정방안이 경쟁제한 문제를 해소할 수 있는지 여부에 대해 의견을 청취하게 된다. 이를 시장테스트market test라고 한다.

회원국이 특정 기업에게 일정 규모 이상의 보조금을 지원하려는 경우, 사전에 EU 경쟁총국에 신고할 의무가 있다. EU 경쟁총국은 예비조사를 거쳐 보조금 지원에 따른 경쟁왜곡 효과가 강하게 의심되는 경우 심층조사를 진행하게 된다. EU 집행위원회는 심층조사 개시 결정문을 관보Official Journal에 게재하고, 1개월 간 다른 회원국이나 경쟁업체 등 이해관계자로부터 서면으로 의견을 청취하게 된다. EU 집행위원회는 접수된 의견서들을 신고 회원국에게 전달하고 회원국의 입장을 서면으로 확인한다.

최종적으로 EU 집행위원회는 승인positive decision, 조건부 승인conditional decision, 불승인negative decision 중 하나를 결정하게 된다.

국가보조금 사건은 EU 집행위원회의 사전 심사를 거쳐야 한다는 점에서 기업결합 사건과 유사하다. 그러나 법정 심사기간이 정해져 있는 기업결합 사건과 달리, 국가보조금 사건은 심사기간에 특별한 제한이 없어 사건에 따라 심사에 수년이 소요되기도 한다.

6. 카르텔 자진신고는 어떻게 하나?

카르텔에 참여한 기업이 리니언시(자진신고 감면제도) 고시Leniency notice상의 과징금 감면immunity 또는 감경reduction 혜택을 받기 위해서는 EU 집행위원회에 자진신고를 해야 한다. 자진신고는 기업이 직접 할 수도 있고, 법률 대리인을 통해서도 가능하다.

자진신고의 특성상 보안을 유지하는 것이 중요하기 때문에 EU 집행위원회는 eLeniency라는 전자신고 방법을 채택하고 있으며 자진신고는 다음과 같은 순서로 할 수 있다.[30]

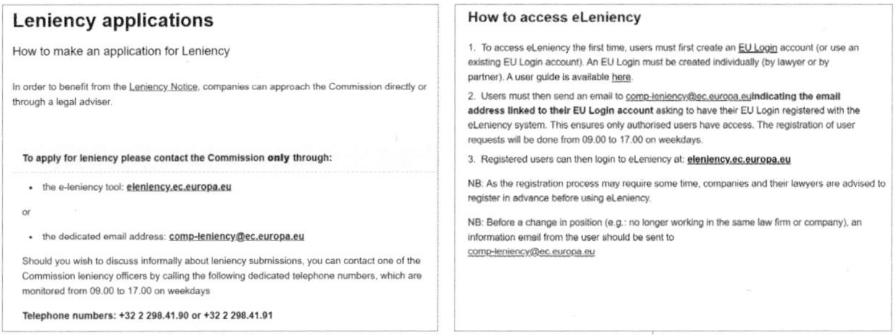

Leniency applications

How to make an application for Leniency

In order to benefit from the Leniency Notice, companies can approach the Commission directly or through a legal adviser.

To apply for leniency please contact the Commission only through:

- the e-leniency tool: **eleniency.ec.europa.eu**

or

- the dedicated email address: **comp-leniency@ec.europa.eu**

Should you wish to discuss informally about leniency submissions, you can contact one of the Commission leniency officers by calling the following dedicated telephone numbers, which are monitored from 09.00 to 17.00 on weekdays

Telephone numbers: **+32 2 298.41.90 or +32 2 298.41.91**

How to access eLeniency

1. To access eLeniency the first time, users must first create an EU Login account (or use an existing EU Login account). An EU Login must be created individually (by lawyer or by partner). A user guide is available here.

2. Users must then send an email to comp-leniency@ec.europa.eu indicating the email address linked to their EU Login account asking to have their EU Login registered with the eLeniency system. This ensures only authorised users have access. The registration of user requests will be done from 09.00 to 17.00 on weekdays.

3. Registered users can then login to eLeniency at: **eleniency.ec.europa.eu**

NB: As the registration process may require some time, companies and their lawyers are advised to register in advance before using eLeniency.

NB: Before a change in position (e.g.: no longer working in the same law firm or company), an information email from the user should be sent to comp-leniency@ec.europa.eu

그림 5 ..... **카르텔 자진신고 방법**(출처 : EU 집행위원회)

① EU 로그인 계정을 만든다.[31]

② comp-leniency@ec.europa.eu에 이메일을 보내 계정을 만들 때 사용한 이메일 주소를 통보하고, 계정을 eLeniency 시스템에 등록해달라고 요청한다. 등록 작업은 평일 오전 9시부터 오후 5시까지 이루어진다.

③ eleniency.ec.europa.eu에 로그인을 해서 자진신고에 필요한 진술서statement를 작성하고 관련 증빙 서류를 업로드한다.[32]

④ 자진신고를 완료하면 제출 날짜와 시간이 적힌 타임스탬프time stamp를 받게 된다.

한편, EU 집행위원회는 자진신고와 관련해서 궁금한 사항이 있는 경

----

30 EU 경쟁총국 홈페이지의 카르텔 자진신고 방법 안내(https://ec.europa.eu/competition-policy/cartels/leniency/eleniency_en) 참조

31 계정 생성을 위한 매뉴얼은 EU 경쟁총국 홈페이지의 "EU Login and Two-Factors Au-thentication (2FA) User Guide for External Users"(https://ec.europa.eu/competition-policy/system/files/2021-09/econfidentiality_user_guide_external_users_version_1.0.pdf) 참조

32 증빙 서류를 준비하고 업로드하는 데 참고할 수 있는 매뉴얼은 EU 경쟁총국 홈페이지의 "Guidance for the preparation and uploading of supporting documents in eLeniency"(https://ec.europa.eu/competition/cartels/leniency/eleniency_guidance_document.pdf) 참조

우 유선 상담을 할 수 있도록 전담 전화(+32 2 298 41 90, +32 2 298 41 91)를 두고 있다.

7. EU 집행위원회의 2020~2024년 업무계획 한눈에 보기

현 EU 집행위원회는 디지털 전환digital transition, 녹색 전환green deal 등 정책 환경의 변화를 반영하기 위해 5년 임기 동안 기존 경쟁정책에 대한 재검토policy review 계획을 발표했다. 〈그림 6〉은 카르텔, 독점력 남용, 기업결합 분야의 정책 재검토 계획을 나타낸다.

먼저 경쟁법 집행의 출발점인 관련 시장을 획정하는 데 필요한 '시장획정 고시notice on market definition'의 개정 작업을 진행 중이며 2023년 1사분기까지 개정을 완료할 예정이다. 카르텔 규제의 면제 대상을 정하고 있는 '수직적 제한 일괄면제 규정Vertical Block Exemption Regulation, VBER'과 '수평적 제한 일괄면제 규정Horizontal Block Exemption Regulation, HBER'의 경우, VBER은 최근 개정 작업이 완료되어 2022년 6월부터 새로운 규정이 시행되고 있으며, HBER은 2022년 12월까지 개정 작업을 마무리하고 2023년 1월부터 새로운 규정이 시행될 예정이다. 그리고 EU 집행위원회는 디지털시장의 경쟁 촉진을 위해 대형 온라인 플랫폼에 다양한 의무를 부여하는 DMA를 2020년 12월 제안했으며 2022년 8월 현재 유럽의회와 EU 이사회의 법안 심사가 사실상 완료되어 2023년 상반기 중 시행될 예정이다.

〈그림 7〉은 국가보조금 분야의 정책 재검토 계획이다. EU 집행위원회는 코로나 위기로 경제적 피해를 입은 기업, 산업, 자영업자 등에게 경쟁을 훼손하지 않는 범위 내에서 보조금을 지원할 수 있도록 2020년 3월 '한

EU 경쟁법의 이해

그림 6 ..... **카르텔, 독점력 남용, 기업결합 정책 재검토 일정**(출처 : EU 집행위원회)

Mergers and Antitrust	2020	2021	2022 Quarter 1	2022 Quarter 2	2022 Quarter 3	2022 Quarter 4	2023	2024
Merger Evaluation		Publication of evaluation report						
Market Definition			Call for Evidence	Public Consultation			Adoption (Q1)	
Vertical Block Exemption Regulation (VBER)	Public Consultation	Public consultation on draft revised VBER/VGL		Expires 31st May				
Horizontal Block Exemption Regulation (HBER)		Publication of evaluation report				Expires 31st December		
Motor Vehicle Block Exemption Regulation (MVBER)	Public Consultation	Publication of evaluation report					Expires 31st May	
Consortia Block Exemption Regulation (CBER)		Public consultation						Expires 25th April
Collective Bargaining for self-employed		Adoption						
Digital Markets Act (DMA)	Legislative Proposal							
Competition policy and Green Deal	Public Consultation	High Level conference						

시적 보조금 지원 기준Temporary Framework'을 제정한 후 2021년 말까지 총 6차례 개정을 통해 지원 대상과 지원 유형을 확대했다. 또한 EU 집행위원회는 반도체, 전기차 배터리 등 전략산업 육성을 위해 여러 회원국들이 보조금을 지원할 수 있도록 '유럽 공동이익 중요프로젝트Important Projects of Common European Interest, IPCEI' 심사기준을 운영하고 있는데, 2022년 1월부터 개정된 기준이 시행되고 있다. 한편, 낙후지역의 경제개발을 위해 회원국이 투자 기업에 지원하는 지역 보조금에 대한 심사기준Regional Aid Guidelines도 2022년 1월부터 개

State Aid   COMPETITION

	2020	2021	2022 Quarter 1	Quarter 2	Quarter 3	Quarter 4	2023
Amendment of the State Aid General Block Exemption Regulation (GBER) in light of InvestEU		Adoption Publication					
State Aid Modernisation (SAM) Fitness Check	Publication of the Fitness Check results						
Temporary Framework	Adopted 1st, 2nd, 3rd and 4th Amendments	Adoption of 5th and 6th Amendments					
Competition policy and Green Deal	Launch Public Consultation	High Level conference					
Framework for State aid research, development and innovation (RDI Framework)		Adoption Publication					
Environmental and Energy State Aid Guidelines (EEAG)		Adoption Publication					
Communication on Important Projects of Common European Interest (IPCEI Communication)		Adoption Publication					
The Risk Finance Guidelines (RFG)		Adoption Publication					
Regional Aid Guidelines (RAG)			Adoption Publication				
Amendment of the State Aid Block Exemption Regulation (GBER) in light of the Green Deal		Public consultation			Adoption Publication		
Broadband Guidelines		Public consultation			Adoption Publication		
Services of General Economic Interest (SGEI) – health and social services				Publication of evaluation results			
Fisheries guidelines, Block Exemption Regulation (FIBER) and Regulation on de minimis						Adoption Publication	
Aid to the Agricultural and Forestry Sectors and in Rural Areas (AGRI GL) and Agricultural Block Exemption Regulation (ABER)						Adoption Publication	
Foreign subsidies		Adoption Publication					
Short-term export credit insurance communication (STEC)		Adoption Publication					

그림 7 ..... **국가보조금 정책 재검토 일정**(출처 : EU 집행위원회)

정되어 시행되고 있다. 마지막으로 중국 등 자국 정부로부터 보조금을 지
원받고 EU 시장에서 활동하는 역외 기업들의 경쟁왜곡 효과를 차단하기
위해, EU 집행위원회는 2021년 5월 '역외 보조금 규제 법안Regulation on Foreign

Subsidies'을 제안했으며 2022년 8월 현재 유럽의회와 EU 이사회의 법안 심사가 마무리 단계에 있다.

8. 경쟁법 입법절차 : 입법기관은 어디? 유럽의회 vs EU 이사회

EU의 1차 규범은 EU 조약^{Treaty on European Union, TEU}과 TFEU이며, 이를 근거로 2차 집행규범인 규정^{regulation}, 지침^{directive} 등이 제정된다. 규정은 그 자체로 직접 회원국에 적용되며, 지침은 회원국이 지침의 내용을 자국 법률에 반영해서 시행된다.

2차 집행규범의 제안권은 EU 집행위원회에 있으며, 법안 심의는 유럽의회^{European Parliament}와 EU 이사회 간 역할 및 관계에 따라 일반 입법절차 ordinary legislative procedure와 특별 입법절차^{special legislative procedure}로 나뉜다. 일반 입법절차는 유럽의회와 EU 이사회가 공동으로 입법권을 행사한다. 노동, 보건, 농업 등 대부분의 분야에 일반 입법절차가 적용된다. 〈그림 8〉은 일반 입법절차를 나타낸다. EU 집행위원회(안)에 대해 유럽의회가 수정안을 채택하고 EU 이사회가 이를 승인할 경우 1차 독회^{first reading}에서 법안이 확정된다. 유럽의회 수정안에 대해 EU 이사회가 이견이 있는 경우에는 2차 독회 절차가 진행되며, 2차 독회 절차 이후에도 이견이 있는 경우에는 유럽의회와 EU 이사회 동수로 구성된 조정위원회에서 합의안을 도출하게 된다. 그러나 신속한 법안 심의를 위해 EU 집행위원회(안)에 대해 유럽의회와 EU 이사회가 각각 기관의 입장을 정한 후, EU 집행위원회를 포함한 3자 협의 trilogue를 통해 합의를 도출함으로써 최종 법안을 확정하는 것이 일반적이다.

한편, 특별 입법절차는 EU 이사회가 단독으로 입법권한을 행사하며

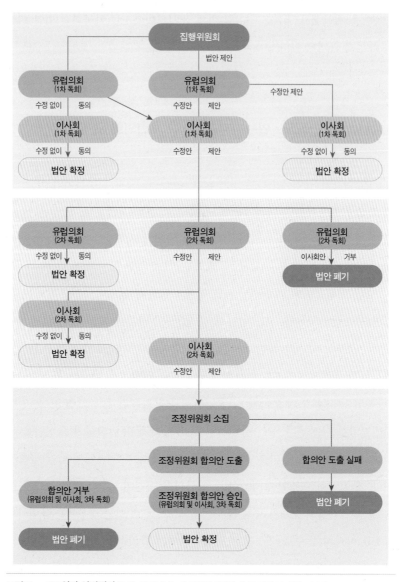

그림 8 ..... **EU 일반 입법절차**(출처 : 주벨기에 · 유럽연합대사관, 『EU 정책 브리핑』, 2021)

EU 경쟁법의 이해

유럽의회의 역할은 협의consult 또는 동의consent에 한정된다. EU 경쟁법에는 특별 입법절차가 적용되며, 유럽의회의 역할은 협의에 한정된다.[33] 따라서 EU 경쟁법의 입법기관은 유럽의회가 아니라 EU 이사회라고 할 수 있다. EU 이사회는 협의과정에서 유럽의회의 의견을 청취하지만, 유럽의회 의견에 구속되지는 않는다. 따라서 유럽의회가 EU 집행위원회(안)에 대해 거부하거나 수정안을 제안하더라도, EU 이사회는 EU 집행위원회(안)을 그대로 승인하거나 유럽의회(안)과 다른 수정안을 채택할 수 있다.

EU 경쟁법 분야별 집행규범은 〈표 2〉와 같다. 예를 들어, 카르텔과 독점력 남용 행위를 규제하는 집행규범은 'Council Regulation (EC) No 1/2003 of 16 December 2002 on the implementation of the rules on competition laid down in Articles 101 and 102 of the Treaty'인데, 명칭 'Council Regulation'에서 EU 경쟁법의 입법권이 EU 이사회에 있음을 확인할 수 있다.

표 2_ EU 경쟁법 분야별 집행규범

분야	집행규범
카르텔	Council Regulation No. 1/2003
독점력 남용	
기업결합	Council Regulation No. 139/2004
국가보조금	Council Regulation No. 2015/1589

··········
33 TFEU 제103조 및 제109조에 근거하고 있다.

9. 관심 있는 사건은 어떻게 검색하나?

EU 경쟁총국은 조사가 종료된 사건은 물론이고 조사가 진행 중인 사건에 대해서도 조사 경과, 공개 가능한 관련 서류를 홈페이지에 공개하고 있다. 따라서 누구든지 EU 경쟁총국 홈페이지에 접속한 후 화면 상단의 독점력 남용Antitrust, 카르텔Cartel, 기업결합Merger, 국가보조금State aid 등 사건 유형을 클릭해서 'Cases'를 선택하면 사건을 검색할 수 있다.

〈그림 9〉는 기업결합 사건 검색 화면이다. 왼쪽의 회사명company name, 사건 번호case number, 결정일decision date 중 알고 있는 정보를 입력하면 해당 사건을 찾을 수 있다. 예를 들어 〈그림 10〉은 회사명에 현대중공업Hyundai Heavy Industries Holdings을 입력해서 검색한 현대중공업과 대우조선해양Daewoo Shipbuildings and Marine Engineering 기업결합 사건의 조사 결과 화면이다.

해당 화면에서 신고일, 심층조사 개시일, 심사중단stop the clock 기간, 시정방안 제출 여부, 기업결합 금지 결정일, 관련 보도자료 등 상세 정보를 확인할 수 있다. 현대중공업은 2019년 11월 12일 EU 집행위원회에 기업결합 신고를 했으며, EU 집행위원회는 1단계 심사 결과, 경쟁제한 우려가 있다고 판단해서 2019년 12월 17일 심층조사에 착수했다. 심층조사 개시 이후, EU 집행위원회는 신고기업에 자료 제출 요청 등을 이유로 2020년 1월 23일~2월 21일, 2020년 3월 31일~6월 2일, 2020년 7월 13일~2021년 11월 18일 등 세 차례에 걸쳐 심사기간을 중단했으며, 신고기업은 EU 집행위원회에 공식적인 시정방안을 제출하지 않았음을 알 수 있다. 이러한 정보는 해당 사유가 발생할 때마다 실시간으로 홈페이지에 게재된다.

또한 EU 집행위원회는 2019년 12월 17일 심층조사 개시, 2022년 1월 13일 기업결합 금지 결정을 하면서 각각 보도자료를 발표했으며, 보도

Competition Policy

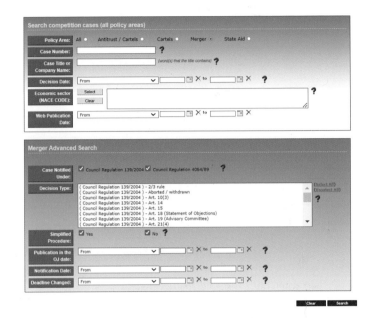

그림 9 ..... EU 경쟁총국 기업결합 사건 검색 화면(출처 : EU 집행위원회)

자료를 읽어보면 각각의 결정에 대한 사유를 확인할 수 있다. 다만, 2022년 8월 현재 기업결합 금지 결정문이 홈페이지에 등록되어 있지 않다. 금지 결정문에는 신고기업을 포함해서 여러 이해관계자들의 비밀정보confidential information가 담겨 있기 때문에, 이를 삭제하는 절차를 거친 후에 공개 가능한 버전non-confidential version이 홈페이지에 업로드된다. 공개 버전을 완성하는 데 소요되는 기간은 비밀정보의 양, 이해관계자들과의 협의 기간 등에 따라 사건별로 달라지며 짧게는 수개월, 길게는 1~2년이 넘게 걸리기도 한다.

한편, <그림 11>은 2021년 5월 20일 SK 하이닉스Hynix의 Intel Nand/SSD 영업양수 건에 대해 EU 집행위원회가 경쟁이 제한되지 않는다고 판

M.9343 HYUNDAI HEAVY INDUSTRIES HOLDINGS | DAEWOO SHIPBUILDING & MARINE ENGINEERING

Notification on:		12.11.2019	
Provisional deadline:		20.01.2022	
		• Deadline suspension under Article 11(3) ended on 18.11.2021	
		• Deadline suspended under Article 11(3) [date may differ from the Article 11(3) decision date] from 13.07.2020	
		• Deadline suspension under Article 11(3) ended on 02.06.2020	
		• Deadline suspended under Article 11(3) [date may differ from the Article 11(3) decision date] from 31.03.2020	
		• Deadline suspension under Article 11(3) ended on 21.02.2020	
		• Deadline suspended under Article 11(3) [date may differ from the Article 11(3) decision date] from 23.01.2020	
		• Deadline extended by 20 working days under article 10(3)2 on 10.01.2020	
Prior publication in Official Journal:		C392 of 19.11.2019	
Concerns economic activity (NACE):		C.30.11 - Building of ships and floating structures	
Regulation:		Council Regulation 139/2004	

		Decision(s):	
13.01.2022	Art. 8(3)		
	Press release		IP/22/343
	Decision text	(none)	
17.12.2019	Art. 6(1)(c)		
	Publication	27.12.2019	C434
	Press release		IP/19/6792
	Decision text	(none)	

Relation with other case(s):	(none)	
Other case related information:	• Section 1.2 of Form CO :	
	en (12.11.2019) published on 13.11.2019	
	• Opinion of the Advisory Committee :	
	en (10.01.2022) published on 17.03.2022	
Related link(s):	(none)	

그림 10 ..... 현대중공업-대우조선해양 기업결합 사건 내역(출처 : EU 집행위원회)

M.10059 SK HYNIX | INTEL'S NAND AND SSD BUSINESS

Notification on:	13.04.2021
Provisional deadline:	20.05.2021
Prior publication in Official Journal:	C139 of 20.04.2021
Concerns economic activity (NACE):	C.26.2 - Manufacture of computers and peripheral equipment
Regulation:	Council Regulation 139/2004

		Decision(s):	
20.05.2021	Art. 6(1)(b)		
	Publication	20.09.2021	C380
	Press release		MEX/21/2604
	Decision text	13.09.2021	📄 en

Relation with other case(s):	(none)
Other case related information:	• Section 1.2 of Form CO :
	en (13.04.2021) published on 14.04.2021
Related link(s):	(none)

그림 11 ..... SK 하이닉스-Intel Nand/SSD 영업양수 사건 내역(출처 : EU 집행위원회)

단해서 무조건부 승인^{unconditional approval} 결정한 사건의 조사 결과 화면이다. 그림에서 알 수 있듯이, EU 집행위원회는 법위반을 이유로 시정조치, 과징금 등을 부과하거나 기업결합을 금지한 사건뿐만 아니라, 무혐의 또는 무조건부 승인 사건에 대해서도 조사 경과, 보도자료, 결정문 등 관련 자료를 홈페이지에 모두 공개하고 있다.

이러한 조치는 피조사기업, 신고인 등에게 조사 내용, 조사 종료 시점 등에 대한 예측 가능성을 높여줄 뿐만 아니라, 조사 과정이 투명하게 공개됨으로써 EU 경쟁총국에 대한 신뢰도 제고에 크게 기여하고 있다.

10. EU 경쟁법에 친숙해지기 : SNS, Weekly e-news 이용하기!

EU 경쟁법에 친숙해질 수 있는 가장 좋은 방법은 EU 집행위원회의 경쟁법 집행 및 정책 동향 관련 뉴스를 계속 접하는 것이다. 그러나 매일 EU 집행위원회 홈페이지에 접속해서 경쟁 분야 보도자료를 검색한다거나 신문, 방송 등을 통해 관련 뉴스를 확인해보는 것은 생각보다 시간도 많이 소요되고 매우 번거로울 수 있다.

대신 EU 집행위원회가 관련 뉴스를 보내주고 그중 내가 관심 있는 뉴스를 골라 읽는다면 매우 효과적일 것이다. EU 경쟁총국은 트위터^{Twitter}, 링크드인^{LinkedIn} 2개의 소셜네트워크서비스^{Social Network Service, SNS}를 통해 최신 뉴스를 가입자들에게 전달해준다. EU 경쟁총국은 그간 트위터만 사용해왔으나, 2022년 2월부터 링크드인을 통해서도 정보를 전달해주고 있다.

그림 12 ..... EU 경쟁총국 트위터 계정 화면
(출처 : EU 집행위원회)

그림 13 ..... EU 경쟁총국 링크드인 계정 화면
(출처 : EU 집행위원회)

재미있는 이야기

EU 경쟁총국은 왜 SNS 플랫폼 중 가장 가입자 수가 많은 Meta(구 Facebook)를 사용하지 않을까? EU 경쟁총국 관계자에 따르면, 자신들의 업무 목적이 관련 시장의 경쟁을 촉진하는 데 있기 때문에 SNS 플랫폼 시장의 1위 업체 대신 후발 업체들의 플랫폼을 사용한다고 한다.

EU 경쟁총국은 보도자료를 홈페이지에 게재하는 동시에 SNS에 업로드한다. 그러나 보도자료가 홈페이지에 게재되는 시간을 사전에 정확히 알수 없기 때문에 SNS에 알림 설정을 해 놓으면 신속하게 보도자료를 확인할수 있는 장점이 있다. 또한 EU 경쟁총국은 경쟁을 제한하지 않아 아무런

EU 경쟁법의 이해

그림 14 ..... **EU 주간 경쟁 뉴스 화면**
(출처 : EU 집행위원회)

그림 15 ..... **EU 주간 경쟁 뉴스 이메일 구독 신청**
(출처 : EU 집행위원회)

조건 없이 승인하는 많은 기업결합 사건을 SNS를 통해 발표하고 있다. 따라서 관련 기업, 투자자 등 입장에서는 SNS가 홈페이지보다 신속하게 정보를 얻을 수 있는 수단이 된다.

더욱이 SNS에는 홈페이지에 게재되지 않는 법령 제·개정 동향, 주요 인사의 발언, 언론 보도, 정책 세미나 등 다양한 경쟁정책 소식이 실시간으로 업로드되기 때문에 홈페이지보다 정보 획득 측면에서 훨씬 유리한 수단이다. EU 경쟁총국, EU 이사회, 유럽의회, EU 법원 등 주요 기관, 마가렛 베스타거 EU 수석부집행위원장 등 주요 인사의 SNS 계정을 팔로잉following하거나 연결connect하면 보다 쉽게 관심 있는 정보를 확인할 수 있다.

한편, EU 경쟁총국은 이메일로 주간 경쟁 뉴스Competition Weekly e-news를 종합해서 금요일 오후(벨기에 현지 시각 기준)에 송부해준다. 〈그림 14〉에서 볼 수 있듯이, 주간 뉴스는 EU 경쟁총국이 한 주간 발표한 모든 보도자료뿐만 아니라 EU 법원 판결, 간행물, 세미나, 집행위원 연설문 등 다양한 자료를 포함하고 있다. 이러한 뉴스를 주말에 시간을 내어 읽다보면 매우 유용한 자료라고 생각할 것이다. 또한 바쁜 평일에 SNS에서 놓친 정보가 있더라도 여유 있는 주말에 주간 뉴스를 통해 다시 확인할 수 있으므로 SNS, 주간 뉴스를 모두 구독하도록 권하고 싶다.

주간 뉴스를 이메일로 구독하려면 EU 집행위원회 홈페이지 뉴스룸 (https://ec.europa.eu/newsroom/comp/user-subscriptions/2012/create)에 접속한 후, 〈그림 15〉의 화면이 나오면 구독하려는 이메일 주소를 입력하면 된다.

11. 보도자료 확인 및 생방송 기자회견 시청 방법

EU 집행위원회는 경쟁법 집행 및 경쟁정책 동향을 보도자료로 발표한다. 보도자료는 EU 집행위원회 홈페이지의 언론 자료^{Press corner}(https://ec.europa.eu/commission/presscorner/home/en)에서 확인할 수 있다.

EU 경쟁총국은 EU 집행위원회 내 여러 부처 중에서도 보도자료를 가장 많이 배포하는 곳으로 유명하다. 이는 EU 경쟁총국이 모든 경쟁법 사건의 처리 결과를 보도자료로 배포하기 때문이다. 다만, EU 경쟁총국은 주요 사건과 그렇지 않은 사건에 대한 보도자료 배포 방식을 차별화하고 있다. 법위반 우려가 높아 심층조사를 개시하거나 과징금 부과, 조건부 승인 등 법위반 기업에 대한 제재 결정은 각각 사건별로 보도자료를 배포한다. 반면, 기업결합이나 국가보조금 사건 등에서 경쟁을 제한 또는 왜곡하지 않는 것으로 판단해서 무조건부 승인 결정을 하는 경우에는 여러 사건의 처리 결과를 묶어 1개의 보도자료인 일일 뉴스^{daily news} 형태로 발표한다. 특별한 사정이 있는 경우를 제외하고 일반적으로 EU 집행위원회는 오후 1시경(벨기에 현지 시각 기준)에 보도자료를 홈페이지에 게재한다.

한편, 글로벌 기업에 대한 대규모 과징금 부과, 기업결합 금지 결정,

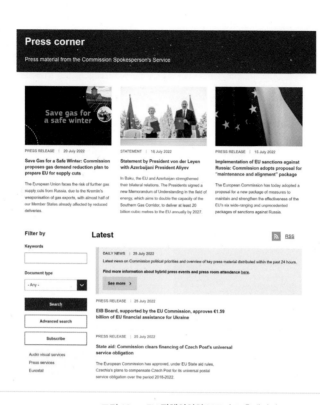

그림 16 ..... EU 집행위원회 보도자료 홈페이지(출처 : EU 집행위원회)

EU 전반에 영향을 미치는 법령의 제·개정 등 특별히 관심도가 높은 사안에 대해서는 집행위원이 직접 기자회견을 통해 성명서를 발표하고 기자들과 질의응답 시간을 갖는다. 따라서 경쟁 집행위원이 주요 경쟁법 사건에 대해 기자회견을 하는 경우에는 기자회견 시작과 동시에 사건처리 결과를 담은 보도자료를 홈페이지에 게재하고, 기자회견이 종료된 이후 집행위원의 성명서가 홈페이지에 게재된다.

경쟁 집행위원의 기자회견은 EU 집행위원회 홈페이지 시청각서비스(https://audiovisual.ec.europa.eu/en/)를 통해 누구든지 생방송으로 시청할 수

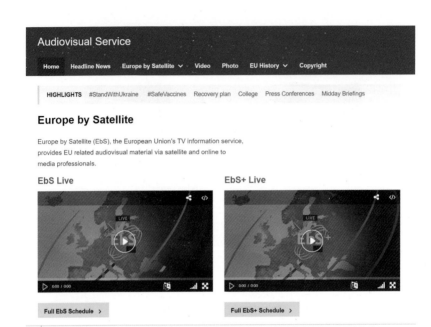

그림 17 ..... EU 집행위원회 기자회견 방송 채널(출처 : EU 집행위원회)

EC press conference by Executive Vice-President Margrethe VESTAGER on EU merger control of Hyundai Heavy Industries Holdings / Daewoo Shipbuiling & Marine Engineering

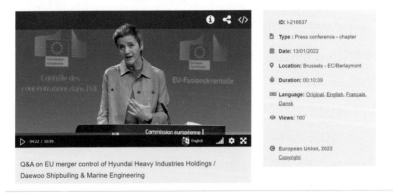

Q&A on EU merger control of Hyundai Heavy Industries Holdings / Daewoo Shipbuiling & Marine Engineering

그림 18 ..... 마가렛 베스타거 EU 수석부집행위원장 기자회견 화면(출처 : EU 집행위원회)

EU 경쟁법의 이해

있으며, 나중에라도 녹화본을 검색해서 찾아볼 수 있다. EU 집행위원회는 EbS, EbS+ 2개의 기자회견 채널을 운영하고 있으며, 홈페이지에서 채널별로 기자회견 스케줄을 미리 확인할 수 있다. 참고로 〈그림 17〉은 기자회견을 시청할 수 있는 홈페이지 화면이며, 〈그림 18〉은 2022년 1월 13일 마가렛 베스타거 EU 수석부집행위원장이 우리 조선사 간 기업결합(현대중공업의 대우조선해양 인수)에 대해 EU 집행위원회가 금지하기로 결정했음을 발표하는 기자회견 모습이다.

12. EU Whoiswho : 사람 찾기!

EU는 집행위원회, 의회, 이사회, 법원 등 모든 EU 기관의 조직도, 조직 구성원들의 이름, 직위, 전화번호, 주소를 온라인으로 쉽게 찾아볼 있도록 EU Whoiswho 사이트(https://op.europa.eu/en/web/who-is-who)를 운영하고 있다.

〈그림 19〉는 EU Whoiswho의 검색 기본화면인데, 검색창과 그 밑에

그림 19 ..... EU Whoiswho 검색 화면(출처 : EU)

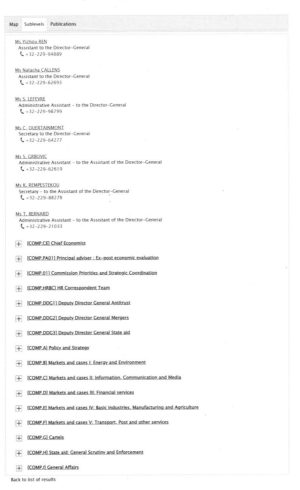

그림 20 ..... EU 경쟁총국장 검색 결과 화면(출처 : EU)

EU 경쟁법의 이해

■ Antitrust: E-commerce and data economy (COMP.C.6)

European Union > European Commission > Directorate-General for Competition > Markets and cases
II: Information, Communication and Media > Antitrust: E-commerce and data economy (COMP.C.6)
Head of Unit: Mr Thomas KRAMLER

Place Madou 1 / Madouplein 1 · 1210 · (postal office Box: 1049) · Bruxelles / Brussel · Belgium

Sublevels	Map	Publications

Mr Thomas KRAMLER
Head of Unit
☎ +32-229-86716

Ms S. SZEKELY
Deputy Head of Unit
☎ +32-229-86968

Ms A. AELTERMAN
Secretary – Case and Secretarial Assistance (Antitrust)
☎ +32-229-76367

Mr P. BICHET
Case Handler
☎ +32-229-63863

Mr E. GÓMEZ CASADO
Case Handler
☎ +32-229-64755

Ms A. DOVALO MARTIN
Case Handling Assistant – – Antitrust
☎ +32-229-63866

Ms R. INGEMARSSON
Case Handler
☎ +32-229-50729

Mr F. KAISER
Case Handler
☎ +32-229-69670

Ms P. LANTERO MADJEDO
Case Handling Assistant - Antitrust
☎ +32-229-89289

그림 21 ····· **EU 경쟁총국 C.6.과 직원 명단 화면**(출처 : EU)

여러 EU 기관명이 나오는 것을 볼 수 있다. 인물의 이름을 이미 알고 있다
면 검색창에 이름을 입력해서 소속, 직위, 전화번호, 주소 등을 바로 확인할
수 있다. 이름을 모르는 경우에는 검색창 밑의 소속 기관을 클릭하면 해당
기관의 전체 부서명과 각 구성원들의 정보를 확인할 수 있다.

〈그림 20〉은 EU 경쟁총국장인 올리비에 게르성을 입력한 결과 화
면이다. 그림에서 알 수 있듯이, 소속(경쟁총국), 직위(경쟁총국장), 주소(Place
Madou 1, 1210 Brussels), 전화번호 등을 쉽게 확인할 수 있다. 또한 'Sublevels'

탭을 클릭하면 경쟁총국장을 보좌하는 보좌진의 이름과 전화번호가 있다. 그 아래에는 EU 경쟁총국의 각 부서명이 나오는데 원하는 부서명을 클릭하면 해당 부서 구성원들의 직위, 이름, 전화번호 등을 확인할 수 있다.

예를 들어 전자상거래 및 데이터 경제를 관할하는 C.6.과를 선택하면 담당 과장head of unit, 부과장deputy head of unit, 직원case handler 등의 이름을 확인할 수 있다(<그림 21> 참조).

마지막으로 이메일 주소는 어디서 확인할 수 있을까? EU Whoiswho에서는 이메일 주소 정보를 제공하지 않는다. 그러나 EU 기관에서 근무하는 직원의 이메일 주소는 'First name.Last name@ec.europa.eu' 형태로 정해져 있다. 따라서 앞서 살펴본 C.6.과 Thomas Kramler 과장의 이메일 주소는 Thomas.Kramler@ec.europa.eu이다. 참고로 이름과 성에서 대문자와 소문자는 구별하지 않고 사용한다.

13. EU 경쟁법 외연 확대 : 아시아를 넘어 아프리카로!

EU 집행위원회는 2018년부터 2022년까지 5개년 계획으로 우리나라, 중국, 인도, 일본, 아세안Association of South-East Asian Nations. ASEAN 회원국 등 아시아 국가의 경쟁 당국과 경쟁협력 프로젝트Competition Cooperation Project를 진행하고 있다.[34] 이 프로젝트는 EU 집행위원회 예산으로 운영되는데, 경쟁 당국 간의 대화와 협력을 통해 공정경쟁 환경을 조성하고 확산시키는 데 그 목적이

----

34 상세 내용은 EU−아시아 경쟁협력 프로젝트 홈페이지(https://asia.competitioncooperation.eu/) 참조

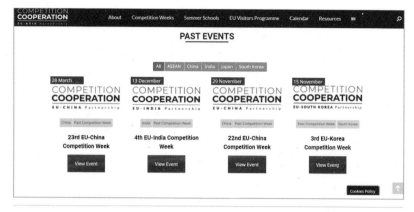

그림 22 ..... EU-아시아 경쟁협력 프로젝트 홈페이지(출처 : EU)

있다.

이 프로젝트는 경쟁주간competition week 세미나, 여름학교summer school, EU 방문자 프로그램visitor program으로 구성되어 있다. 경쟁주간 세미나에서는 수일에 걸쳐 EU와 회원국 경쟁 당국 직원들이 아시아 국가의 경쟁 당국을 방문해서 상호 관심 있는 주제에 대해 심도 있는 발표와 토론을 진행한다. 여름학교는 매년 6~7월 아시아 국가 경쟁 당국의 직원들(연간 최대 90명)이 EU 집행위원회가 있는 벨기에를 방문해서 10일간 EU 경쟁법 전반에 대한 교육을 받는 프로그램이다. EU 방문자 프로그램은 3~5개월 동안 아시아 경쟁 당국 직원들이 EU 경쟁총국에서 직접 근무할 수 있는 기회를 제공한다. [35]

2021년 말까지 EU 집행위원회가 개최한 경쟁주간 세미나 횟수를 국가

----

[35] 다만, 2020~2021년에는 코로나 팬데믹의 영향으로 인해 경쟁주간 세미나, 여름학교 프로그램이 모두 온라인으로 진행되었다.

그림 23 ..... **EU-아프리카 경쟁협력 프로젝트 홈페이지**(출처 : EU)

별로 비교해보면 중국이 22회로, 인도(4회), 우리나라(3회), 일본(2회) 등 다른 아시아 국가에 비해 월등히 높게 나타난다. 이러한 차이는 EU 집행위원회가 아시아 국가 중 중국에서의 공정경쟁 환경 조성을 위해 상당한 노력을 기울이고 있음을 보여준다. 특히 EU 집행위원회는 중국 정부의 자국(공)기업에 대한 보조금 지원이 EU 역내 시장에 경쟁왜곡 등 부정적 영향을 미치고 있다고 우려하고 있다. 이에 따라 EU 집행위원회는 경쟁협력 프로젝트를 넘어서 2017년 6월 EU-중국 정상회담을 계기로, 중국 경쟁 당국과 장관급 레벨의 보조금 대화 채널dialogue on state aid control을 구축하는 내용으로 양해각서memorandom of understanding. MOU를 체결하고 이후 계속해서 대화를 이어오고 있다.

한편, EU 집행위원회는 2022년부터 아시아를 넘어 아프리카와도 경쟁협력 프로젝트를 시작했다.[36] EU 집행위원회는 2022년 2월 중 5일 동안

....

36 상세 내용은 EU-아프리카 경쟁협력 프로젝트 홈페이지(https://africa. competitioncoo-peration. eu/) 참조

EU 경쟁법의 이해

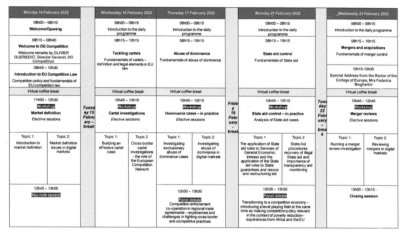

그림 24 ..... **제1회 EU-아프리카 경쟁주간 세미나 프로그램**(출처 : EU)

아프리카 국가들의 경쟁 당국 직원들을 대상으로 제1회 경쟁주간 세미나
를 개최해서 EU 경쟁법을 교육하고 토론하는 시간을 가졌다. 〈그림 24〉
는 2월 세미나의 교육프로그램이다. EU 집행위원회가 카르텔 조사, 독점
력 남용, 국가보조금 심사, 기업결합 심사 등 EU 경쟁법 전반에 걸쳐 집중
적인 교육을 실시했음을 확인할 수 있다.

제2장

EU 경쟁법 이해하기:
내용편

1. 기업결합 심사제도

(1) 왜 심사하나?

2022년 1월 13일 EU 집행위원회는 우리나라 조선사인 현대중공업과 대우조선해양 간의 기업결합을 불승인했고, 이에 따라 두 조선사 간의 기업결합은 무산되었다. 왜 EU가 다른 나라에서 발생하는 기업결합에 관여하는 것일까? 경쟁법을 운영하는 국가는 자국 시장에서 일정 규모 이상의 매출을 기록하는 기업 간의 기업결합에 대해 국적에 관계없이 신고 의무를 부여하고, 기업결합 후 경쟁 감소로 인한 가격 인상, 선택폭 축소 등 국내 소비자 피해 발생 가능성을 심사한다. 이를 기업결합 심사merger review라 한다. 심사 결과, 그러한 우려가 높은 경우 EU 집행위원회는 일반적으로 경

그림 25 ..... 현대중공업–대우조선해양 기업결합 금지 보도(출처 : 동아일보)

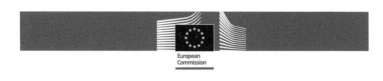

Competition: Merger control procedures

The legal basis for EU Merger Control is Council Regulation (EC) No 139/2004, the EU Merger Regulation. The regulation **prohibits** mergers and acquisitions which would **significantly reduce competition** in the Single Market, for example if they would create dominant companies that are likely to raise prices for consumers.

Which mergers get reviewed by the EU?

The Commission in principle only examines larger mergers with an **EU dimension**, meaning that the merging firms reach certain **turnover thresholds.**[1] About 300 mergers are typically notified to the Commission each year.

Smaller mergers which do not have an EU dimension may fall instead under the remit of Member States' competition authorities. There is a **referral** mechanism in place which allows the Member States and the Commission to transfer the case between themselves, both at the request of the companies involved and of the Member States. This allows the companies to benefit from a one-stop-shop review

[1] There are two alternative ways to reach turnover thresholds for EU dimension. The first alternative requires:

and to allocate the case to the most appropriate authority.

Notification

The **Commission must be notified** of any merger with an EU dimension prior to its implementation. Companies may contact the Commission beforehand to see how to best prepare their notification. There are pre-prepared templates used to notify their mergers, based on the complexity of the case.

- If the merging firms are not operating in the same or related markets, or if they have only very small market shares not reaching specified **market share thresholds**[2] the merger will typically not give rise to significant competition problems: the merger review is therefore done by a **simplified procedure**, involving a routine check.
- Above those market share thresholds, the Commission carries out a full **investigation**.

Details of any new notification are **published** on the Commission's competition website and in the EU Official Journal, so that any interested parties may contact the Commission and submit comments on the merger.

그림 26 ..... **기업결합 심사제도 설명 자료**(출처 : EU 집행위원회)[37]

쟁제한 문제를 해소할 수 있는 시정방안을 조건으로 승인하며, 기업이 시정방안을 제출하지 않거나 제출된 시정방안이 불충분한 경우에는 기업결합 자체를 금지한다. 우리 기업들이 EU의 기업결합 심사에 각별히 유의해야 할 이유가 여기에 있다.

(2) 관련 규정 한눈에 보기

기업결합 심사는 카르텔(제101조), 독점력 남용(제102조), 국가보조금(제

··········

37 EU 경쟁총국 홈페이지, "Merger control procedures"(https://ec.europa.eu/competitionpolicy/system/files/2021-02/merger_control_procedures_en.pdf) 참조

107조) 등과 달리 TFEU가 아닌, EUMR[38]이라 불리는 이사회 규정에 규제 근거를 두고 있다. EU 집행위원회는 EUMR의 수권 규정에 따라 법 집행에 필요한 세부사항을 집행위원회 규정commission regulation, 고시notice, 결정decision, 가이드라인guideline 등에서 규정하고 있다.

이 중 기업결합 심사의 핵심이라 할 수 있는 신고 요건은 EUMR에, 심사 요건은 수평결합 및 비수평결합 심사기준에, 경쟁제한 문제를 해소하는 데 필요한 조치는 시정방안 고시remedy notice에 자세히 규정되어 있다.

표 3_ EU 집행위원회의 기업결합 심사 관련 규정

규정

① 기업결합 규정
- 신고 대상, 심사기간, 자료 요청 권한, 과징금, 이행강제금 등 규정
② 집행 규정
- 신고 서류, 시정방안 제출기간 등 기업결합 규정의 세부사항 규정

고시

③ 관할권 고시
- 기업이 신고 대상 여부를 판단할 수 있도록 기업결합 · 지배권 정의, 매출액 산정방법 등을 상세히 규정
④ 간이절차 고시
- 간이절차 신고 대상(예 : 혼합결합[39], 시장점유율 합계 20% 미만 수평결합[40], 일방 시장점유율 30% 미만 수직결합)[41], 심사기간(25 영업일) 규정

··········

38 COUNCIL REGULATION (EC) No 139/2004 of 20 January 2004 on the control of concentrations between undertakings.
39 수평결합과 수직결합이 아닌 기업결합을 의미한다.
40 경쟁업체 간의 기업결합을 의미한다.
41 상품이나 서비스의 공급체인에서 서로 다른 단계에 있는 기업 간의 기업결합을 의미한다. 대표적으로 원재료 공급업체와 수요업체 간의 기업결합을 들 수 있다.

EU 경쟁법의 이해

⑤ 사건 이관 고시

  - 회원국과 EU 집행위원회 간 사건 이관 기준, 심사기간 등 규정

⑥ 시장획정 고시

  - 상품·지리적 시장획정 시 고려 요소 등 규정

⑦ 시정방안 고시

  - 시정방안의 종류, 시정방안의 실체적·절차적 요건 등 규정

⑧ 부수약정 고시

  - 기업결합과 직접 관련되고 필수적인 약정은 기업결합 심사에 포함(예 : 경업금지
    조항 3년 이내 허용 등)

가이드라인

⑨ 수평결합 심사기준

  - 시장점유율·허핀달−허쉬만지수(HHI), 단독효과, 협조효과, 효율성, 회생불가기업
    항변 등 규정

⑩ 비수평결합 심사기준

  - 봉쇄효과 등 수직결합과 혼합결합의 심사기준 규정

⑪ 모범관행 가이드라인

  - 심사절차, 자산 매각 시정방안 제출, 경제적 증거·데이터 제출 등 설명

사건처리절차 관련 규정

⑫ 청문관 규정(Terms of Reference−Hearing Officer)

  - 청문회 개최절차, EU 경쟁총국−신고기업/자료 제공자 간 분쟁 해결방법, 청문관의
    임명·역할 등 규정

⑬ 자료접근권 고시

  - 자료접근 주체·시기, 비밀정보 개념·보호방법 등 규정

---

(3) 신고 및 심사절차는 어떻게 되나?

1) 신고 요건 및 사전협의 절차[42]

신고 요건은 EUMR 제1조에 규정되어 있다. ① 기업결합 당사회사의

··········

42 김문식, 「EU의 기업결합 심사제도와 동향: 한국과 EU 비교 및 국내 기업의 유의사항」,
  『경쟁저널』(한국공정경쟁연합회, 2020년 8월호) 참조

전 세계 매출액 합계가 50억 유로를 초과하고 ② 기업결합 당사회사 각각의 EU 내 매출액이 모두 2억 5,000만 유로를 초과하는 경우로서 ③ 기업결합 당사회사가 동일한 하나의 회원국에서 EU 내 매출액의 2/3를 초과하지 않는 경우에 기업결합 신고 대상이 된다.[43] 신고기업은 집행 규정Implementing Regulation[44] 첨부 1의 'Form CO'에 따라 신고 서류를 작성·제출해야 한다.

그런데 EU 경쟁총국은 신고 전 사전협의 절차를 운영하고 있으며, EUMR에 따른 의무는 아니지만 EU 경쟁총국은 기업결합 신고기업에게 공식 신고 이전에 사전협의 절차를 거치도록 강하게 권고하고 있다. 이 절차에서는 신고 시에 제출해야 할 자료의 내용 및 범위뿐만 아니라 경쟁제한 평가, 시정방안과 같은 심사 요소에 관한 협의도 이루어지게 된다. 이를 통해 EU 경쟁총국은 심사에 필요한 정보를 충분히 갖춘 후에 심사를 진행할 수 있기 때문에 법정 심사기간을 준수할 수 있게 되고, 기업결합 신고기업은 신고 서류 작성에 따른 부담과 심사 지연에 따른 불확실성을 줄일 수 있기 때문에 대부분의 사건에서 활용되고 있다. 사전협의 기간은 사건의 복잡성에 따라 달라지며 경쟁제한 문제를 해소하기 위한 시정방안이 필요한 경우 수개월 또는 1년 이상의 기간이 소요되기도 한다.

··········

43 다만, 다음 5가지 조건이 모두 충족될 경우에도 EU 경쟁총국에 기업결합 신고 의무가 발생할 수 있다. ① 기업결합 당사회사의 전 세계 매출액 합계가 25억 유로를 초과, ② 3개 이상의 회원국 모두에서 기업결합 당사회사의 매출액 합계가 1억 유로를 초과, ③ 위 ②의 3개 이상의 회원국 모두에서 기업결합 당사회사 각각의 매출액이 2,500만 유로를 초과, ④ 기업결합 당사회사 각각의 EU 내 매출액이 1억 유로를 초과, ⑤ 기업결합 당사회사가 동일한 하나의 회원국에서 EU 내 매출액의 2/3를 초과해서 기록하지 않는 경우이다.

44 COMMISSION REGULATION (EC) No 802/2004 of 7 April 2004 implementing Council Regulation (EC) No 139/2004 on the control of concentrations between undertakings.

EU 경쟁법의 이해

2) 심사기간

서류가 완비된 신고가 접수될 경우 EU 경쟁총국의 심사는 1단계와 2단계로 구분되어 진행된다. 1단계 심사기간은 신고일로부터 25 영업일working day이며, 신고일로부터 20 영업일 이내에 기업결합 당사회사가 시정방안을 제출하면 심사기간은 35 영업일로 연장된다.

1단계 심사 결과, 경쟁이 제한된다는 심각한 의심serious doubt이 드는 경우에는 2단계 심사('심층조사라고도 한다)가 개시된다. 심사기간은 2단계 심사 개시일로부터 90 영업일이며, 기업결합 당사회사가 54 영업일 이후에 시정방안을 제시할 경우 심사기간은 105 영업일로 연장된다. 다만, 기업결합 당사회사가 요청하거나 EU 경쟁총국이 기업결합 당사회사의 동의를 얻은 경우에는 최대 20 영업일까지 심사기간이 연장될 수 있다.

한편, 심사단계 구분 없이 EU 경쟁총국이 자료 제출을 요구하거나 현장조사를 실시하는 경우 해당 자료를 확보할 때까지의 기간은 심사기간에서 제외된다. 실무적으로 이러한 심사기간의 중단을 'stop the clock'이라고 한다. 특히 EU 경쟁총국은 신고기업과 시정방안 협의에 장기간 시간이 소요될 것으로 예상되는 경우, 심사기간이 만료되는 것을 방지하기 위해 stop the clock을 활용하기도 한다. 이로 인해 일부 사건에는 심사기간이 신고일로부터 1~2년이 걸리기도 한다.

3) 심사절차

1단계 심사 결과는 무조건부 승인, 조건부 승인, 2단계 심사 개시 중 하나로 결정된다. 2단계 심사 결과는 무조건부 승인, 조건부 승인, 금지 중 하나로 결정된다. 한편, 1, 2단계 심사 중 기업이 EU 집행위원회의 심사를 통과하지 못할 것으로 예상하는 경우 스스로 기업결합을 포기abort하고 신고를 철회^{withdraw}하는 경우도 상당하다. 이 중에서 조건부 승인과 금지 결정은 SO 채택 → 반박 의견서 제출 → 청문회[45] → 자문위원회[46] → 집행위원단 회의를 거쳐 이루어지게 된다.

특히 EU 경쟁총국의 사건 부서는 정보 교환 및 협의를 통해 심사의 효율성을 제고하고 사건처리의 투명성을 확보하기 위해, 기업결합 당사회사와 SOP회의^{state of play meeting}를 개최하고 있다. 이 회의는 사건처리 과정에서 주요 단계별로 개최된다. 첫 번째 회의는 1단계 심사에서 경쟁제한에 대한 심각한 의심이 들어 2단계 심사가 개시될 것으로 예상되는 경우, 1단계 심사 개시일로부터 3주(15 영업일)가 경과하기 이전에 개최되며, 회사는 1단계 심사 결과를 통보받고 시정방안을 준비할 기회를 부여받게 된다. 두 번째 회의는 2단계 심사 개시일로부터 2주 이내에 개최된다. 회의에 앞서 회사는 2단계 심사 개시 결정문과 관련 증거 자료에 대해 의견을 제출할 기회를 부여받는다. 이 회의에서 EU 경쟁총국과 회사는 시장획정과 경쟁제한성에 대한 의견을 교환하며, 경제 분석을 실시할 계획이 있는 경우에는 사전에 상대방에게 통보한다. 세 번째 회의는 EU 경쟁총국이 SO를 채택하기 이전에 개최되는데, 이 회의에서 기업결합 당사회사는 SO 채택 시점 및 그 내용을 통보받게 된다. 네 번째 회의는 회사가 SO에 대한 반박 의견을 제출하고 청문회가 개최된 이후에 진행된다. EU 경쟁총국이 여전히 SO의 전부 또는 일부를 유지할 의사가 있는 경우에는 EU 경쟁총국과 회사는 시정방안의 범위와 제출 시기 등을 협의하게 된다. 다섯 번째 회의는 자문

----

45 청문회는 사건 부서와 독립적인 위치에 있는 청문관이 주관하며, EU 경쟁총국 사건 부서, 기업결합 당사회사, EU 회원국 경쟁 당국, 경쟁업체·수요업체·공급업체 등 이해관계자 등이 참석한다. 청문회 신청 여부는 기업의 재량 사항이다.
46 자문위원회는 각 회원국의 경쟁 당국 대표자들로 구성된다.

위원회 이전에 개최되며, 회사는 제출한 시정방안에 대한 이해관계자 의견 수렴market test 결과를 통보받고, EU 경쟁총국의 입장을 청취하며, 필요한 경우 시정방안을 보완할 기회를 부여받게 된다. 마지막으로 EU 경쟁총국은 자문위원회 이후 집행위원단의 최종 결정일을 회사에 미리 통보하게 된다.

(4) 시정방안의 제출 책임은 기업에 있다![47]

1) 조건부 승인 제도

경쟁제한 우려가 있는 경우 기업결합 당사회사가 기업결합을 스스로 철회하는 경우를 제외하고는 거의 대부분의 사건이 조건부 승인 방식으로 종결된다. 이러한 이유 중 하나는 EU 기업결합 심사제도의 특징에서 찾을 수 있다. EUMR에 따르면, 조건부 승인 결정은 기업결합 당사회사가 제출한 시정방안을 토대로 이루어지도록 규정하고 있다. 즉 기업결합 당사회사가 시정방안을 제출하지 않을 경우 EU 경쟁총국은 일방적으로 시정조치를 부과할 수 없으며, 기업결합을 금지할 수밖에 없게 된다.[48] 또한 기업결합 당사회사가 시정방안을 제출하더라도 경쟁제한성을 해소하기에 불충분한 경우에는 금지 결정을 내릴 수 있다.[49]

··········

47 김문식, 앞의 글 참조

48 Commission notice on remedies acceptable under Council Regulation (EC) No 139/ 2004 and under Commission Regulation (EC) No 802/2004. para. 6.

49 예를 들어, 2019년 기업결합 금지 결정이 내려진 3건의 사건(Siemens-Alstom, Wieland-Aurubis Rolled Products-Schwermetall, TATA Steel-Thyssenkrupp) 모두 당초 기업결합 당사회사는 시정방안을 제출했으나, EU 경쟁총국은 시정방안이 경쟁제한 우려를 해소하기에 불충분하다는 이유로 금지 결정을 내렸다.

2) 사업 매각 시정방안의 요건

EU 경쟁총국은 시정방안 고시[remedy notice]에서 기업결합 당사회사가 제출하는 시정방안이 갖추어야 할 실체적·절차적 요건을 규정하고 있다. 이 고시는 EU 경쟁총국이 시정방안으로 구조적 조치[structural remedy]를 선호함을 분명히 밝히고 있다. 이는 시정방안의 목적이 경쟁적 시장 구조를 회복하는 데 있으며 가격 인상 제한 등 행태적 조치[behavioral remedy]는 이행 여부에 대한 감시가 어렵고, 오히려 경쟁을 왜곡하는 효과가 발생할 수 있다는 점을 들고 있다. 이에 따라 이 고시는 주로 대표적 구조적 조치인 중복 사업 매각[divestiture of a business] 방안이 갖추어야 할 요건을 중심으로 규정되어 있다.

매각 대상 사업은 기업결합 당사회사의 지원 없이도 독자적[stand-alone]으로 운영 가능해야 한다. 매각 대상 부문과 비매각 부문 간에 공유되고 매각 부문 운영에 필수적인 인력·자산(예: R&D/IT 인력)은 매각 대상에 포함되어야 한다. 만약 기업결합 당사회사가 이행 여부가 불확실한 매각 방안(1안)을 제안할 경우, 1안이 실패할 상황을 대비해 이행 가능성이 높은 다른 매각 방안[crown jewel](2안)을 함께 제출해야 한다. 인수 후보자는 기업결합 당사회사와 무관하고 매각 대상 사업을 독자적으로 영위할 수 있는 재무적 능력, 전문성 등을 보유하고, 관련 경쟁 당국 등 규제 당국으로부터 승인을 받을 수 있는 후보자여야 한다.

매각 방식은 ① 회사가 조건부 승인 결정일로부터 정해진 기간 내에 매각을 완료하되 매각 이전이더라도 기업결합의 이행이 가능한 방식[fixed time-limit], ② 회사가 인수자를 찾아 매각 계약을 체결할 때까지 기업결합의 이행이 금지되는 방식[up-front buyer], ③ 기업결합 심사기간 중 회사가 인수자를 찾아 매각 계약을 체결하는 방식[fix-it-first] 중에서 결정된다. EU 집행위원회가 이 중 어떤 매각 방식을 선택하는지는 매각 대상의 성격, 범위, 인수 후보자의 수

Mergers: Commission approves Parker's acquisition of Meggitt, subject to conditions

Brussels, 11 April 2022

The European Commission has approved, under the EU Merger Regulation, the proposed acquisition of Meggitt by Parker. The approval is conditional on full compliance with commitments offered by Parker.

Executive Vice-President Margarethe **Vestager**, in charge of competition policy, said: "*Manufacturers of civil and military aircraft depend on competitive supply chains for all aerospace components. Parker and Meggitt are leading global suppliers of wheels and brakes for a range of aircraft types, including military helicopters and drones. The remedy package offered by Parker will preserve competition in these markets and ensure that aerospace and defence customers have access to sufficient choice of component suppliers and will continue benefitting from competitive prices.*"

Parker and **Meggitt** are both leading global aerospace component suppliers, with wide product portfolios. They compete among others in the design, manufacture and supply of aircraft wheels and brakes and aerospace pneumatic valves.

The proposed remedies

To address the Commission's competition concerns, Parker committed to divest its entire aircraft wheels and brakes division. The commitments include the divestment of Parker's plant in Ohio, US, and a range of provisions to ensure that a buyer can operate the business viably and independently from the merged entity.

These commitments fully remove the overlaps in the design, manufacturing and supply of aircraft wheels and brakes between Parker and Meggitt, globally. The commitments therefore ensure that the current level of competition is maintained in the markets where the Commission identified competition concerns, thus preserving customer choice.

그림 27 ..... **수평결합 구조적 조치 부과**(출처 : EU 집행위원회)

등을 고려해서 실제 매각 가능성이 높고 불확실성이 적을 경우 ①, 그러하지 못할 경우 ②, ③ 순서대로 선택된다. 마지막으로, 예상하지 못한 사정 변화가 있는 경우 매각 기한의 연장[50], 시정방안의 취소·수정[51]을 요청할 수 있는 재검토 조항을 둘 수 있다.

중복 사업 매각과 같은 구조적 조치는 주로 수평결합에서 사용된다. 예

....

50 기업결합 당사회사의 책임이 아닌 사유로 기한 내에 매각이 이루어지지 않았으나, 추후 단기간 내에 매각이 이루어질 것으로 예상되는 경우에는 매각 기한을 한 차례 연장할 수 있다.

51 이례적이지만 실제 적용된 사례가 있다. 2018년 11월 EU 경쟁총국은 글로벌 제약회사인 Takeda와 Shire 간 기업결합에 대해 Shire가 개발 중인 염증성 장 질환 치료제인 'SHP 647'을 매각하는 조건으로 승인했다. 이후 기업결합 당사회사의 치료제보다 우수한 타사 치료제들이 출시되고 'SHP 647'의 임상실험 결과가 부정적으로 나타남에 따라, EU 경쟁총국은 Takeda의 신청을 받아들여 당초 부과한 매각 조건을 2020년 5월 취소했다.

Mergers: Commission clears acquisition of Kustomer by Meta (formerly Facebook), subject to conditions

Brussels, 27 January 2022

The European Commission has today approved under the EU Merger Regulation the proposed acquisition of Kustomer by Meta (formerly Facebook). The approval is conditional on full compliance with commitments offered by Meta.

Executive Vice-President Margrethe **Vestager**, responsible for competition policy, said: "*We must carefully review transactions that could further strengthen large players that increasingly dominate the digital economy, irrespective of the target company's size. Our decision today will ensure that innovative rivals and new entrants in the customer relationship management software market can effectively compete. The commitments offered by Meta ensure that its rivals will continue to have free and comparable access to Meta's important messaging channels.*"

The proposed remedies

To address the competition concerns identified by the Commission, Meta offered comprehensive access commitments with a 10-year duration:

- **A public API access commitment:** Meta commits to guarantee non-discriminatory access, without charge to its publicly available APIs for its messaging channels to competing customer service CRM software providers and new entrants.

- **A core API access-parity commitment:** To the extent any features or functionalities of Messenger, Instagram messaging or WhatsApp that are used by Kustomer's customers today may be improved or updated, Meta commits to also make available equivalent improvements to Kustomer's rivals and new entrants. This would also hold for any new features or functionalities of Meta messaging channels in the future if used by a sizeable proportion of Kustomer's customers.

A trustee, to be appointed before the transaction can close, will monitor the implementation of the commitments. To fulfil its duties, the trustee will have far-reaching powers, including access to Meta's records, personnel, facilities or technical information, and can appoint a technical expert to assist in the performance of its duties. The commitments also include a fast track and binding dispute resolution mechanism that can be invoked by third parties. They also include the requirement for Meta to publish details of relevant APIs and functionalities on its website, in addition to quarterly reporting to the monitoring trustee on any ongoing beta testing of new messaging features.

그림 28 ..... **수직결합 행태적 조치 부과**(출처 : EU 집행위원회)

를 들어 EU 집행위원회는 2022년 4월 항공기 부품 글로벌 제조사 간 기업결합인 Parker(미국)-Meggitt(영국) 사건에서, 기업결합 후 기업결합 당사회사가 항공기 바퀴 및 브레이크 시장에서 압도적인 시장점유율을 보유하게 되어 관련 부품들의 가격 인상이 우려된다고 판단했다. 이에 Parker는 경쟁제한 문제를 해결하기 위해 자사의 항공기 바퀴 및 브레이크 사업 전체를 매각하는 시정방안을 제안했으며, EU 집행위원회는 이를 조건으로 기업결합을 승인했다(<그림 27> 참조).

다만 수평결합이 아닌 수직결합의 경우, EU 집행위원회는 경쟁자 봉쇄foreclosure effect[52] 문제를 해결하기 위해 행태적 조치를 조건으로 기업결합을 승인하고 있다. 예를 들어 2022년 1월 Meta-Kustomer 기업결합 사건에서, EU 집행위원회는 기업결합 후 Meta가 자사 메시징 채널(예: WhatsApp 등)에 대한 Kustomer 경쟁업체들의 접근을 거부하거나 제한할 능력과 유인이 있다고 판단했다. 이에 따라 EU 집행위원회는 Meta가 Kustomer의 경쟁업체들에게 10년 간 공공 API^{Application Programming Interface}에 대한 접근을 차별 없이 무료로 허용하고, 자사 메시징 채널의 기능을 업데이트할 경우 Kustomer의 경쟁업체들에게도 동등하게 업데이트된 기능을 제공하도록 하는 등의 행태적 조치를 조건으로 기업결합을 승인했다(<그림 28> 참조).

3) 시정방안 제출 방법 및 의견 수렴

1단계 심사에서 기업결합 당사회사는 신고일로부터 20 영업일 이내에 시정방안을 제출해야 한다. 2단계 심사에서 기업결합 당사회사는 2단계 심사 개시일로부터 65 영업일 이내에 시정방안을 제출해야 하며, 기업결합 당사회사의 신청 또는 동의를 얻어 심사기간이 연장(최대 20 영업일)되는 경우에는 시정방안 제출기한도 해당 일수만큼 연장된다.

제출 자료는 경쟁제한 우려를 해소할 수 있는 구체적 방안을 담은 문서로서, 핵심 의사결정자의 서명이 있어야 하며, 집행 규정 첨부 4 'Form RM'과 이해관계자 의견 수렴 절차에서 사용될 시정방안의 공개 버전이 첨부되어야 한다. EU 경쟁총국은 제출된 시정방안에 대해 회원국 경쟁 당국, 이해관계자 등 제3자, 매각 대상 사업 부문에 종사하는 임직원의 대표자, 협

----

52 예를 들어, 원재료 공급업체(A)와 수요업체(B)가 기업결합을 하는 경우, B의 경쟁업체들에게 원재료를 공급하지 않거나 공급량을 줄일 수 있다.

력협정이 체결된 제3국 경쟁 당국[53] 등으로부터 시정방안에 대한 의견을 청취한다.

4) 시정방안의 이행 요건

EU 경쟁총국은 사업 매각 기간을, ① 인수자를 탐색해서 인수자와 매각 계약을 체결하기까지의 기간, ② 자산 이전, 상호 변경 등 매각을 완료하기까지의 기간으로 구분하고 있다. 사건마다 구체적인 기간은 달라질 수 있지만, EU 경쟁총국은 ① 기간은 6개월이 적절한 것으로 평가하고 있으며, 기업결합 당사회사가 이 기간 내에 매각 계약을 체결하지 못할 경우에는 매각수탁관리인divestiture trustee[54]이 3개월 내에 매각을 추진하도록 하고 있다. ② 기간은 3개월이 적정한 것으로 평가하고 있다.

조건부 승인 결정일로부터 매각 완료일까지의 기간 중 기업결합 당사회사는 감시수탁관리인monitoring trustee[55]과 자산별도관리인hold-separate manager을 임명해서 매각 대상 사업이 비매각 대상 부문과 독립적으로 운영(정보 방화벽 포함)되도록 해야 한다. 감시수탁관리인은 인수 후보자 탐색 등 기업결합 당사회사의 매각 노력을 감독하고, 기업결합 당사회사는 인수 후보자와 협상 진행 상황 등에 대한 중간보고서를 EU 경쟁총국에 제출해야 한다. EU 경쟁총국은 기업결합 당사회사 또는 매각수탁관리인이 인수자와 최종 합

....

53 관련 시장 또는 매각 대상 사업이 EU 이외의 지역을 포함하는 경우에 적용되며, EU와 우리나라는 협력협정이 체결되어 있다.
54 기업결합 당사회사가 제안하고 EU 경쟁총국이 승인하는 방식으로 임명되며, 일반적으로 투자은행investment bank이 담당하는 경우가 많다.
55 매각수탁관리인과 동일한 방식으로 임명되며, 감시수탁관리인은 자산별도관리인에 대한 감독권과 해임권을 보유하게 된다. 일반적으로 회계법인이나 컨설팅회사가 담당하는 경우가 많다.

의에 도달한 경우에 승인 여부를 결정하며, 새로운 인수자로 인해 추가적인 기업결합 심사가 필요한 경우에는 EU 경쟁총국 또는 회원국 경쟁 당국의 기업결합 심사를 거쳐야 한다.

(5) 최근 5년간 심사 결과는? 승인 가능성은 얼마나 되나?[56]

EU 경쟁총국은 매년 300~400여 건의 기업결합 신고를 접수받아 이를 심사하고 있다. 최근 5년 간 심사 통계를 살펴보면 〈표 4〉와 같으며, 몇 가지 유의할 만한 특징을 확인할 수 있다.

표 4_ EU 집행위원회의 연도별 기업결합 심사 통계

(단위 : 건)

연도		2017	2018	2019	2020	2021	합계
신고		380	414	382	361	405	1,942
1단계 심사	무조건부 승인	353	366	343	334	384	1,780
	조건부 승인	18	17	10	13	7	65
	철회	7	10	12	7	9	45
2단계 심사 개시		7	12	8	8	7	42
2단계 심사	무조건부 승인	0	4	0	1	0	5
	조건부 승인	2	6	6	3	4	21
	금지	2	0	3	0	0	5
	철회	2	2	0	2	3	9

* 출처 : EU 집행위원회(Merger Case Statistics)

첫째, 최근 5년간 시정조치[57] 비율은 약 5.1%(100건/1,942건)에 달한다. 숫자로만 보면, 이는 대부분의 기업결합이 경쟁을 제한하지 않아 무조건부

....
56 김문식, 앞의 글 참조
57 조건부 승인, 기업결합 금지, 2단계 심사 중 신고 철회 건수를 포함한 수치이다.

승인됨을 의미한다. 그러나 EU 집행위원회의 시정조치 비율은 우리나라 경쟁 당국인 공정거래위원회의 기업결합 심사 시정조치 비율과 비교하면 약 10배(0.4%)가 넘는 수치이다(93쪽 〈표 14〉 참조). 이는 EU 집행위원회가 얼마나 엄격하게 기업결합 심사를 하는지 여실히 보여준다.

둘째, 조건부 승인 결정의 대부분(75.6%, 65건/86건)이 1단계 심사에서 이루어지고 있다. 이는 경쟁제한 우려가 있는 경우, 많은 기업들이 신고 전 사전협의 단계에서부터 적극적으로 EU 경쟁총국에 시정방안을 제시하고 협의를 진행하고 있음을 나타낸다.

셋째, 최근 5년 간 기업결합 금지 결정 건수(5건)보다 회사가 기업결합을 포기(철회)한 건수(54건)가 훨씬 많다. 이는 신고기업 입장에서 EU 집행위원회의 기업결합 심사를 통과하지 못할 것으로 예상되는 경우, 기업결합 금지 결정까지 기다리기보다는 기업결합을 중도에 포기하는 것이 시간적, 경제적 비용 절감 측면에서 유리한 선택이기 때문이다.

마지막으로 기업결합 철회도 대부분 1단계 심사 도중에 이루어지고 있다(83.3%, 45건/54건). 이는 신고기업 입장에서 2단계 심사가 개시될 경우 심사가 장기화되어 거래의 불확실성이 증대되고, 조건부 승인이 이루어지더라도 일부 사업 매각에 따른 경제적 손실이 예상되어, 2단계 심사가 개시되기 전에 기업결합을 스스로 포기하기 때문으로 풀이된다.

(6) 현 EU 집행위원회의 기업결합 심사 결과(2019.12. ~ 2022.7.)

〈그림 29〉는 현 EU 집행위원회가 임기를 시작한 2019년 12월부터 2022년 7월까지 개입한 46건의 사건에 대한 처리 결과를 나타낸다. 46건에는 경쟁제한 문제를 해소하기 위해 시정방안을 조건으로 승인되었거나 기업결합 자체가 금지된 사건, 2단계 심사가 개시되었으나 최종적으로는 경

쟁제한 우려가 없어 무조건부 승인된 사건, EU 집행위원회의 기업결합 심사를 통과하지 못할 것을 우려해서 2단계 심사 도중에 기업이 신고를 철회한 사건, 절차 규정 위반으로 제재가 부과된 사건이 모두 포함된다. 이를 유형별로 구분하면 〈표 5〉와 같다. 참고로 같은 기간 중 기업결합이 금지된 사건은 현대중공업의 대우조선해양 인수 건 1건이다.

표 5_ **주요 사건처리 결과**

유형	무조건부 승인	조건부 승인	금지	절차 위반 제재	포기 (신고 철회)
건수	1	35	1	4	5[58]

* 출처 : EU 집행위원회(Merger Case Statistics)

(7) 과거 조선사 간 기업결합 심사 결과는?

EU 집행위원회는 2022년 1월 13일 우리 조선사들의 기업결합인 현대중공업의 대우조선해양 인수에 대해 금지 결정을 내렸다. EU 집행위원회는 대형 액화천연가스^{liquefied natural gas, LNG} 운반선 제조시장에서의 경쟁이 제한된다고 판단했다. 그 사유로 ① 기업결합 후 두 회사의 시장점유율 합계가 60% 이상으로 매우 높아지는 반면, ② 남아 있는 경쟁업체들의 공급능력이 작아 시장수요를 충족시킬 수 없기 때문에 기업결합 당사회사에 경쟁압력으로 작용하기 어렵고, ③ 높은 진입장벽^{entry barrier}으로 인해 신규 진입이 어렵고 구매자의 협상력^{buyer power}도 제한되어 있어 기업결합 당사회사의 가격 인상을 억제할 수 없으며, ④ 대형 LNG 운반선에 대한 수요는 증가 추세

----

58 2단계 심사 중 5건의 기업결합 신고가 철회되었으며, 이 중 3건은 EU 집행위원회가 SO를 채택한 이후에 철회되었다.

EU MERGER CONTROL
Interventions from December 2019

European Commission | COMPETITION

Since December 2019, 35 transactions were approved with remedies (of which 24 were cleared in Phase 1 and nine after an in-depth Phase 2 investigation). Remedies can be structural (such as full divestments), quasi-structural (e.g. data silos) or behavioural (such as access or interoperability conditions). Only one transaction was approved in Phase 2 without remedies, and five transactions were abandoned while under in-depth review, three of which after a Statement of Objections had been issued. One proposed transaction has been prohibited.

Varta AG acquires Energizer's divested business
BATTERIES AND PORTABLE LIGHTING
Phase 1 Commitments Decision
Commitment: supply hearing-aid batteries globally
3 December 2019

Danaher Corporation acquires General Electric's Healthcare Life Sciences Biopharma Business
BIOPROCESSING
Phase 1 Commitments Decision
Divestment: 5 biotech equipment and consumables businesses around the world
18 December 2019

AbbVie acquires Allergan
BIOLOGICAL TREATMENTS FOR INFLAMMATORY BOWEL DISEASES
Phase 1 Commitments Decision
Divestment: pipeline R&D project in inflammatory bowel diseases
10 January 2020

Synthomer acquires Omnova
SPECIALTY CHEMICALS
Phase 1 Commitments Decision
Divestment: Synthomer's global VP Latex business
15 January 2020

Assa Abloy acquires Agta Record
PEDESTRIAN AND INDUSTRIAL AUTOMATIC DOORS
Phase 1 Commitments Decision
Divestment: door businesses in certain EU countries and the UK
27 February 2020

Merger of Mylan and Pfizer's Upjohn Division
PHARMACEUTICAL PRODUCTS AND PREPARATIONS
Phase 1 Commitments Decision
Divestment: Mylan's business in several relevant markets
22 April 2020

Johnson & Johnson acquires Tachosil
HAEMOSTATIC PATCHES
Opening of phase 2 investigation on 25 March 2020
Withdrawal of notification on 8 April 2020
8 April 2020

Gategroup acquires Lufthansa Service Group (LSG EU)
IN-FLIGHT CATERING SERVICES
Phase 1 Commitments Decision
Divestment: overlap businesses, including intangible assets
3 April 2020

United Technologies Corporation (UTC) acquires Raytheon
DEFENCE COMMUNICATION EQUIPMENT
Phase 1 Commitments Decision
Divestment: Military communications businesses in the United States
13 March 2020

Telecom Italia and Vodafone acquire joint control of INWIT
TELECOMMUNICATIONS
Phase 1 Commitments Decision
Commitment: Make space available on 4,000 towers in Italy for third parties
6 March 2020

Aurubis acquires Metallo
METAL RECYCLING (COPPER)
Phase 2 (Article 8(1))
Concentration cleared without remedies
4 May 2020

Creation of JVs by Boeing and Embraer
AIRCRAFT MANUFACTURE
Opening of phase 2 investigation on 4 October 2019
Withdrawal of notification on 8 May 2020
8 May 2020

Elanco Animal Health Inc. acquires Bayer AG's animal health division
PHARMACEUTICAL PRODUCTS FOR PETS AND LIVESTOCK
Phase 1 Commitments Decision
Divestment: Products/pipeline assets for certain products in the EEA/UK and for certain products globally
8 June 2020

PKN Orlen acquires Lotos
CRUDE/REFINED OIL, NATURAL GAS, MOTOR/JET FUEL
Phase 2 commitments decision
Divestment/Commitment: various assets in Poland; make jet fuel available to competitors in the Czech Republic
14 July 2020

Alstom acquires Bombardier Transportation
VERY HIGH SPEED TRAINS, MAINLINE TRAINS AND SIGNALLING
Phase 1 Commitments Decision
Divestment: assets in 'Zefiro V300', assets in France and Germany, supply of legacy OBUs to NL
31 July 2020

Google acquires Fitbit
WEARABLE DEVICES AND ASSOCIATED APPS, SOFTWARE
Phase 2 Commitments Decision
Commitment: Data silo keeping Fitbit user data separate from Google advertising, Web API access and Android OS interoperability
17 December 2020

DIC Corporation acquires BASF Colours and Effects
PRODUCTION AND SALE OF PIGMENTS
Phase 1 Commitments Decision
Divestment: DIC's pigment manufacturing facility
7 December 2020

Altice, Allianz and Omers acquire Covage
FIBRE OPTIC TELECOMMUNICATION NETWORKS
Phase 1 Commitments Decision
Divestment: Local fibre loop business in 25 subsidiaries in France
27 November 2020

Worldline acquires Ingenico
PAYMENT SERVICES SECTOR
Phase 1 Commitments Decision
Divestment: POS businesses in Austria and Belgium, Merchant acquiring businesses in Austria, Belgium and Luxembourg
30 September 2020

Mastercard acquires Nets' account-to-account payment business
ACCOUNT-TO-ACCOUNT PAYMENT SERVICES
Phase 1 Commitments Decision
Divestment: global license of Nets' Realtime 24/7 technology
17 August 2020

Fiat Chrysler Automobiles N.V. merges with Peugeot S.A.
MOTOR VEHICLES, SPARE PARTS, ACCESSORIES
Phase 2 commitments decision
Commitment: extension of cooperation agreement (PSA/Toyota) in the EU. Amendment to "repair and maintenance" agreements.
21 December 2020

The London Stock Exchange Group (LSEG) acquires Refinitiv
ADMINISTRATION OF FINANCIAL MARKETS AND CERTAIN AUXILIARY ACTIVITIES
Phase 2 commitments decision
Divestment: 99.9% in Borsa Italiana Group, continue global OTC IRD clearing services; data access to downstream competitors.
13 January 2021

Acquisition of Chantiers de l'Atlantique by Fincantieri
BUILDING OF SHIPS AND FLOATING STRUCTURES
Opening of phase 2 investigation on 30 October 2019
Withdrawal of notification 2 February 2021
2 February 2021

Mitsui acquires Belchim
PESTICIDES, AGROCHEMICAL PRODUCTS, CHEMICAL PRODUCT WHOLESALE
Phase 1 Commitments Decision
Commitments: Transfer Mitsui distribution agreement and customer relationships for potato PGRs. If failure, transfer of Belchim agreement for PGR product.
11 February 2021

Novelis/Aleris
ALUMINIUM PRODUCTS
Phase 2 commitments decision
Adoption of Measures to Preserve Divestment
18 February 2021

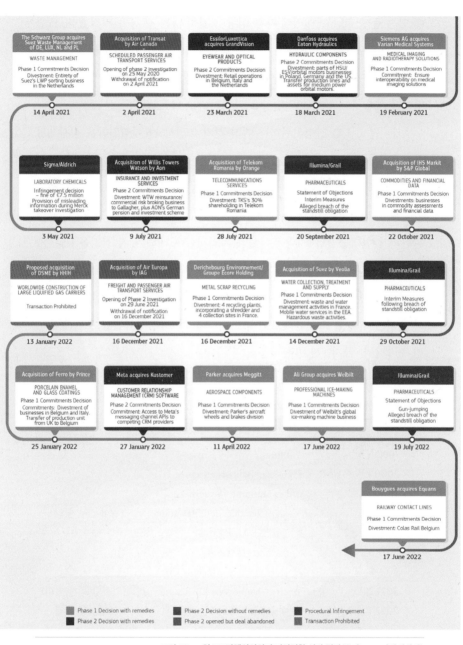

The Schwarz Group acquires Suez Waste Management of DE, LUX, NL and PL	Acquisition of Transat by Air Canada	EssilorLuxottica acquires GrandVision	Danfoss acquires Eaton Hydraulics	Siemens AG acquires Varian Medical Systems
WASTE MANAGEMENT	SCHEDULED PASSENGER AIR TRANSPORT SERVICES	EYEWEAR AND OPTICAL PRODUCTS	HYDRAULIC COMPONENTS	MEDICAL IMAGING AND RADIOTHERAPY SOLUTIONS
Phase 1 Commitments Decision Divestment: Entirety of Suez's LWP sorting business in the Netherlands	Opening of phase 2 investigation on 25 May 2020 Withdrawal of notification on 2 April 2021	Phase 2 Commitments Decision Divestment: Retail operations in Belgium, Italy and the Netherlands	Phase 2 Commitments Decision Divestment: parts of HSU/ ESV(orbital motors businesses in Poland, Germany and the US. Transfer production lines and assets for medium power orbital motors.	Phase 1 Commitments Decision Commitment: Ensure interoperability on medical imaging solutions
14 April 2021	2 April 2021	23 March 2021	18 March 2021	19 February 2021

Sigma/Aldrich	Acquisition of Willis Towers Watson by Aon	Acquisition of Telekom Romania by Orange	Illumina/Grail	Acquisition of IHS Markit by S&P Global
LABORATORY CHEMICALS	INSURANCE AND INVESTMENT SERVICES	TELECOMMUNICATIONS SERVICES	PHARMACEUTICALS	COMMODITIES AND FINANCIAL DATA
Infringement decision – fine of €7.5 million Provision of misleading information during Merck takeover investigation	Phase 2 Commitments Decision Divestment: WTW reinsurance/ commercial risk broking business to Gallagher, plus AON's German pension and investment scheme	Phase 1 Commitments Decision Divestment: TKS's 30% shareholding in Telekom Romania	Statement of Objections Interim Measures Alleged breach of the standstill obligation	Phase 1 Commitments Decision Divestments: businesses in commodity assessments and financial data
3 May 2021	9 July 2021	28 July 2021	20 September 2021	22 October 2021

Proposed acquisition of DSME by HHIH	Acquisition of Air Europa by IAG	Derichebourg Environnement/ Groupe Ecore Holding	Acquisition of Suez by Veolia	Illumina/Grail
WORLDWIDE CONSTRUCTION OF LARGE LIQUIFIED GAS CARRIERS	FREIGHT AND PASSENGER AIR TRANSPORT SERVICES	METAL SCRAP RECYCLING	WATER COLLECTION, TREATMENT AND SUPPLY	PHARMACEUTICALS
Transaction Prohibited	Opening of Phase 2 Investigation on 29 June 2021 Withdrawal of notification on 16 December 2021	Phase 1 Commitments Decision Divestment: 4 recycling plants, incorporating a shredder and 4 collection sites in France.	Phase 1 Commitments Decision Divestment waste and water management activities in France. Mobile water services in the EEA. Hazardous waste activities.	Interim Measures following breach of standstill obligation
13 January 2022	16 December 2021	16 December 2021	14 December 2021	29 October 2021

Acquisition of Ferro by Prince	Meta acquires Kustomer	Parker acquires Meggitt	Ali Group acquires Welbilt	Illumina/Grail
PORCELAIN ENAMEL AND GLASS COATINGS	CUSTOMER RELATIONSHIP MANAGEMENT (CRM) SOFTWARE	AEROSPACE COMPONENTS	PROFESSIONAL ICE-MAKING MACHINES	PHARMACEUTICALS
Phase 1 Commitments Decision Commitments: Divestment of businesses in Belgium and Italy. Transfer of production unit from UK to Belgium	Phase 2 Commitments Decision Commitment: Access to Meta's messaging channel APIs to competing CRM providers	Phase 1 Commitments Decision Divestment: Parker's aircraft wheels and brakes division	Phase 1 Commitments Decision Divestment of Welbilt's global ice-making machine business	Statement of Objections Gun-jumping Alleged breach of the standstill obligation
25 January 2022	27 January 2022	11 April 2022	17 June 2022	19 July 2022

Bouygues acquires Equans
RAILWAY CONTACT LINES
Phase 1 Commitments Decision Divestment: Colas Rail Belgium
17 June 2022

Phase 1 Decision with remedies · Phase 2 Decision without remedies · Procedural Infringement · Phase 2 Decision with remedies · Phase 2 opened but deal abandoned · Transaction Prohibited

그림 29 ..... 현 EU 집행위원회의 기업결합 심사 결과(출처 : EU 집행위원회)

에 있는 등 코로나 팬데믹에 따른 영향이 전혀 없는 점 등을 지적했다. 또한 EU 집행위원회는 이와 같은 이유로 대형 LNG 운반선의 가격 인상 등 소비자 피해가 우려됨에도 불구하고 현대중공업이 이를 해소하기 위한 시정방안을 제출하지 않아 기업결합을 금지한다고 발표했다.

과거부터 EU 집행위원회는 여러 건의 조선사 간 기업결합을 심사해왔다. 그 심사 결과를 살펴보면 EU 집행위원회가 조선업종에서 기업결합을 어떻게 심사하고, 경쟁제한 문제를 해소하기 위해 어떠한 시정방안을 요구하고 있는지, 그리고 최근의 심사 동향은 어떠한지 알 수 있다. 이를 통해 EU 집행위원회가 현대중공업-대우조선해양 기업결합에 대해 금지 결정을 내린 배경을 이해할 수 있다.

EU 집행위원회는 그간 총 9건의 조선사 간 기업결합을 심사했다. 심사 결과를 유형별로 분류해보면 무조건부 승인 7건, 기업결합 포기(철회) 1건, 기업결합 금지 1건이다.

표 6_ **EU 집행위원회의 조선사 간 기업결합 심사**

결정일	기업결합 회사	심사 결과
1998.6.	Blohm+Voss−Lisnave	무조건부 승인
2000.1.	Preussag−Babcock−Celsius	
2000.12.	Aker Maritime−Kvaerner	
2006.3.	Aker Yards−Chantiers de L'Atlantique	
2008.5.	STX−Aker Yards	
2017.6.	Wartsila−CSSC	
2019.6.	YZJ−Mitsui E&S−Mitsui & Co	
2021.2.	Fincantieri−Chantiers de L'Atlantique	기업결합 포기(철회)
2022.1.	현대중공업−대우조선해양	기업결합 금지

* 출처 : EU 집행위원회(Case Search)

무조건부 승인 사건들은 인수회사와 피인수회사 간에 중복되는 사업 영역이 없거나 제한적인 경우로서 경쟁을 제한하지 않아 아무런 조치 없이 승인되었다. 예를 들어, STX-Aker Yards 기업결합에서 EU 집행위원회는 STX는 화물선을 제조하는 반면, Aker Yards는 크루즈선을 제조하기 때문에 직접적인 경쟁관계가 성립하지 않는다고 판단했다.[59]

한편, 현대중공업-대우조선해양 기업결합 신고(2019년 11월)에 앞서 약 2개월 전인 2019년 9월 이탈리아 크루즈선 제조업체 Fincantieri는 프랑스 크루즈선 제조업체 Chantiers de L'Atlantique(CAT)를 인수하기 위해 EU 집행위원회에 기업결합 신고를 했다. 최종적으로 Fincantieri는 EU 집행위원회의 기업결합 심사를 통과하지 못할 것으로 예상해서 2021년 2월 기업결합을 포기하고 신고를 철회했다. EU 집행위원회는 유럽 내 크루즈선 제조업체 수가 3개에 불과하여 시장구조가 이미 매우 집중화되어 있는 상황에서, 기업결합으로 인해 공급업체 수가 2개로 줄어들 경우 경쟁이 크게 감소될 것을 우려했다. 이에 따라 두 회사에 경쟁제한 문제를 해소하기 위한 시정방안을 제출하도록 요청했다.

그런데 <그림 30>의 기업결합 심사 경과에서 알 수 있듯이, 시정방안이 제출되지 않자 EU 집행위원회는 2020년 3월 기업결합 심사기간이 경과되는 것을 막기 위한 조치(stop the clock)를 취했다. 그런데 회사들이 시정방안을 제출하지 않아 약 1년 동안 기업결합 심사에 아무런 진전이 없었다. 두 선박회사는 재무구조가 부실해서 각각 이탈리아와 프랑스 정부가 대부

....

59 다만, STX가 독자적으로 장래에 크루즈선 제조시장에 참여하게 될 경우 기업결합으로 인해 이 시장에서의 잠재적 경쟁이 제한될 수 있지만, EU 집행위원회는 STX가 크루즈선 제조시장에 참여할 가능성이 낮고 참여하더라도 기존 업체들에게 유효한 경쟁압력이 되기는 어렵다고 판단했다.

Notification on:	25.09.2019	
Provisional deadline:	17.04.2020	
	• Deadline suspended under Article 11(3) [date may differ from the Article 11(3) decision date] from 13.03.2020	
	• Deadline extended by 20 working days under article 10(3)2 on 10.01.2020	
Prior publication in Official Journal:	C331 of 02.10.2019	
Concerns economic activity (NACE):	C.30.11 - Building of ships and floating structures	
Regulation:	Council Regulation 139/2004	

Decision(s):		
02.02.2021	Aborted / withdrawn	
	Decision text	(none)
10.01.2020	Art. 10(3)	
	Decision text	(none)
30.10.2019	Art. 6(1)(c)	
	Publication	11.11.2019 C382
	Press release	IP/19/6205
	Decision text	(none)
08.01.2019	Art. 22 Full referral	
	Press release	IP/19/262
	Decision text	19.02.2019 📄 en
		19.02.2019 📄 fr

Relation with other case(s):	(none)
Other case related information:	• Section 1.2 of Form CO : en (25.09.2019) published on 26.09.2019
Related link(s):	(none)

그림 30 ..... Fincantieri-Chantiers de L'Atlantique **기업결합 심사 경과**(출처 : EU 집행위원회)

분의 지분을 소유하고 있었는데, 결국 두 국가의 경제부 장관들이 마가렛 베스타거 EU 수석부집행위원장과 통화를 통해 시정방안 제출 없이는 기업결합이 금지될 수 밖에 없음을 확인한 후 2021년 2월 기업결합을 포기했다. 따라서 이 사건은 EU 집행위원회가 사실상 기업결합을 금지한 것으로 해석할 수 있다. 이 사건은 Alstom-Siemens 기업결합 사건[60]과 함께 EU 집행위원회가 역내외 기업을 구분하지 않고 경쟁법(기업결합 심사)을 엄격히 적용하고 있는 대표적인 사례로 자주 언급된다. 또한 EU 기업결합 심사 규정에 따라 시정방안을 제출할 의무는 기업에 있기 때문에, 기업이 시정방

....

60 독일 고속철도 업체인 Siemens가 프랑스 고속철도 업체인 Alstom을 인수하는 기업결합 사건으로, 2019년 2월 EU 집행위원회는 핵심 회원국인 독일과 프랑스의 거센 비난에도 불구하고 고속철도시장에서의 경쟁이 제한된다는 이유로 기업결합 금지 결정을 했다.

Mergers: Commission prohibits proposed acquisition of Daewoo Shipbuilding & Marine Engineering by Hyundai Heavy Industries Holdings

Brussels, 13 January 2022

The European Commission has prohibited, under the EU Merger Regulation, the acquisition of Daewoo Shipbuilding & Marine Engineering CO., Ltd (DSME) by Hyundai Heavy Industries Holdings (HHIH). The merger between the two South Korean shipbuilders would have created a dominant position by the new merged company and reduced competition in the worldwide market for the construction of large liquefied gas ('LNG') carriers ('LLNGCs'). The parties did not formally offer remedies to address the Commission's concerns.

Executive Vice-President Margrethe **Vestager**, in charge of competition policy, said: *"Large LNG vessels are an essential element in the supply chain of liquefied natural gas (LNG) and enable the transport of this source of energy around the globe. LNG contributes to the diversification of Europe's source of energy and therefore improves energy security. The merger between HHIH and DSME would have led to a dominant position in the global market for the construction of large LNG vessels, for which there is significant demand from European carriers. Given that no remedies were submitted, the merger would have led to fewer suppliers and higher prices for large vessels transporting LNG. This is why we prohibited the merger."*

Today's decision follows an <u>in-depth investigation</u> by the Commission of the proposed transaction, which would have combined **DSME** and **HHIH**, two worldwide leading shipbuilders. Both companies are global leaders in the construction of large LNG carriers, and two of the three largest players in this very concentrated market.

Large LNG carriers are an essential element in the supply chain of LNG. They are highly sophisticated vessels that can carry large quantities of LNG (145 000m3 and above) at a temperature of minus 162 degrees Celsius. Over the past five years, the worldwide market for the construction of large LNG carriers represented up to €40 billion, with European customers accounting for almost 50% of all orders.

그림 31 ..... **현대중공업–대우조선해양 기업결합 금지**(출처 : EU 집행위원회)

안을 제출하지 않을 경우 EU 집행위원회는 기업이 기업결합을 포기하지 않는 한 기업결합 금지 결정을 내릴 수밖에 없다는 점을 명확하게 보여준 사례라고 할 수 있다.

현대중공업의 대우조선해양 기업결합 사건을 앞서 설명한 Fincantieri–Chantiers de L'Atlantique 기업결합 사건과 비교해보면, 조선사 간 기업결합이라는 점뿐만 아니라 기업결합 당사회사의 시장점유율 합계, 경쟁업체 수 등 시장구조, 경쟁제한 문제를 해소하기 위한 시정방안 미제출 등 여러 측면에서 유사하다. 마가렛 베스타거 EU 수석부집행위원장은 2022년 1월 기업결합 금지 결정을 발표하는 기자회견에서, 대형 LNG 운반선 시장에서 기업결합 당사회사의 시장점유율 합계가 최소 60%를 넘을 정도로 압도적인 1위 사업자가 되고 이를 견제할만한 경쟁업체가 충분하지 않으며, 회사가 EU 집행위원회의 경쟁제한 우려를 해소할 수 있는 시정방안을 제출하지 않아 기업결합 금지 결정이 불가피했다고 강조한 바 있다. 결국 EU 집행위원회는 우리 조선사 간 기업결합을 금지하기에 앞서 약 1년 전에 역내 조선사 간 기업결합에 적용했던 심사기준을 역외 조선사 간 기업결합 심사에 동일하게 적용했으며, 마가렛 베스타거 EU 수석부집행위원장은 이러한 점을 강조한 것으로 해석된다.

(8) 과거 항공사 간 기업결합 심사 결과는?

EU 집행위원회는 2022년 8월 현재 대한항공의 아시아나항공 인수에 대해 기업결합 심사를 하고 있다.[61] EU 집행위원회는 과거부터 다수의 항공사 간 기업결합에 대해 심사를 해왔는데, 그 결과를 살펴보면 EU 집행위원회가 항공사 간 기업결합을 어떻게 심사하고, 경쟁제한 문제를 해소하기 위해 어떠한 시정방안을 요구하는지, 그리고 최근의 심사 동향은 어떠한지 알 수 있다. 이를 통해 우리 항공사 간 기업결합에 대한 심사 방향을 예측해 볼 수 있다.

표 7_ **EU 집행위원회의 항공사 간 기업결합 심사 결과(2010년 이후)**

유형	무조건부 승인	조건부 승인	금지	포기(철회)
건수	9	6	2	2

* 출처 : EU 집행위원회(Case Search)

2010년 이후 EU 집행위원회는 총 19건의 항공사 간 기업결합을 심사

....
61 EU 집행위원회에 공식적으로 신고는 이루어지지 않았으며, 2021년 1월 말부터 회사와 EU 집행위원회 간 사전협의 절차가 진행 중이다.

했다. 심사 결과를 유형별로 분류하면 무조건부 승인 9건, 조건부 승인 6건, 기업결합 금지 2건, 기업결합 포기(철회) 2건이다.

표 8_ **무조건부 승인 기업결합 사건**

신고일	결정일	기업결합 회사	사유
2010. 6.	2010. 7.	British Airways(영국)−Iberia(스페인)	양사 중복 노선에서 경쟁압력 충분
2010. 6.	2010. 7.	United Air Lines(미국)−Continental Airlines(미국)	양사는 미국 내 허브 공항이 상이
2013. 5.	2013 .6.	Delta(미국)−Virgin Group(영국)	양사 중복 노선에서 경쟁압력 충분
2013. 2.	2013. 10.	Aegean Airlines(그리스)−Olympic Air(그리스)	5개 그리스 국내 노선에서 독점이 형성되지만 다른 인수 후보자가 없고 기업결합 없이는 Olympic Air의 도산이 확실
2014. 11.	2014. 12.	Travel Service(체코)−Cesky Aerolinie(체코)	양사 중복 노선에서 경쟁압력 충분
2017. 2.	2017. 3.	Qatar Airways(카타르)−Meridiana(이탈리아)	양사 중복노선이 적고 경쟁압력 충분
2017. 11.	2017. 12.	easyJet(영국)−Air Berlin(독일)	양사 중복 노선에서 경쟁압력 충분
2018. 6.	2018. 7.	Ryanair(아일랜드)−LaudaMotion(오스트리아)	양사 중복 노선에서 경쟁압력 충분
2019. 1.	2019. 2.	Air France/KLM(프랑스)−Delta(미국)−Virgin Group(영국)	양사 중복 노선에서 경쟁압력 충분

* 출처 : EU 집행위원회(Case Search)

EU 집행위원회가 무조건부 승인한 9건의 결정 사례는 〈표 8〉과 같다. 그 사유를 살펴보면, ① 기업결합 당사회사 간에 중복 노선이 거의 없거나, ② 중복 노선이 있더라도 중복 노선별 시장점유율 합계가 매우 낮거나, ③ 강력한 경쟁사가 존재하는 기업결합인 경우에 아무런 조건 없이 승인이 이루어졌다. 또한 ④ 피인수회사가 재무적 어려움을 겪고 있고, 다른 인수 후보자가 없어 해당 기업결합 없이는 도산이 확실한 경우에도 무조건부 승인이 이루어졌다. ④를 회생불가기업 항변^failing firm defense이라고 하는데, 도산이 확실한 경우에는 기업결합 여부와 관계없이 관련 시장 내 경쟁업체 수가 동일하게 유지되기 때문에 경쟁 당국에서는 아무런 조건 없이 승인을 하게 된다.

표 9_ 조건부 승인 기업결합 사건

신고일	결정일	기업결합 회사	승인 조건
2012.2.	2012.3.	British Midlands(영국)- IAG(영국)	히드로공항 14개 슬롯 개방, 경쟁사에 연결 항공편 제공 등
2013.6.	2013.8.	US Airways(미국)- American Airlines(미국)	히드로공항 1개 슬롯 개방 등
2014.9.	2014.11.	Etihad(UAE)- Alitalia(이탈리아)	로마공항 및 베오그라드공항 2개 슬롯 개방 등
2015.5.	2015.7.	IAG(영국)- Aer Lingus(아일랜드)	런던 개트윅공항 5개 슬롯 개방, 경쟁사 연결 항공편 제공 등
2017.10.	2017.12.	Lufthansa(독일)- LGW(독일)	NIKI 항공사 인수 철회, 뒤셀도르프공항의 슬롯 인수 개수 감축
2019.5.	2019.7.	Connect Airways(미국·영국 항공사컨소시엄)- Flybe(영국)	암스테르담공항 5개 슬롯 개방, 파리공항 3개 슬롯 개방 등

* 출처 : EU 집행위원회(Case Search)

EU 집행위원회가 조건부 승인(6건)한 항공사 간 기업결합은 〈표 9〉와 같다. EU 집행위원회는 기업결합 당사회사가 중복 노선에서 사실상 독점^qusai-monopoly 또는 지배적 지위^dominant position를 갖게 되어 요금 인상, 선택권 감소 등 소비자 피해가 우려되는 경우에는 경쟁을 회복시키기 위해 시정방안을 조건으로 승인했다. 구체적인 시정방안의 내용을 살펴보면, 경쟁이 제한되는 노선에 경쟁 항공사가 신규로 진입하거나 취항 편수를 확대할 수 있도록 기업결합 당사회사가 보유한 슬롯을 경쟁 항공사에 개방slot release하도록 하는 방안, 슬롯 인수자의 기득권grandfather right[62]을 인정하는 방안, 연결 항공편과 왕복 항공편 제공을 위해 경쟁 항공사와 특별운임협약special prorate agreement, 인터라인협약interline agreement, 운임결합협약fare combinability agreement을 체결하는 방안, 기업결합 당사회사의 상용고객 우대제도frequent-flyer program를 경쟁 항공사가 이용하도록 허용하는 방안, 기업결합 당사회사와 경쟁 항공사 간에 분쟁이 발생할 경우 신속하게 분쟁을 해결하도록 하는 제도fast-track dispute resolution 도입 방안, 기업결합 당사회사가 승인 조건을 제대로 이행하는지를 EU 집행위원회를 대신해서 감시하기 위해 감시수탁관리인을 임명하는 방안 등이 사용되어 왔다.

표 10_ **기업결합 금지 사건**

신고일	결정일	기업결합 회사	사유
2010.6.	2011.1.	Aegean Airlines(그리스)-Olympic Air(그리스)	9개 그리스 국내 노선에서 사실상 독점 형성
2012.7.	2013.2.	Ryanair(아일랜드)-Aer Lingus(아일랜드)	46개 국내·외 노선 독점 또는 지배적 지위 형성

* 출처 : EU 집행위원회(Case Search)

또한 EU 집행위원회는 2건의 항공사 간 기업결합에 대해 기업결합 금

....
62 슬롯 사용률이 80% 이상인 경우 슬롯 인수자가 계속해서 슬롯 사용권을 보유할 수 있는 권리를 의미한다.

지를 결정했다(<표 10>). 기업결합 당사회사의 중복 노선에서 사실상 독점 또는 지배적 지위가 형성됨에도 불구하고 경쟁 회복을 위한 적절한 시정 방안을 제출하지 못한 경우에 기업결합이 금지되었다. Aegean Airlines- Olympic Air 기업결합 사건[63]에서 신고기업은 아테네공항의 슬롯을 매각 하는 방안을 제시했으나, 2011년 1월 EU 집행위원회는 공항에 이미 슬롯 이 충분히 여유가 있는 상황이기 때문에 이 방안이 경쟁제한 문제를 해소 할 수 없다고 판단했다. 또한 Ryanair-Aer Lingus 기업결합 사건에서 신 고기업은 46개 중복 노선 중 43개 노선은 경쟁사 Flybe에 매각하고 3개 노 선은 경쟁사 IAG[International Consolidated Airlines Group. S. A.]-British Airways에 슬롯 을 매각해서 3년간 노선을 운영하는 방안을 제시했으나, EU 집행위원회는 Flybe는 경쟁압력으로 작용할만한 적절한 인수 후보자가 아니며, 3년이 경 과된 이후 IAG-British Airways가 해당 노선을 계속 운영할 가능성이 낮다 는 이유로 신고기업이 제안한 시정방안을 거부하고 기업결합을 금지했다.

표 11_ **기업결합 포기(철회) 사건**

신고일	결정일	기업결합 회사	사유
2020.4.	2021.4.	Air Canada(캐나다)- Transat(캐나다)	캐나다-유럽 33개 노선에서 경쟁제한 우려
2021.5.	2021.12.	IAG(스페인)- Air Europa(스페인)	스페인-유럽 70개 노선에서 경쟁제한 우려

* 출처 : EU 집행위원회(Case Search)

한편, 2019년 말 새로 출범한 현 EU 집행위원회는 캐나다 항공사 간

··········

63 . 이 기업결합은 이후 2013년 재추진되었는데, Olympic Air가 도산할 것이 명백해짐에 따라 EU 집행위원회는 기업결합을 승인했다.

EU 경쟁법의 이해

기업결합 Air Canada-Transat, 스페인 항공사 간 기업결합 IAG-Air Europa 등 2건에 대해 심사를 했다. 결과적으로 두 사건 모두 EU 집행위원회가 기업결합 금지 결정을 내리기 위한 절차를 진행하자, 신고기업들이 기업결합을 포기하고 신고를 철회했다. 따라서 두 사건 모두 EU 집행위원회가 사실상 기업결합 금지 결정을 내린 사건으로 볼 수 있다. EU 집행위원회는 경쟁이 제한된다고 판단한 주된 근거로 인수회사와 피인수회사가 모두 동일한 공항을 허브공항[64]으로 사용하고 있고, 여러 항공사 중 인수회사와 피인수회사가 가장 치열한 경쟁관계에 있다는 점을 지적했다. 신고기업들은 중복 노선에서의 슬롯 매각 등 시정방안을 제출했으나, EU 집행위원회는 슬롯을 인수해서 새로 취항하려는 항공사를 신고기업이 찾지 못했거나, 찾았더라도 경쟁력이 있는 항공사가 아니기 때문에 경쟁제한 문제를 해결할 수 없다는 이유로 수용하지 않았다. 이에 따라 신고기업들은 EU 집행위원회의 기업결합 심사를 통과하지 못할 것이 확실해지면서 기업결합을 포기하기로 결정했다.

EU 집행위원회가 2021년 1월부터 사전협의 절차를 진행 중인 대한항공-아시아나항공 기업결합은 두 항공사 모두 인천공항을 동일한 허브공항으로 사용하고 있고 한-EU 4개 노선[65]에서 1, 2위 업체로 치열한 경쟁을 벌이고 있어, EU 집행위원회는 4개 노선에서 경쟁이 제한되는지 여부를 중점적으로 심사하고 있는 것으로 알려져 있다. 우리 항공사들은 전술한 EU 집행위원회의 과거 심사 사례, 특히 2021년 EU 집행위원회가 사실

....

64 Air Canada-Transat 기업결합은 캐나다 몬트리올공항, IAG-Air Europa 기업결합은 스페인 마드리드공항이다.
65 인천-파리, 인천-프랑크푸르트, 인천-로마, 인천-바르셀로나 4개 노선이다.

Statement by Executive Vice-President Vestager on announcement by IAG and Globalia to withdraw from proposed sale of Air Europa to IAG

Brussels, 16 December 2021

The European Commission takes note of IAG and Globalia's announcement that they have decided to terminate their proposed agreement according to which IAG intended to acquire sole control over Air Europa. IAG owns several airlines, including Iberia and Vueling, and is the largest airline in Spain. Air Europa is the third largest airline in Spain. The Commission confirms that the discussions with the companies and the proposed remedy package thus far were not able to adequately address the competition concerns identified by the Commission. The Commission had opened an in-depth investigation into the proposed transaction on 29 June 2021.

Executive Vice-President Margrethe **Vestager**, in charge of competition policy, said:" *IAG and Air Europa are leading airlines in Spain, with their hubs in Madrid from where they operate a network of domestic and international flights. They are key providers of connectivity between Spain, the rest of Europe and Latin America.*

The in-depth analysis carried out during the phase II investigation indicated that the merger would have negatively affected competition on some domestic, short-haul and long-routes within, to and from Spain. Our assessment fully took into account the impact of covid restrictions on the markets affected. IAG offered remedies, but taking into account the results of the market test, the remedies submitted did not fully address our competition concerns.

Competitive transport markets offer connectivity with a wide offering of affordable flights. This should be preserved for when demand returns fully and travelling picks up once again."

그림 32 ..... IAG−Air Europa 기업결합 포기(출처 : EU 집행위원회)

Statement by Executive Vice-President Vestager on announcement by Air Canada and Transat to withdraw from proposed merger

Brussels, 2 April 2021

The European Commission takes note of Air Canada and Transat's announcement that they have decided to terminate the proposed merger agreement according to which Air Canada intended to acquire sole control over Transat. The Commission confirms that the discussions with the companies and the proposed remedy package thus far were not able to adequately address the competition concerns identified by the Commission. The Commission had opened an in-depth investigation into the proposed transaction on 25 May 2020.

Executive Vice-President Margrethe **Vestager**, in charge of competition policy, said: *"Air Canada and Transat are the two leading airlines with a wide network of routes between Europe and Canada. We opened an in-depth investigation because we had concerns that the proposed transaction would negatively affect competition in these markets leading to higher prices, reduced quality or less choice for travellers.*

EU merger control policy standards and framework also apply in times of severe shocks affecting the economy. While the coronavirus outbreak has strongly impacted the airline sector, the preservation of competitive market structures is essential to ensure that the recovery can be swift and strong. Markets should remain dynamic and competitive when travellers will again be able to fly over the Atlantic for holidays or to visit their beloved ones.

Every case has to be assessed on its facts and merits. In this case, the Commission investigated the extent to which the coronavirus crisis would impact Air Canada, Transat and their competitors' operations and based on the information available to date, reached the preliminary conclusion that in the long-run Air Canada and Transat would likely remain actual or potential competitors on the vast majority of the routes between the European Economic Area and Canada, which they both operated before the crisis.

Based on the in-depth analysis carried out during the Phase II investigation, the Commission's preliminary findings were that the proposed transaction would raise competition concerns on a large number of transatlantic routes. Based on the results of the market test, the remedies offered appeared insufficient."

그림 33 ..... Air Canada−Transat 기업결합 포기(출처 : EU 집행위원회)

EU 경쟁법의 이해

상 금지한 2건의 기업결합 심사 내용을 면밀히 검토해서 EU 심사에 철저히 대비해야 할 필요가 있다.

(9) 킬러 인수 대응 : Article 22 Guidance

1) 기존 기업결합 신고기준의 한계

전술한 바와 같이 EU 집행위원회는 매출액에 기초한 신고기준을 운영하고 있다. 예를 들어 유망한 기술을 보유하고 있어 장래 높은 성장이 예상되는 신생기업start-up A가 있다고 가정해보자. 만약 시장에서 유력한 지위를 확보하고 있는 기업 B가 A를 인수할 경우, 장래 유력한 경쟁자가 사라지게 되어 관련 시장에서의 경쟁이 제한될 수 있다. 그럼에도 불구하고 A는 신생기업이기 때문에 매출액이 거의 없거나 매우 작아서, B는 EU 집행위원회의 기업결합 심사를 받지 않고 A를 인수할 수 있게 된다.

이와 같은 기업결합을 킬러 인수Killer Acquisition라고 한다. 특히 디지털 기업들은 매출액 증대보다 먼저 사용자와 데이터를 상당 수준으로 확보하려는 경향이 있기 때문에 경쟁에 영향을 미칠 수 있음에도 매출액이 작아 기업결합 신고 대상에서 제외되는 경우가 발생할 수 있다. 또한 제약, 바이오 등 분야에서도 아직 제품개발에 성공하지는 않았으나 유망한 연구개발 프로젝트를 진행하고 있거나, 핵심 원재료, 지적재산권, 데이터 등을 확보하고 있는 기업을 인수하는 경우 동일한 사례가 발생할 수 있다.

이러한 문제점을 해결하기 위해 기업결합 신고기준으로 매출액 외에 기업결합 금액, 즉 거래금액transaction value을 도입하는 방안을 생각해 볼 수 있으며, 실제로 최근 우리나라[66]를 포함한 독일 등 여러 국가들이 이러한 제

....

66 우리 '독점규제 및 공정거래에 관한 법률'(공정거래법)에서는 거래금액이 6천억 원 이상

도를 도입해 시행하고 있다.

2) EU 집행위원회의 대응 방식

그런데 기업결합이 경쟁에 미치는 영향을 거래금액이 직접적으로 반영한다고 보기 어렵고, 거래금액 기준은 매출액 기준과 동일하게 금액을 기준으로 하기 때문에 신고 대상 금액을 너무 높게 설정할 경우 기업결합 심사에서 제외되는 사례가 여전히 발생한다. 또한 금액을 낮게 설정할 경우 경쟁제한 우려가 없는 거래까지 신고 대상에 포함되어 행정력이 낭비되는 문제가 발생할 우려가 있다.

이러한 판단하에, 2021년 3월 EU 집행위원회는 거래금액 기준 대신 EUMR의 이관제도를 활용해서 기업결합이 회원국의 신고기준에 해당하지 않더라도 경쟁을 제한할 우려가 있는 경우에는 회원국이 EU 집행위원회에 심사를 요청할 수 있도록 제도를 개선했다. EUMR 제22조의 이관제도를 활용한다는 의미에서 관련 규정을 'Article 22 Guidance'[67]라고 한다. 그간 EU 집행위원회는 관행적으로 회원국의 기업결합 신고기준에 해당하지 않는 기업결합에 대해서는 이관 신청을 수용하지 않았으나, 킬러 인수에 대한 심사 필요성을 인정해서 심사 범위를 확대한 것이다.

이 가이던스는 기업결합 당사회사 중 적어도 일방의 매출액이 현재 또는 미래의 경쟁상 잠재력competitive potential을 반영하지 못하는 경우가 주된 이관 신청의 대상이 될 것이라고 설명하면서, <표 12>와 같이 상당한 매출액을 발

....

인 경우 기업결합 신고 의무를 부여하고 있다.

67 정식 명칭은 'Commission Guidance on the application of the referral mechanism set out in Article 22 of the Merger Regulation to certain categories of cases'이다.

생시킬 수 있는 사업모델을 개발 중인 신생기업 등을 대표적인 사례로 들고 있다.

표 12_ EU 집행위원회의 킬러 인수 심사 대상

- 미래에 상당한 매출액을 발생시킬 수 있는 사업모델을 개발 중인 신생기업 또는 신규 진입 기업
- 주요 혁신기업 또는 잠재적으로 중요한 연구를 수행 중인 기업
- 현재 또는 잠재적으로 중요한 경쟁압력으로 작용하는 기업
- 원재료, 인프라, 데이터, 지식재산권 등 경쟁상 중요한 의미를 갖는 자산을 보유한 기업
- 다른 산업의 원료, 부품으로 중요하게 사용되는 제품, 서비스를 제공하는 기업
- 인수금액이 피인수회사의 매출액보다 크게 높은 경우

* 출처 : EU 집행위원회(Article 22 Guidance)

EU 집행위원회는 원칙적으로 완료된 기업결합에 대해서도 이관 신청을 허용하고 있지만, 완료 이후 6개월 이상이 경과된 기업결합은 경쟁제한 우려나 소비자 피해가 심각한 경우가 아닌 한 적절한 신청 대상으로 보기 어렵다는 입장이다.

3) 이관 절차

이관은 다음과 같은 절차로 이루어지게 된다.

① 회원국은 기업결합을 인지한 날[68]로부터 15 영업일 이내에 EU 집행위원회에 이관 요청을 하고, ② EU 집행위원회는 모든 회원국과 해당 기업에 이관 요청을 받은 사실을 지체 없이 통보해야 한다. 이때 통보를 받은 기

....

68 회원국이 이관 요청 요건의 충족 여부를 평가할 수 있을 정도로 기업결합에 대한 충분한 정보를 확보한 날을 의미한다.

업은 기업결합 이행이 금지standstill obiligation된다. ③ 이관 요청을 한 회원국 이
외의 회원국 중 이관 요청에 동참할 의사가 있는 경우, 통보받은 날로부터
15 영업일 이내에 EU 집행위원회에 참여 의사를 통보해야 한다. ④ ③의
15 영업일이 경과된 날로부터 10 영업일 이내에 EU 집행위원회는 이관 요
건 충족 여부를 심사하고 수용 여부를 결정해야 한다. 만약 10 영업일 이내
에 EU 집행위원회가 결정을 내리지 않을 경우 이관 신청이 수용된 것으로
추정하게 된다. EU 집행위원회가 이관 신청을 거부하기로 결정하면, 당연
히 기업결합 이행 금지 의무는 더 이상 적용되지 않게 된다.

4) 실제 적용사례 : Illumina-Grail 기업결합

2021년 3월 Aritcle 22 Guidance 시행 이후, 첫 번째로 적용된 사례는
Illumina(미국)의 Grail(미국) 인수 사건이다. Illumina는 유전자 및 게놈 분
석을 위한 차세대 시퀀싱sequencing 시스템을 공급하는 회사이고, Grail은 같
은 시스템을 이용해서 암을 조기에 발견하기 위한 테스트를 개발하는 의료
회사이다. Illumina는 2020년 9월 Grail 인수 계획을 발표(인수금액: 71억 달
러)했다.

이 기업결합은 27개 회원국 중 어느 경쟁 당국의 기업결합 신고기준에
도 해당하지 않았지만, 프랑스, 벨기에, 그리스 등 6개 회원국이 경쟁제한
우려를 이유로 EU 집행위원회에 이관 신청을 했으며 2021년 4월 EU 집행
위원회는 기업결합 심사를 진행하기로 결정했다.[69]

....

69 이후 Illumina는 EU 집행위원회의 결정에 반발해서, EU 일반법원에 EU 집행위원회 결
정에 대한 취소소송을 제기하는 한편, 기업결합 이행 금지 의무를 위반하고 Grail 인수
를 완료했다. 이에 대해 EU 집행위원회는 기업결합 심사와 별개로 2021년 8월 Illumina
의 기업결합 이행 금지 의무 위반에 대한 과징금 부과 절차를 개시했으며, 2021년 10

EU 집행위원회는 결정 근거로 기업결합 후 Illumina가 Grail의 경쟁사들에게 암 테스트에 필요한 차세대 시퀀서^{sequencer}와 시약^{regeant}의 가격을 인상하거나 공급을 제한하면 관련 시장의 경쟁이 제한될 수 있다고 판단했다. 특히 Grail의 매출액이 작은데 인수금액이 71억 달러에 달한다는 점은 Grail이 관련 시장의 경쟁에 미치는 영향이 매우 크다는 점을 나타낸다고 밝혔다. 또한 무증상 환자를 대상으로 암을 조기에 진단할 수 있는 기술은 관련 시장에서 게임체인저^{game changer}가 될 것으로 예상되어, 환자들이 여러 업체들로부터 신속하게 그리고 합리적인 가격에 해당 기술에 접근하는 것이 중요하다는 점을 강조했다.

(10) 우리나라와 EU의 심사제도 및 운영현황 비교[70]

1) 심사제도 비교

우리나라와 다른 EU의 기업결합 심사제도의 특징을 정리하면 〈표 13〉과 같다.

첫째, EU 경쟁총국은 우리 공정거래위원회와 달리 신고 전 사전협의 절차를 제도화하고 있다. 둘째, EU 경쟁총국은 공정거래위원회에 비해 간이 심사의 범위가 훨씬 넓다. 수평결합과 수직결합에 대해서도 시장점유율이 일정 수준 이하인 경우에는 간이 심사로 처리한다. 이에 따라 EU 경쟁총국은 일반 심사 사건에 보다 많은 행정자원을 투입할 수 있게 된다. 셋째,

----

월에는 기업결합 심사가 완료될 때까지 Illumina와 Grail이 분리 운영되도록 임시조치 interim measure를 부과했다. 한편, 2022년 7월 EU 일반법원은 Illumina가 제기한 취소소송에서 원고 패소 결정을 내리면서, 회원국의 신고 요건에 해당하지 않는 기업결합에 대해서도 EU 집행위원회가 심사를 할 수 있다고 판결했다.

70 김문식, 앞의 글 참조

EU는 사건처리 주요 단계별로 기업결합 당사회사와 회의를 통해 관련 정보를 공유하고 주요 심사 쟁점에 대해 논의한다. 이는 심사의 질적 수준을 담보하고 심사의 투명성을 제고하는 효과가 있다.

표 13_ **한-EU 기업결합 심사제도 비교**

	EU 경쟁총국	공정거래위원회
사전협의 절차	제도화	제도화되어 있지 않음.
간이 심사	대상 : 혼합결합, 시장점유율 합계 20% 미만 수평결합, 일방 시장점유율 30% 미만 수직결합, 공동지배 후 단일지배권 획득	대상 : 특수관계인 간의 기업결합, 지배 관계가 형성되지 않는 경우, 혼합결합, 단순 투자 활동
	기간 : 25 영업일 내에 처리	기간 : 15일 내에 처리
심사부서-기업 미팅	제도화	제도화되어 있지 않음.
심사단계 및 기간	- 1단계 : 25 영업일 - 2단계 : 90 영업일 *2단계 심사는 경쟁제한 우려가 있는 경우에 한정	원칙 30일, 최대 90일까지 연장 가능 *심사가 1, 2단계로 구분되어 있지 않음
시정방안 제출기한	- 1단계 : 20 영업일 - 2단계 : 65 영업일	없음
경쟁 당국의 일방적 시정조치 부과 권한	없음 경쟁제한 우려 시에 회사는 시정방안을 제출해야 할 의무가 있으며, 시정방안을 제출하지 않거나 불충분한 경우는 기업결합 금지	있음 경쟁제한 우려 시에 회사는 시정방안을 제출해야 할 의무가 없으며, 공정거래위원회가 직접 시정조치 부과 가능
사건처리 진행 상황 공개	홈페이지 실시간 공개	비공개
제재	- 매출액 1% 내 과징금 : 자료 미제출, 허위 자료 제출 - 매출액 10% 내 과징금 : 미신고, 기업결합 이행 금지 의무 위반, 시정조치 불이행	- 1억 원 이하 과태료 : 미신고, 허위 신고, 기업결합 이행 금지 의무 위반 - 형사처벌 : 시정조치 불이행

EU 경쟁법의 이해

1.8677 SIEMENS | ALSTOM

Notification on:	08.06.2018
Provisional deadline:	18.02.2019
	• Commitments submitted in N/2 on 12.12.2018
	• Deadline suspension under Article 11(3) ended on 04.09.2018
	• Deadline suspended under Article 11(3) [date may differ from the Article 11(3) decision date] from 07.08.2018
	• Deadline extended by 20 working days under article 10(3)2 on 16.07.2018
Prior publication in Official Journal:	C208 of 15.06.2018
Concerns economic activity (NACE):	C.27 - Manufacture of electrical equipment
	C.30.99 - Manufacture of other transport equipment n.e.c.
	C.30.2 - Manufacture of railway locomotives and rolling stock
	H.52.21 - Service activities incidental to land transportation
Regulation:	Council Regulation 139/2004

		Decision(s):	
06.02.2019	Art. 8(3)		
	Publication	05.09.2019	C300
	Press release		IP/19/881
	Decision text	02.08.2019	en
29.10.2018	Art. 18 (Statement of Objections)		
	Decision text	(none)	
13.07.2018	Art. 6(1)(c)		
	Publication	01.08.2018	C270
	Press release		IP/18/4527
	Decision text	(none)	

Relation with other case(s):	(none)
Other case related information:	
	• Section 1.2 of Form CO :
	en (08.06.2018) published on 11.06.2018
	• Opinion of the Advisory Committee :
	en (31.01.2019) published on 02.08.2019
	• Final report of the Hearing Officer :
	en (01.02.2019) published on 02.08.2019
Related link(s):	(none)

그림 34 .... **EU 기업결합 사건 진행 상황 공개 화면**[71](출처 : EU 집행위원회)

넷째, EU 경쟁총국은 공정거래위원회와 달리 심사단계를 1단계와 2단계로 구분하며 경쟁제한성이 의심되는 경우에만 2단계 심사로 진행하고 심사기간을 연장한다.[72] 이를 통해 기업결합 당사회사 입장에서는 심사기간 및 심사 결과에 대한 예측 가능성이 제고되는 장점이 있다.

....

71 해당 화면은 EU 경쟁총국의 Siemens-Alstom(2019) 기업결합 심사 진행 상황을 보여주고 있다. 신고일, 심사기한, 심사기간 연장 내역, 심사기간 중단 내역, 2단계 심사 시작일, SO 채택일, 시정방안 제출일자, 최종 결정일, 보도자료, 결정문 등을 확인할 수 있다.

72 공정거래위원회는 심사 종류를 간이 심사와 일반 심사로 구분하고 있으나, 일반 심사는 심사단계가 1, 2단계로 구분되어 있지 않다.

다섯째, EU는 우리나라와 달리 경쟁 당국이 일방적으로 사업 매각 등 시정조치를 부과할 수 없다. 경쟁 당국이 경쟁제한성에 대한 입증 책임을 부담한다는 점은 동일하지만, EU는 시정방안 제출에 대한 책임을 기업결합 당사회사에게 부여한다. 이를 통해 경쟁 당국이 일방적으로 시정조치를 부과할 경우에 발생할 수 있는 시정조치의 실현 가능성 여부에 대한 논란을 해소할 수 있는 장점이 있다. 마지막으로 EU 경쟁총국은 공정거래위원회와 달리 모든 사건의 심사 진행 상황을 홈페이지에 실시간으로 공개(<그림 34> 참조)하며, 경쟁제한 우려가 없어 무조건부 승인 결정한 사건에 대해서도 심사 내용을 기재한 결정문을 공개하고 있다. 이러한 조치는 해당 사건의 심사에 대한 투명성뿐만 아니라 경쟁 당국에 대한 신뢰도 제고에도 도움이 되는 장점이 있다.

2) 조직 및 사건처리 비교

우리나라와 EU 경쟁 당국의 기업결합 심사 조직 및 사건처리 내역을 비교하면 다음과 같다. 첫째, 공정거래위원회는 1개 과, EU 경쟁총국은 6개 과(정책 1개 과, 심사 5개 과)가 기업결합 심사 업무와 정책 업무를 수행한다.[73] 둘째, <표 14>에서 보듯이 최근 5년간 심사 건수를 비교하면 공정거래위원회는 매년 평균적으로 823건을 심사하는 반면, EU 경쟁총국은 그 절반 수준 미만인 388건을 심사하고 있다. 셋째, 최근 5년간 전체 기업결합 심사 건수 대비 시정조치[74] 비율을 비교하면 EU 경쟁총국(5.1%)이 우리나

··········

73 기업결합 심사를 지원하기 위해 우리나라와 EU 모두 경제 분석 업무를 수행하는 부서를 별도로 두고 있다.

74 조건부 승인, 금지, 2단계 조사 개시 후 철회 건수를 모두 합한 수치이다.

라 공정거래위원회(0.4%)에 비해 10배 이상 높게 나타난다.

이상의 차이점을 종합해보면 EU가 우리나라에 비해 훨씬 적은 수의 사건을 훨씬 더 많은 인력을 투입해서, 선택과 집중을 통해 매우 엄격하게 심사하고 있음을 알 수 있다. 우리 기업이 기업결합을 추진할 때 왜 EU의 기업결합 심사에 철저히 대비해야 하는지 통계적으로 보여주는 대목이다.

표 14_ **한-EU 기업결합 심사 통계 비교**

(단위: 건)

		2017	2018	2019	2020	2021	합계
EU	심사	380	414	382	361	405	1,942
	조치(비중)	24 (6.3%)	25 (6.0%)	19 (5.0%)	18 (5.0%)	14 (3.5%)	100 (5.1%)
한국	심사	668	702	766	865	1,113	4,114
	조치(비중)	4 (0.6%)	3 (0.4%)	5 (0.7%)	3 (0.3%)	1 (0.1%)	16 (0.4%)

* 출처 : EU 집행위원회(Merger Case Statistics), 공정거래위원회(공정거래백서)

(11) 우리 기업의 유의사항![75]

1) 신고 전 사전협의 절차 준수

기업결합을 추진하는 회사는 EU 경쟁총국과 신고 전 사전협의 절차를 거치는 것이 매우 중요하다. 사전협의 절차 없이 신고 서류를 제출할 경우, 관련 정보가 부족하다는 이유로 심사가 개시되지 않거나 자료 보완에 상당한 시간이 소요되어, 심사가 개시될 때까지 오랜 기간이 걸릴 수 있다. 또한 기업결합 후 경쟁제한 소지가 있는 경우에는 사전협의 단계에서부터 시정방안에 관한 협의가 이루어지지 않으면 심사가 장기화될 우려가 있다. 따

··········

75 김문식, 앞의 글 참조

라서 시장점유율이 높은 경쟁업체 간의 기업결합은 반드시 사전협의 절차를 거쳐서, 신고 서류의 내용·범위 및 제출 시점, 심사의 쟁점사항 및 시정방안 등에 대해 EU 경쟁총국과 사전에 협의하는 것이 필수적이다.

2) 경쟁제한 문제 해소를 위한 시정방안 제출

EU 집행위원회는 신고된 기업결합이 관련 시장에서 경쟁을 제한하는지 여부만을 심사하며, 경쟁제한 우려가 있는 경우 이를 해소할 수 있는 시정방안의 제출 책임은 기업에 있다. 우리 공정거래법은 기업이 시정방안을 제출하지 않더라도 경쟁 당국이 직접 시정방안을 고안해서 기업에 부과할 수 있도록 허용하고 있다. 반면, EU 경쟁 당국은 일방적인 시정조치 부과 권한이 없고, 기업이 시정방안을 제출하면 경쟁제한 문제를 해소할 수 있는지를 검토해서 수용 여부를 결정하게 된다. 따라서 기업이 시정방안을 제출하지 않거나 제출하더라도 경쟁제한 문제를 해소하기에 불충분한 경우 EU 경쟁 당국은 기업결합 자체를 금지할 수 있으므로 주의가 필요하다.

3) 절차 규정 위반 행위에 대한 엄중 제재

최근 EU 경쟁총국은 허위 자료 제출, 기업결합 미신고, 심사기간 중 기업결합 이행 등과 같은 절차 규정 위반 행위에 대한 제재를 강화하고 있다. 특히 경쟁제한성이 없어 기업결합이 이미 승인되었다고 하더라도 향후에 절차 위반 행위가 발견되면 대규모의 과징금이 부과될 수 있다(<표 15> 참조). 예를 들어, EU 집행위원회는 Canon-TSMC 사건에서 중복되는 사업 영역이 매우 제한적이라는 이유로 2016년 9월 무조건부 승인했으나, Canon이 신고 이전에 기업결합을 부분적으로 이행했다는 것을 밝혀내고 2019년 7월 28백만 유로의 과징금을 부과했다. 아울러 EU 및 회원국의 기업결합 신고기준에 해당하지 않더라도 2021년 3월부터 Article 22 Guidance에 의거, EU 집행위원회의 기업결합 신고 및 심사 대상이 될 수 있음에도 유의할 필요가 있다.

표 15_ **최근 기업결합 절차 위반 행위 제재 사례**

	제재 연도	위반 내용	과징금 (백만 유로)	승인 연도
Facebook-WhatsApp	2017	허위 자료 제출	110	2014
Altice-PT Portugal	2018	기업결합 이행 금지 의무 위반	125	2015
Canon-TSMC	2019	기업결합 이행 후 신고	28	2016
GE-LM WIND	2019	허위 자료 제출	52	2017

* 출처 : EU 집행위원회(Case Search)

4) 데이터룸 제도를 통한 방어권 행사[76]

EU 경쟁총국은 기업결합 심사 시 경쟁업체, 수요업체 등 이해관계자들로부터 다양한 의견을 청취한다. 또한 경쟁 당국은 가격 인상 등 경쟁제한에 따른 소비자 피해를 입증하기 위해 경제 분석을 자주 활용하고 있다. SO가 채택된 경우에 기업결합 당사회사는 방어권을 행사하기 위해 EU 경

....

76 기업결합 당사회사의 방어권 행사와 관련된 흥미로운 사건이 있다. EU 경쟁총국은 2013년 1월 국제소포특급운송international express delivery of small parcel 시장에서의 경쟁 제한성을 이유로 UPS의 TNT Express 인수를 금지했다. 이후 TNT Express는 2016년 1월 EU 경쟁총국의 승인을 거쳐 FedEx에 인수되었다. 그런데 UPS는 EU 경쟁총국의 결정에 반발해서 법원에 취소소송을 제기했고, 최종적으로 EU 사법재판소는 2019년 1월 EU 경쟁총국이 SO를 채택한 이후에 계량분석 모델을 수정했음에도 기업결합 당사회사에게 의견 제출 기회를 부여하지 않았다는 이유로 EU 경쟁총국의 기업결합 금지 결정을 취소했다. 이후 UPS는 EU 경쟁총국을 상대로 법원에 17억 유로(한화 2조 2천억 원)의 손해배상소송을 제기해서 현재 소송이 진행 중이다.

쟁총국이 보유한 증거 자료에 접근할 수 있다. 이해관계자 의견을 열람하거나, EU 경쟁총국이 수행한 경제 분석의 데이터 확인 및 모형 검증을 위해서는 EU 경쟁총국에 '데이터룸data room' 이용을 신청하는 것이 필요할 수 있다. 데이터룸 제도는 피조사기업 측 외부 자문가(변호사, 경제학자)에게 EU 경쟁총국이 보유한 증거 자료 중 비밀정보에 대한 접근을 허용하는 방식 중 하나이다. 외부 자문가는 EU 경쟁총국 건물 내에 마련된 데이터룸에 휴대전화 등 전자장비 없이 출입해서 피조사기업의 방어권 행사에 필요한 보고서를 작성하게 되며, EU 경쟁총국은 이 보고서를 확인해서 비밀정보가 포함된 경우 관련 내용을 수정·삭제할 수 있다.

5) 브렉시트 이후의 기업결합 신고

영국이 EU를 탈퇴하기 이전에는 원스톱숍 원칙(EUMR 제21조)에 따라 EU 경쟁총국이 기업결합 심사 권한을 행사하는 경우, 회원국은 기업결합 심사를 할 수 없었다. 그러나 영국이 EU를 탈퇴함에 따라 2021년 1월부터 영국에는 더 이상 원스톱숍 원칙이 적용되지 않으며 자국의 경쟁법Enterprise Act 2002을 적용하게 된다. 따라서 유럽에서 상당한 매출을 기록하고 있는 기업 간에 기업결합을 추진하는 경우 EU 경쟁총국과 영국 경쟁 당국Competition and Markets Authority 두 곳에 기업결합 신고를 해야 하는 상황이 발생할 수 있으므로 신고가 누락되지 않도록 주의해야 한다.

EU 경쟁법의 이해

2. 국가보조금 심사제도

(1) 국가보조금 심사제도란?

회원국 간 보조금 지원 경쟁이 벌어질 경우 공적자금 낭비, 경쟁왜곡, 단일시장 붕괴, EU 통합 저해 등 심각한 피해가 발생할 수 있다. 따라서 회원국이 시장에 영향을 미칠 수 있는 일정 규모 이상으로 기업에 보조금을 지급하려는 경우, 사전에 EU 집행위원회에 신고하고 심사를 거쳐 승인을 받은 이후에만 보조금을 지급하도록 하고 있다.

한편, 회원국이 EU 집행위원회의 승인을 받지 않고 지급한 보조금이 경쟁을 왜곡하는 경우, EU는 회원국에게 해당 기업으로부터 보조금을 환수recovery of aid하도록 시정조치를 부과할 수 있다. 실제로 EU 집행위원회는 2014년 아일랜드가 외국 기업을 유치하기 위해 Apple에 대해 과도한 세금 감면 혜택을 부여했다는 이유로 130억 유로(한화 약 17조 원)를 환수하도록 명령한 바 있다.[77] 이러한 경쟁법 차원의 보조금 심사제도는 EU가 27개 회원국의 상위 기구라는 특성에 기초한 것으로 EU만의 독특한 제도이다. 보조금은 지원 산업과 목적에 따라 다양한 형태가 존재한다. 그중에서도 그간 우리 기업들이 계속해서 조사를 받고 있는 유형인 지역 투자 보조금regional investment aid 제도, 2023년 중반부터 시행될 것으로 예상되어 우리 기업의 대비가 필요한 역외 보조금 심사제도 등을 중심으로 설명하고자 한다.

··········

[77] 이후 Apple은 EU 일반법원에 취소소송을 제기했으며, 2020년 7월 법원은 EU 집행위원회의 결정을 취소했다. EU 집행위원회가 상고함에 따라, 현재 EU 사법재판소의 재판이 진행 중이다.

Competition: State aid procedures

Article 107 of the Treaty on the Functioning of the European Union (TFEU) ensures that aid granted by a Member State or through State resources does not distort competition and trade within the EU by favouring certain companies or the production of certain goods.

To prevent that companies doing business in the Internal Market receive selective advantages that distort competition, the TFEU contains a **general prohibition** of State aid.

However, in some circumstances, government intervention is necessary for a well-functioning economy to offset market failure. The TFEU leaves room for a number of policy objectives which can be supported through State aid and are considered compatible with the internal Market. The Commission is responsible for enforcing the EU State aid rules[1].

Notified aid

EU State aid control requires prior notification of all new aid measures to the Commission. Member States must wait for the Commission's decision before they can put the measure into effect. There are a few **exceptions to mandatory notification**, for example:

- aid covered by a Block Exemption (giving automatic approval for a range of aid measures defined by the Commission),
- *de minimis* aid not exceeding €200,000 per

Preliminary investigation

Each notification triggers a preliminary investigation by the Commission. The Commission may request information from the notifying Member State, if the notification is incomplete. If the Member State fails to reply to an information request in the prescribed period of time, the notification is deemed to be withdrawn. From the time it has received a completed notification, the Commission has two months to decide that:

- there is **no aid** within the meaning of the EU rules, and the measure may be implemented; or
- the **aid is compatible with EU rules**, because its positive effects outweigh distortions of competition, and may be implemented; or
- **serious doubts** remain as to the compatibility of the notified measure with EU State aid rules, prompting the Commission to open an **in-depth investigation**. In this instance, the measure may not be implemented until the investigation is concluded. (See formal investigation procedure).

Simplified procedure

This procedure is intended to expedite more straightforward cases. For certain categories of aid and if all the conditions are met, the Commission must adopt a short-form approval decision within 20 working days from the date of notification.

그림 35 _____ 국가보조금 심사제도 설명자료(출처 : EU 집행위원회)[78]

(2) 지역 투자 보조금 심사[79]

1) 지역 투자 보조금이란?

EU 회원국은 낙후지역의 경제개발을 목적으로 투자 유치를 위해 기업에 보조금 지원을 약속할 수 있는데, 이러한 보조금을 지역 투자 보조금 regional aid이라고 한다. 2022년 8월 현재 EU 집행위원회는 헝가리 정부의 우리 전기자동차 배터리 기업인 삼성SDI에 대한 보조금 지원 계획에 대해 심

··········

78 EU 경쟁총국 홈페이지, "State aid procedures"(https://ec.europa.eu/competition-policy/system/files/2021-04/state_aid_procedures_factsheet_en.pdf)

79 김문식, 「EU 지역 투자 보조금 심사제도 및 우리 기업의 유의사항」, 『경쟁저널』(한국공정경쟁연합회, 2021년 5월호)

EU 경쟁법의 이해

층조사^{in-depth investigation}를 진행 중이다.[80] 조사 결과 불승인 결정이 내려질 경우, 기업 입장에서는 이미 공장 건설 등 투자가 시작된 상황에서 당초 회원국으로부터 약속받은 보조금을 받지 못하게 된다. EU에 투자하는 우리 기업들이 보조금 심사제도를 정확히 이해하고 대비해야 하는 이유가 여기에 있다. 특히 경쟁법 차원의 국가보조금 규제는 전 세계에서 EU가 유일하게 운영하고 있기 때문에 이러한 규제에 친숙하지 않은 우리 기업들은 각별히 주의할 필요가 있다.

2) 심사 근거는 무엇인가?

TFEU 제107조 제1항은 원칙적으로 회원국 간 무역에 영향을 미치면서 역내 시장^{internal market}에서의 경쟁을 왜곡하거나 왜곡할 우려가 있는 회원

----

80 2019년 10월 14일에 심층조사가 개시되었고, 2021년 6월 29일 조사가 확대^{extension of proceedings}되었다.

국의 특정 기업에 대한 국가보조금 지원을 금지하고 있다. 그러나 같은 조 제3항[81]에서는 낙후지역의 경제개발을 지원하기 위해 지역 투자 보조금 지원을 허용하고 있다. 지역 투자 보조금은 ① 생활수준이 비정상적으로 낮거나 실업이 심각한 지역 등의 경제개발을 촉진하거나(a호), ② 특정 지역 또는 특정 경제 활동을 지원(c호)하기 위한 목적으로 구분된다. EU 집행위원회는 실무적으로 이를 각각 a지역, c지역으로 지칭하고 있고 있으며, a지역이 c지역보다 더 낙후된 지역에 해당된다.

한편, TFEU 제108조에서는 회원국이 보조금 지원 계획을 사전에 EU 집행위원회에 신고하도록 규정하고 있으며, 이사회 규정(2015/1589)[82]은 신고 의무, 이행 금지, 조사·제재 권한, 보조금 환수 조치 등 신고 및 심사에 필요한 절차 규정을 담고 있다. 또한 이사회 규정의 이행 규정 성격인 집행위원회 규정(794/2004)[83]은 신고에 필요한 신고 양식, 신고 제출 서류 등을 담고 있다.

이와 같은 절차적 규정들 이외에 EU 집행위원회는 지역 투자 보조금의 적법성 여부를 심사하기 위한 실체적 요건을 담고 있는 지역 투자 보조금 심사기준Regional Aid Guideline, RAG[84]을 제정·운영하고 있다. RAG는 지역별 인구, 1인당 GDP, 실업률 등을 고려해 a지역과 c지역을 재지정하고, 심사 요

··········

81 (a) aid to promote the economic development of areas where the standard of living is abnormally low or where there is serious underemployment, ······.
   (c) aid to facilitate the development of certain economic activities or of certain economic areas, ······.
82 Council Regulation (EU) 2015/1589 of 13 July 2015 laying down detailed rules for the application of Article 108 of the Treaty on the Functioning of the European Union.
83 Commission Regulation (EC) No 794/2004 of 21 April 2004 implementing Council Regulation (EU) 2015/1589.
84 Guidelines on regional State aid for 2022–2027.

소 등을 수정·보완하기 위해 일정 기간(약 7년)을 주기로 개정되고 있다.

3) 누가 언제 신고하며, 신고 대상은 무엇인가?

회원국은 지역 투자 보조금 지원 계획을 사전에 EU 집행위원회에 신고해야 하며, 심사를 거쳐 최종 결정이 내려질 때까지 보조금을 지원할 수 없다. 그러나 회원국의 모든 보조금 지원 계획을 EU 집행위원회가 심사하는 것은 현실적으로 가능하지 않다. 따라서 EU 단일시장의 경쟁을 왜곡하는 효과가 발생할 가능성이 있는 경우에만 심사의 실익이 존재하기 때문에 EU 집행위원회는 일정 규모 이상의 보조금에 대해서만 신고 의무를 부여하고 있다. 신고 의무가 발생하는 보조금 규모는 각 지역별로 정해지는 보조금 지원 비율 상한aid intensity[85]에 따라 달라지며, 구체적인 신고기준은 〈표 16〉과 같다. 예를 들어 보조금 지원 비율 상한이 25%인 지역의 경우 회원국이 특정 기업에 대해 1,875만 유로 이상의 지역 투자 보조금을 지원하고자 하는 경우에 EU 집행위원회의 신고 및 심사 대상이 된다.

표 16_ **지역 투자 보조금 신고기준**

보조금 지원 비율 상한	신고기준
10%	750만 유로
15%	1,125만 유로
25%	1,875만 유로
35%	2,625만 유로
50%	3,750만 유로

* 출처 : EU 집행위원회(RAG)

··········

85 보조금 지원 비율은 보조금 지원 규모÷적격비용eligible cost으로 계산되며, 분자와 분모 모두 현재 가치로 환산해서 나누어진다. 적격비용은 초기 투자와 관련된 유무형의 자산 또는 임금 비용을 의미한다.

4) 지역별·기업 규모별 보조금 지원 비율이 다르다!

회원국은 일정 기준에 따라 a지역과 c지역을 선정할 수 있다. EU 집행위원회는 지역 투자 보조금이 낙후지역 경제개발이라는 취지에서 벗어나 과도하게 지원되는 것을 예방하기 위해, a지역과 c지역의 인구 합계를 EU 전체 인구의 50% 미만으로 제한하고 있다. a지역은 1인당 GDP가 EU 평균의 75% 이하인 지역 또는 최외곽outermost지역 중에서 회원국이 지정하게 된다. c지역은 과거 a지역이었던 지역, 1인당 GDP·인구·실업률 등의 요건을 충족하는 지역[86] 중에서 회원국이 지정하게 된다.[87]

지역별 보조금 지원 비율 상한은 1인당 GDP, 인구밀도, 기업 규모 등에 따라 달라지는데, 구체적인 비율은 〈표 17〉과 같다. 표에서 알 수 있듯이, 보조금 지원 비율 상한은 낙후 정도가 높은 a지역이 c지역보다 높게 설정되어 있다. 예를 들어 a지역은 대기업에 대한 보조금 지원 비율 상한이 30~50%인 반면, c지역의 경우 10~20%로 설정되어 있다. 한편, EU 집행위원회는 대기업의 경우 상대적으로 재무 구조가 취약한 중소기업에 비해 지역 투자 보조금의 투자 유인 효과가 작다는 인식하에, 대기업에 대한 보조금 지원 비율 상한을 중소기업보다 낮게 설정하고 있다. 예를 들어, 1인당 GDP가 EU 평균의 50%인 a지역의 경우 대기업에 대한 보조금 지원 비율 상한은 50%로, 중기업(60%) 및 소기업(70%)에 비해 낮다. 아울러 c지역이 a지역과 근접해 있는 경우에는 두 지역 간 보조금 지원 비율 상한 격차

....

86 보다 구체적으로, c지역은 회원국이 사전에 지정한 지역pre-defined area과 회원국이 일정 요건이 충족됨을 증명해서 추가로 지정하는 지역non-predefined area으로 구분된다. c지역 중 사전에 지정되는 지역은 과거 a지역이었거나 인구밀도가 낮은 지역(km²당 인구가 8명 미만인 NUTS 2 지역 또는 km²당 인구가 12.5명인 NUTS 3 지역) 중에서 선정된다. 추가 지정 지역 요건은 RAG 7. 3. 2. 3. 참조
87 각 회원국이 지정한 a지역명과 c지역명은 RAG Annex 1에서 확인할 수 있다.

EU 경쟁법의 이해

가 15%p를 초과하지 않도록 c지역의 보조금 지원 비율을 상향 조정할 수 있다.

표 17_ **지역별·기업 규모별 보조금 지원 비율 상한**[88]

지역	기준	보조금 지원 비율 상한	
		대기업	중소기업
a지역[89]	EU 평균 1인당 GDP의 55% 이하 지역	50%	+10%(중기업) +20%(소기업)
	EU 평균 1인당 GDP의 55~65% 지역	40%	
	EU 평균 1인당 GDP의 65~75% 이하 지역	30%	
c지역	인구밀도가 낮은 지역	20%	+10%(중기업) +20%(소기업)
	과거 a지역[90]	15%	
	추가 지정 지역 중 EU 평균 1인당 GDP보다 높고, EU 평균 실업률보다 낮은 지역	10%	
	나머지 추가 지정 지역	15%	

* 출처 : EU 집행위원회(RAG)

EU 집행위원회는 회원국의 각 지역별 보조금 지원 비율 상한을 EU 경쟁총국 홈페이지에 발표한다.[91] 따라서 EU에 공장 건설 등 투자를 계획하고 있는 기업은 투자하려는 국가와 지역명을 확인해서 투자 비용 대비 최대 몇 %까지 보조금을 지원받을 수 있는지 미리 확인할 수 있다. 예

....

88 2022~2027년에 적용되는 보조금 지원 비율 상한은 그 이전 기간에 비해 상향 조정되었다. 이는 EU 집행위원회가 녹색 전환, 디지털 전환 정책을 추진함에 있어 민간 투자를 유도하기 위한 목적에서 이루어졌다.

89 최외곽에 위치한 a지역은 1인당 GDP가 EU 평균의 75% 이하인지 여부에 따라 보조금 지원 비율 상한이 20%p 또는 10%p까지 상향 조정될 수 있다.

90 한시적으로 2024년 12월 31일까지는 보조금 지원 비율 상한이 5%p까지 상향 조정될 수 있다.

91 EU 경쟁총국 홈페이지, "Regional aid maps 2022-2027"(https://ec.europa.eu/competition-policy/state-aid/legislation/modernisation/regional-aid/maps-2022-2027_en)

표 18_ 폴란드 a지역명 및 보조금 지원 비율 상한(대기업 기준)

POLAND — Regional aid map applicable from 1.1.2022. to 31.12.2027.

Zone Code	Zone Name	Maximum aid intensities applicable to regional aid granted to large enterprises

'a' areas

NUTS code	Name of NUTS region	Maximum aid intensity (large enterprises) 2022.1.1. ~ 2027.12.31.
PL81	Lubelski	50%
PL82	Podkarpackie	50%
PL84	Podlaskie	50%
PL72	Świętokrzyskie	50%
PL62	Warmińsko-Mazurskie	50%
PL21	Małopolskie	40%
PL42	Zachodniopomorskie	40%
PL43	Lubuskie	40%
PL52	Opolskie	40%
PL61	Kujawsko-Pomorskie	40%
PL71	Łódzkie	40%
PL92	**Mazowiecki regionalny**	
PL921	Radomski	40%
PL922	Ciechanowski	40%
PL923	Płocki	40%
PL924	Ostrołęcki	40%
PL925	Siedlecki	50%
PL926	Żyrardowski	40%
PL22	Śląskie	30%
PL63	Pomorskie	30%

*출처 : EU 집행위원회

EU 경쟁법의 이해

표 19_ 폴란드 c지역명 및 보조금 지원 비율 상한(대기업 기준)

Predefined 'c' areas

NUTS code	Name of NUTS region	Maximum aid intensity (large enterprises)	
		2022.1.1.~ 2024.12.31.	2025.1.1.~ 2027.12.31.
PL41	**Wielkopolskie**		
PL411	Pilski	25%	25%
PL414	Koniński	25%	25%
PL415	Miasto Poznań	20%	15%
PL416	Kaliski	25%	25%
PL417	Leszczyński	25%	25%
PL418	Poznański	20%	15%
PL51	**Dolnośląskie**		
PL514	Miasto Wrocław	20%	15%
PL515	Jeleniogórski	25%	25%
PL516	Legnicko-głogowski	25%	25%
PL517	Wałbrzyski	25%	25%
PL518	Wrocławski	25%	25%

Non-predefined 'c' areas

NUTS code	Name of NUTS region	Maximum aid intensity (large enterprises)
		2022.1.1.~2027.12.31.
PL912	Warszawski wschodni (partly)	35%

Only the following municipalities of the above NUTS 3 region are eligible: Serock, Dobre, Kałuszyn, Latowicz, Mrozy, Siennica, Kołbiel, Osieck, Sobienie-Jeziory, Dąbrówka, Jadów, Strachówka, Tłuszcz.

PL913	Warszawski zachodni (partly)	25%

Only the following municipalities of the above NUTS 3 region are eligible: Baranów, Błonie, Góra Kalwaria, Grodzisk Mazowiecki, Jaktorów, Kampinos, Leoncin, Leszno, Nasielsk, Prażmów, Tarczyn, Zakroczym, Żabia Wola.

*출처 : EU 집행위원회

를 들어 〈표 18〉, 〈표 19〉는 폴란드 내 지역 투자 보조금을 지원받을 수 있는 지역과 대기업에 대한 지역별 보조금 지원 비율 상한을 나타내고 있다. 〈표 18〉은 a지역을 나타내는데 지역에 따라 보조금 지원 비율 상한이 30~50%로 차등화되어 있는 것을 확인할 수 있다. 또한 〈표 19〉는 c 지역에서의 보조금 지원 비율 상한을 나타내는데, 사전에 지정된 지역은 15~25%, 추가 로 지정된 지역은 25~35%임을 알 수 있다.[92]

5) 심사는 어떤 절차로 이루어지나?

회원국이 EU 집행위원회에 보조금 심사를 위한 신고를 할 경우 예비조사가 개시된다. 예비조사 결과는 ① 보조금에 해당하지 않음[no aid], ② 긍정적 효과가 경쟁왜곡 효과보다 큰 경우 승인 결정[aid is compatible with EU rules], ③ 상당한 경쟁왜곡 효과가 의심되는 경우 심층조사 개시 결정 중 한 가지로 이루어지게 된다. 심층조사가 개시될 경우, EU 집행위원회는 이 결정을 해당 회원국에 통보하고 결정문[93]을 관보에 게재한 후 1개월 동안 이해관계자 의견 수렴 절차를 진행한다. 이후 EU 집행위원회는 제출된 이해관계자 의견을 해당 회원국에 전달하고, 해당 회원국은 이해관계자 의견에 대한 입장을 EU 집행위원회에 제출하게 된다.

기업결합 심사와 달리 보조금 심사의 경우 정해진 법정 심사기간이 없으며, 사건의 복잡성과 회원국의 조사 협조 수준 등에 따라 심사기간이 달라질 수 있다. 다만, 이사회 규정(2015/1589)은 EU 집행위원회가 심층조사

----

92 일부 지역의 경우, a지역과 인접해 있어 보조금 지원 비율이 상향 조정되었다.
93 심층조사 개시 결정문은 사실 관계, 조사 근거, 예비조사 결과(EU 보조금 규정에 합치되지 않는다고 판단하는 이유) 등을 상세히 담고 있다.

EU 경쟁법의 이해

를 개시한 날로부터 18개월[94] 내에 최종 결정을 내리도록 권고하고 있다. 심층조사 후 최종 결정은 승인 결정, 조건부 승인 결정, 불승인 결정 중 한 가지로 이루어진다. 조건부 결정이 내려질 경우 회원국은 EU 집행위원회가 정한 조건의 이행을 전제로 해당 기업에 지역 투자 보조금을 지원할 수 있다. 반면, 불승인 결정이 내려질 경우 회원국은 지역 투자 보조금을 기업에 지원할 수 없게 된다.[95]

6) 심사 요소는 무엇인가?

EU 집행위원회의 심사는 크게 3단계로 진행된다. 인센티브 효과incentive effect 등 최소 요건이 충족되는지 여부를 평가하고, 보조금이 경쟁 및 무역에 부정적 효과를 초래하는지를 평가한 후, 긍정적 효과와 부정적 효과를 비교형량balancing test해서 최종 승인 여부를 결정하게 된다.

1단계로 EU 집행위원회는 최소 요건인 ① 낙후지역 개발 효과[96], ② 회원국 정부 차원의 개입 필요성, ③ 보조금 이외에 경쟁 및 무역 왜곡 효과가 작은 다른 지원 수단의 존재 여부, ④ 보조금의 인센티브 효과, ⑤ 지원 규모의 적절성appropriateness을 심사하게 된다. 이 중에서 인센티브 효과와 지원 규모의 적절성이 가장 중요한 심사 항목이라 할 수 있다. 인센티브 효과는 회원국의 보조금 지원이 없을 경우 기업의 해당 투자가 이루어지지 않았거

----

94 이 기간은 EU 집행위원회와 회원국이 동의할 경우 연장될 수 있다.
95 만약 회원국이 EU 집행위원회의 심사가 완료되기 이전에 보조금을 기업에 지원하고 EU 집행위원회가 불승인 결정을 내릴 경우, EU 집행위원회는 회원국에 보조금(이자 포함)을 환수하도록 요구하고, 회원국이 이에 따르지 않을 경우 EU 사법재판소에 소송을 제기할 수 있다.
96 창출되는 직간접적 일자리 수, 종업원 기술 훈련, 인근 지역으로의 기술 전파, 지역 고등교육기관과의 협업, 투자 기간 등을 고려해 평가한다.

나, 보다 제한적인 방식으로 투자가 이루어졌을 경우를 의미한다. 지원 규모의 적절성은 보조금 지원이 없었을 경우의 가상적 상황$^{counterfactual[97]}$을 가정해서 보조금 지원 규모가 투자에 따른 비용과 편익 간의 차이를 초과하지 않는 경우에 충족된다.

표 20_ **심사단계 및 심사 요건**

심사 단계	1단계 최소 요건 평가	2단계 부정적 효과 평가	3단계 비교형량

심사
요건
	• 낙후지역 개발 효과
	• 정부 개입 필요성
	• 왜곡 효과가 작은
	  다른 수단의 존재 여부
	• 인센티브 효과
	• 지원 규모의 적절성
		• 보조금 지원 비율
		  상한 초과 여부
		• 시장 규모가 감소하는
		  시장에서 초과생산 유
		  발 여부
		• EU 통합 저해 여부
		• EU 내 생산시설 등
		  이전·폐쇄 여부
			• 긍정적 효과와 부정적
			  효과 간 비교형량

* 출처 : EU 집행위원회(RAG)

2단계로 보조금 지원이 경쟁이나 무역에 미치는 부정적 효과를 초래하는지를 평가하게 된다. 구체적으로는 ① 보조금 지원 금액이 EU 내 각 지역별로 설정되어 있는 보조금 지원 비율 상한을 초과하는지 여부, ② 보조금 지원이 시장 규모가 절대적으로 축소되고 있는 시장에서 초과생산능력 ^{overcapacity}을 유발하는지 여부, ③ 보조금 지원으로 투자 지역이 낙후 정도 관점에서 EU 내 동일한 수준이거나 더 낙후된 지역에서 변경$^{anti-cohesion\ effect}$되는지 여부, ④ 보조금 지원으로 인해 EU 내 다른 지역의 생산시설 등이 이

··········

97 만약 기업이 회원국의 보조금 지원이 없을 경우 제3국 등 다른 지역에 대한 투자를 고려했던 경우에는, 회원국에 대한 투자와 다른 지역에 대한 투자의 비용 편익 효과를 현재 가치로 환산해서 상호 비교하게 된다.

EU 경쟁법의 이해

전relocation 또는 폐쇄closure 되는지 여부를 심사하게 된다.

3단계로 낙후지역 개발 효과 등 긍정적 효과(1단계)와 경쟁왜곡 등 부정적 효과(2단계)를 비교형량하게 된다. 과거 심사 사례를 살펴보면, 보조금 지원 불승인 결정은 대부분 인센티브 효과가 없거나, 지원 규모의 적절성 요건이 충족되지 않거나(이상 1단계), 보조금이 보조금 지원 비율 상한을 초과하는 경우(2단계)에서 발생하고 있다.

한편, EU 집행위원회는 중소기업과 비교해서 대기업에 대한 지역 투자 보조금 지원이 인센티브 효과가 작다는 인식하에, 보조금 지원 비율 상한을 낮게 설정하는 것뿐만 아니라 심사 요건도 엄격히 두고 있다. 이는 대기업이 중소기업에 비해 상대적으로 글로벌 금융시장에서 자본 조달이 상대적으로 용이해서 회원국의 보조금 지원 필요성이 적고, 대기업이 중소기업에 비해 EU 단일시장 내 경쟁 및 무역을 왜곡하는 효과가 더 크기 때문이다. 이러한 이유로 EU 집행위원회는 c지역의 대기업 투자에 대해서는 새로운 경제 활동을 수반하는 초기 투자initial investment in favor of new economic activity에 한해서만 보조금 지원을 허용하고, 기존 공장의 생산 능력 확충 등과 같은 단순 후속 투자follow-on investment에 대해서는 보조금 지원을 허용하지 않는다.[98] 여기서 새로운 경제 활동을 수반하는 초기 투자란 신규 공장 설립, 신제품 생산을 위해 기존 공장을 다변화시키는 투자를 의미한다.[99]

··········

98 반면, 낙후 정도가 심한 a지역의 대기업 투자에 대해서는 이러한 제한이 없다.

99 예외적으로 c지역에서 새로운 공정 적용을 위한 기존 공장 다변화 투자에 대해서도 보조금 지원이 허용될 수 있다. 다만, 이는 대기업 투자가 공정전환기금Just Transition Fund, JTF의 지원을 받는 지역에서 이루어지는 경우로 한정된다. JTF란 EU 집행위원회의 녹색 전환 정책에 따라 사회경제적 피해를 입게 되는 지역을 지원하기 위한 EU 집행위원회 차원의 경제 지원 프로그램을 의미한다. 이는 녹색 전환 정책에 따라 일자리 감소 등 큰 피해를 입는 지역에 대해서는 JTF 지원 외에 대기업 투자를 유도해서 피해를 완화시

7) 과거 심층조사 사례와 심사 결과는?

과거 10년(2011년 1월~2021월 12월)간 회원국이 EU 집행위원회에 신고한 대기업 지역 투자 보조금 사건 중에서 심층조사가 개시된 사건은 총 15건이며, 구체적인 내용은 〈표 21〉과 같다. 이 중에서 삼성SDI, Peugeot 등 2개 기업 관련 보조금에 대한 조사가 2022년 8월 현재 진행 중이며, 13건은 최종 결정이 내려졌다. 13건 중 6건은 보조금 지원이 승인되었으며, 7건은 심층조사 과정에 회원국이 신고를 철회했다. 회원국의 신고 철회 결정은 EU 집행위원회의 불승인 결정을 예상하고 보조금 지원 계획을 취소했거나 EU 집행위원회에 신고할 필요가 없는 수준으로 보조금 지원 금액을 크게 낮춘 것으로, 사실상 EU 집행위원회의 불승인 결정으로 해석할 수 있다.

해당 사건들의 주요 특징을 살펴보면, 먼저 심층조사가 개시된 사건 중에서 불승인 결정 비율이 약 53.8%(7건/13건)로 상당히 높다는 점을 꼽을 수 있다. 이는 EU 회원국에 투자하는 국내외 기업들이 적게는 수백만 유로에서부터 많게는 수억 유로의 보조금을 지원받지 못할 가능성이 상당히 높다는 것을 의미한다. 둘째, 15건의 사건 중 2건을 제외한 13건이 완성차 또는 자동차 부품 산업에 대한 지역 투자 보조금 사건임을 알 수 있다. 이는 해당 산업에 대한 투자가 많이 이루어지고 있음을 나타낼 뿐만 아니라, 장치 산업의 특성상 대규모 투자에 따른 보조금 규모도 크기 때문에 EU 집행위원회가 엄격한 심사를 진행하고 있다고 해석할 수 있다. 마지막으로 EU 집행위원회는 투자 기업의 국적이 EU 회원국인지 여부와 관계없이 차별 없이 심사가 이루어지고 있음을 강조하고 있는데, 실제로 〈표 21〉, 〈표 22〉에서 알 수 있듯이 Volkswagen 등과 같은 EU 회원국 기업에 대해 보조금 불승

··········
키기 위한 목적이다.

표 21_ 2011~2022년 심층조사 사건

(단위: 유로)

회원국	투자기업	투자 분야	투자액	보조금	최종 결정
폴란드	Fiat Powertrain	자동차 부품	180백만	40백만	철회 2011.12.1.
독일	Linamar Powertrain	자동차 부품	145백만	27백만	철회 2012.11.7.
독일	Volkswagen Sachsen	자동차	700백만	84백만	철회 2012.12.4.
슬로베니아	Revoz d.d. (Renault)	자동차	3억	40백만	철회 2013.10.22.
포르투갈	Europac Kraft Viana	제지	88백만	7백만	철회 2014.5.28.
스페인	Ford Espana	자동차	419백만	25백만	철회 2014.7.8.
독일	Porsche Leipzig	자동차	521백만	44백만	승인 2014.7.9.
독일	Propapier	제지	350백만	43백만	승인 2014.10.1.
포르투갈	Volkswagen	자동차	672백만	36백만	승인 2015.11.27.
헝가리	Audi Hungaria Motor	자동차	12억	133백만	승인 2016.2.1.
독일	Rehau AG	자동차 부품	50백만	4백만	철회 2016.9.23.
슬로바키아	Jaguar Land Rover	자동차	14억	125백만	승인 2018.10.4.
헝가리	삼성SDI	전기차 배터리	12억	108백만	심층조사 2019.10.14.~
스페인	Peugeot Citroën	자동차	5억	21백만	심층조사 2019.7.1.~
폴란드	LG에너지솔루션	전기차 배터리	10억	95백만	승인 2022.3.18.

* 출처 : EU 집행위원회(Case Search)

인 결정이 내려진 사례가 상당하고, SKBM^{SK Battery Manufacturing}, LG에너지솔루션 등과 같은 역외 기업(우리 기업)에 대한 보조금 승인 결정도 상당수 존재한다.

8) 우리 기업들이 조사를 받고 있다!

EU 집행위원회의 녹색 전환 정책에 힘입어 전기차 수요가 빠르게 증가하면서 우리 전기차 배터리 제조사들의 EU 투자가 확대되고 있다. 이 과정에서 동유럽 국가들을 중심으로 투자 유치를 위해 우리 기업들에게 상당한 규모의 보조금 지원을 약속하고 있으며, 이에 따라 우리 기업에 대한 EU 집행위원회의 보조금 심사가 계속해서 이어지고 있다.

표 22_ **우리 기업 대상 지역 투자 보조금 심사 내역**

(단위: 유로)

회원국	투자기업	투자 분야	투자액	보조금	최종 결정	지역
폴란드	LG화학	전기차 배터리 공장 신설	325백만	36백만	예비조사 후 승인 2019.1.28.	a
헝가리	SKBM	전기차 배터리 공장 신설	630백만	90백만	예비조사 후 승인 2021.6.29.	a
헝가리	삼성SDI	전기차 배터리 공장 증설	12억	108백만	심층조사 2019.10.14.~ 조사 확대 2021.6.29.~	c
폴란드	LG 에너지 솔루션	전기차 배터리 공장 증설	10억	95백만	심층조사 후 승인 2022.3.18.	a
헝가리	SK On Hungary	전기차 배터리 공장 신설	16억	209백만	예비조사 후 승인 2022.3.22.	a

* 출처 : EU 집행위원회(Case Search)

EU 경쟁법의 이해

European Commission - Press release

State aid: Commission approves €36 million Polish investment aid to LG Chem's electric vehicles batteries plant

Brussels, 28 January 2019

The €36 million investment aid granted by Poland will support LG Chem's €325 million investment in a new vertically integrated manufacturing plant for the production of lithium-ion (Li-ion) batteries in the Dolnoślaskie region of Poland. Li-ion batteries are used in electric vehicles and the new plant is expected to supply batteries for more than 80 000 electric vehicles per year in the European Economic Area (EEA).

The project is expected to create more than 700 direct jobs. The manufacturing plant is located in the Dolnoślaskie region, an area eligible for regional aid (Art. 107(3)(a) of the Treaty on the functioning of the European Union).

The Commission assessed the aid measure under the Guidelines on Regional State Aid for 2014-2020, which enable Member States to support economic development and employment in the EU's less developed regions and to foster regional cohesion in the Single Market.

The Commission found that:

그림 37 ..... LG화학 보조금 승인 결정 발표(출처 : EU 집행위원회)

European Commission - Press release

State aid: Commission opens investigation into proposed public support for Samsung plant in Hungary

Brussels, 14 October 2019

The European Commission has opened an in-depth investigation to assess whether Hungary's plans to grant €108 million of public support to Samsung SDI for investing in the expansion of its battery cell production facility in Göd (Hungary) is in line with EU rules on regional State aid.

Commissioner Margrethe **Vestager**, in charge of competition policy, said: *"Public investment is important to foster economic growth in disadvantaged regions in Europe. But public support should only be given if it's necessary to trigger private investment in the disadvantaged region concerned. Otherwise, it only gives the beneficiary an unfair advantage over its competitors, at the expense of taxpayers. The Commission will carefully investigate whether Hungary's planned support is really necessary for Samsung SDI to invest in Göd, is kept to the minimum necessary and does not distort competition or harm cohesion in the EU."*

Samsung SDI is one of the main players in the fast growing market of lithium-ion battery market. Samsung SDI is investing around €1.2 billion to expand the production capacity of lithium-ion cells and battery packs for electric vehicles in its existing plant located in Göd (Hungary). The work on the capacity expansion started in December 2017, and the implementation of the project is now well advanced. In 2018, Hungary notified the Commission of its plans to grant €108 million of public support for the project.

그림 38 ..... 삼성SDI 보조금 심층조사 개시 발표(출처 : EU 집행위원회)

〈표 22〉는 2019년 이후 우리 전기차 배터리 제조사들에 대한 EU 집행위원회의 조사 현황을 나타내는데, 우리나라 전기차 배터리 제조사 3사 모두가 보조금 심사를 받았거나 심사가 진행 중이다. 총 5건의 사건 중 4건은 보조금 승인 결정이 내려졌는데, EU 집행위원회는 2019년 1월 LG화학(36백만 유로), 2021년 6월 SKBM(90백만 유로), 2022년 3월 SK On Hungary(209백만 유로)에 대한 폴란드와 헝가리의 보조금 지원 계획은 심층조사 없이 예비조사 단계에서 승인했다.

반면, EU 집행위원회는 삼성SDI(108백만 유로), LG에너지솔루션(95백만 유로)에 대한 헝가리와 폴란드의 보조금 지원 계획에 대해서는, 관련 시장의 경쟁을 왜곡할 우려가 있다는 이유로 예비조사에서 승인하지 않고 각각 2019년 10월, 2020년 8월에 심층조사를 개시했다. 이 중 LG에너지솔루션 건의 경우, EU 집행위원회는 약 1년 7개월 간의 심층조사를 통해 폴란드 정부의 보조금 지원 약속이 없었을 경우 역외 국가에 투자가 이루어졌을 것이며, 보조금 규모가 투자 유치에 필요한 최소한의 금액이었다는 점 등을 확인한 후, 2022년 3월 폴란드 정부의 보조금 지원 계획을 승인했다. 한편, 삼성SDI 건의 경우, 심층조사 과정에서 회사와 헝가리 정부가 새로운 주장과 증거를 제출함에 따라 EU 집행위원회는 2021년 6월 조사를 확대(extension of proceedings)했다.

9) 우리 기업의 유의사항

우리 기업이 EU 집행위원회의 지역 투자 보조금 심사제도와 관련해서 유의할 사항은 심사 요건 및 기업의 투자 의사결정 단계로 나누어 살펴볼 수 있다.

먼저 심사 요건과 관련해서, 〈표 22〉를 살펴보면 우리 기업들이 EU

EU 경쟁법의 이해

투자 시 유의해야 할 점을 확인할 수 있다. EU 집행위원회가 공장 신설 투자에 대해서는 예비조사 단계에서 심사를 종결한 반면, 공장 증설 투자에 대해서는 심층조사를 개시해서 보다 엄격하게 심사하고 있음을 알 수 있다. 이는 이미 공장이 설립된 이후 단순히 생산 규모를 확대하기 위해 이루어지는 증설 투자에 대한 보조금 지원은 심사 요건 중 하나인 인센티브 효과를 충족하기 어려울 수 있기 때문이다.[100] 또한 낙후 정도가 심한 a지역보다 낙후 정도가 덜한 c지역에 대해 심사가 보다 엄격할 가능성이 크다. 이는 a지역에 비해 c지역에 대한 보조금 심사 요건이 보다 까다롭기 때문이다. 앞에서 살펴본 바와 같이, c지역에서 대기업에 대한 보조금은 신규 공장 설립이나 신제품 생산을 위한 공장 다변화 투자로 제한되며 단순히 생산 규모를 확대하기 위한 투자에는 보조금 지원이 금지된다.

한편, 우리 기업이 투자 의사결정 단계별로 유의해야 할 사항을 정리하면 다음과 같다. 첫째, 기업은 최종 투자처를 결정하기 이전에 통상 내부적으로 2개 이상의 국가 등 투자 후보지를 비교하는 절차를 거치게 된다. 이때 EU 회원국이 투자 유치를 위해 보조금 지원을 약속하더라도 실제 EU 집행위원회의 지역 투자 보조금 심사 요건을 충족하는지에 대해 사전에 법률적 검토를 충분히 한 후에 최종 투자처를 결정하는 것이 가장 중요하다.

둘째, 기업 내부적으로 투자심의위원회, 이사회 등 의사결정 기구에서 EU 회원국에 투자를 결정하는 시점에도 EU 집행위원회의 보조금 심사제도를 고려해서 각 심사 요소별로 필요한 증빙 서류를 갖추어두는 것이 필

----

100 다시 말하면 회원국이 보조금을 지원하지 않더라도, 기존 공장을 이미 보유한 기업 입장에서는 새로운 지역에 다시 신규 공장을 짓기보다는 기존 공장에 증설 투자를 할 가능성이 높다는 것이다.

수적이다. 예를 들어, 각 투자 후보 국가들이 보조금을 공식적으로 제안했다는 사실과 규모를 입증할 수 있는 문서, 각 투자처 간의 비용편익분석 자료, EU 회원국의 보조금 지원 약속을 받은 시점 이후에 투자 의사결정이 이루어졌음을 증명할 수 있는 문서 등을 들 수 있다. EU 집행위원회의 심사는 EU 경쟁총국의 조사를 통해 이루어지기 때문에 도장 또는 서명 누락, 금액 기재 오류 등 사소한 실수도 기업 입장에서는 불승인 결정의 빌미가 될 수 있기 때문에 철저한 서류 작업은 아무리 강조해도 지나치지 않다.

마지막으로 EU 집행위원회가 심층조사 개시 결정을 내린 경우에는, 해당 회원국과 투자 기업 간 긴밀한 협력을 통해 EU 집행위원회의 조사에 대응하는 것이 매우 중요하다. EU 집행위원회의 직접적인 조사 대상은 보조금 지원을 약속한 회원국 정부이고, 투자 기업은 해당 회원국 정부를 통해서 서류 제출 등 소명이 가능하기 때문에 회원국과 투자 기업 간에 신뢰를 바탕으로 한 협력이 매우 중요하다. 아울러 회원국 정부, EU 집행위원회 등에 우리 기업과 정부의 의견을 전달하는 등 기업의 권익 보호를 위한 정부의 조력이 필요할 수 있으므로 외교부, 산업통상자원부, 회원국 주재 대사관, 주벨기에·유럽연합대사관 등에 지원을 요청하는 방안도 고려해 볼 수 있다.

(3) 역외 보조금 규제

1) 제3국의 보조금을 규제한다?

EU 집행위원회는 전술한 지역 투자 보조금 심사처럼 회원국의 역내 보조금 지원을 경쟁법 차원에서 규제하고 있다. 반면, 중국 등 제3국 정부로부터 보조금 지원을 받은 역외 기업들은 EU 시장에 진출하더라도 EU 보조금 규제를 받지 않기 때문에, EU 기업 입장에서는 역외 기업에 비해 경쟁에서 불리한 위치에 놓일 수 있다. 이러한 인식하에 EU 집행위원회는

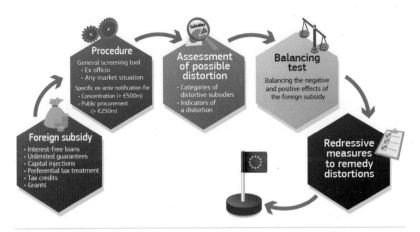

그림 39 ..... **역외 보조금 규제 법안 도해**(출처 : EU 집행위원회)

2021년 5월 EU 역내 시장에서의 공정경쟁 환경 조성을 목적으로 역외 보조금 규제 법안[101]을 발표했으며, 2022년 8월 현재 입법기관인 유럽의회 및 EU 이사회의 심의가 마무리 단계에 있다.

2) EU 집행위원회(안)은 어떤 내용인가?

법안은 역외 기업이 일정 요건하에 EU 기업을 인수concentration하거나 공공조달public procurement에 참여하는 경우, 사전에 EU 집행위원회에 신고하고 심사를 거치도록 의무를 부여하고 있다. 또한 신고 요건에 해당하지 않더라도 역외 기업이 제3국으로부터 보조금을 지원받아 EU 시장의 경쟁을 왜곡시키고 있다고 의심되는 경우에는 EU 집행위원회가 직권으로 조사를 할 수 있도록 하고 있다.

··········

101 법안명은 'REGULATION OF THE EUROPEAN PARLIAMENT AND OF THE COUNCIL on foreign subsidies distorting the internal market'이다.

먼저 법안은 경쟁왜곡을 '역외 보조금으로 인해 EU 시장에서 기업의 경쟁상 지위가 개선되고 이로 인해 실제 또는 잠재적으로 경쟁에 부정적 영향을 미치는 것'으로 정의하고 있다. 구체적으로 법안은 ① 구조조정 계획이 없고 기업의 상당한 자구노력이 없는 유동성 위기 기업ailing undertakings에 대한 지원, ② 규모·기간의 제한이 없는 무제한적인 채무 보증, ③ 기업결합을 직접적으로 지원하는 보조금, ④ 공공조달에서 과도하게 유리한 입찰unduly advantageous tender을 가능케 하는 보조금은 경쟁을 왜곡할 가능성이 매우 높다고 규정하고 있다. 반면, 보조금 규모가 과거 3년간 5백만 유로 미만인 경우에는 경쟁왜곡 효과가 거의 없는 것으로 규정하고 있다.

참고로 한-EU 자유무역협정Free Trade Agreement, FTA은 이 중에서 ①, ② 두 가지 형태의 보조금만을 금지 보조금으로 규정하고 있다.[102] 따라서 역외 보조금 규제 법안은 한-EU FTA보다 금지 보조금의 범위를 확대하고 있는 것이다.

표 23_ EU 집행위원회 역외 보조금 규제 법안 주요 내용

		신고 및 조사대상	시정 조치
사전 규제	기업결합	EU 매출액 5억 유로 이상 & 보조금 3년간 5천만 유로 초과	조건부 승인 또는 기업결합 금지
	공공조달	조달 가액 250백만 유로 이상	계약 체결 금지
사후 규제	직권조사	경쟁을 왜곡하는 보조금 지원이 의심되는 경우	보조금 반환, 자산 매각 등

EU 집행위원회는 역외 보조금을 지원받은 외국 기업이 자금력을 앞세워 EU의 주요 기업들을 인수하는 상황을 우려하고 있다. 이에 따라, ① 피

••••••••••

102 한-EU FTA 협정문 제11장 경쟁 제11.11조 금지 보조금

EU 경쟁법의 이해

인수회사 또는 기업결합 당사회사 중 일방의 EU 내 매출액이 5억 유로 이상이고, ② 제3국으로부터 지원받은 보조금 규모가 최근 3년간 5천만 유로를 초과할 경우 사전신고 의무를 부여하고 있다. EU 집행위원회가 심사하는 기간 동안에는 기업결합 이행이 금지된다. EU 집행위원회 심사는 예비조사를 거쳐 경쟁왜곡이 의심될 경우에 한해 심층조사가 개시된다. 예비조사 기간은 신고일로부터 25 영업일이며, 심층조사 기간은 개시일로부터 90 영업일이다.[103] EU 집행위원회는 기업결합 미신고, 심사기간 중 기업결합 이행, 기업결합 승인 조건 불이행, 기업결합 금지 결정 위반 시 매출액의 10% 이내에서 과징금을 부과할 수 있다. 심사 결과, 역외 보조금 지원에 따른 경쟁왜곡이 인정될 경우 신고기업이 제출한 시정방안을 토대로 조건부 승인 결정하거나 시정방안이 불충분한 경우 기업결합 금지 결정을 할 수 있다.

또한 EU 집행위원회는 역외 보조금을 지원받은 외국 기업이 공공조달에 저가로 입찰해서 낙찰받는 경우 EU 기업들과의 공정한 경쟁이 훼손될 수 있다고 보고 있다. 이러한 인식하에, 공공조달 예상가액이 250백만 유로 이상인 경우 입찰 참여 기업은 최근 3년간 보조금 수혜 내역을 계약 당국에 신고해야 한다. 계약 당국이 관련 정보를 EU 집행위원회에 전달하면, 예비조사는 접수일로부터 60일간 이루어지며 심층조사가 개시되면 EU 집행위원회는 200일 내에 조사를 완료해야 한다. 보조금 수혜 내역을 신고하지 않을 경우 기업결합과 마찬가지로 매출액의 10% 이내에서 과징금이 부과될

----

103 다만, 신고기업의 요청 또는 동의가 있는 경우에는 심사기간이 최대 20 영업일 연장될 수 있다. EU 집행위원회가 요청한 자료를 제출하지 않거나, EU 집행위원회의 조사를 거부하는 경우에는 심사기간이 중단된다.

수 있다. 역외 보조금을 지원받아 저가 입찰 등 부당한 혜택을 누린 경우 해당 기업은 계약 체결이 금지되며, 계약 당국은 차순위 기업과 계약을 체결하게 된다.

마지막으로 법안에서는 전술한 신고기준에 해당하지 않는 기업결합, 공공조달을 포함해 역외 보조금에 따른 경쟁왜곡이 의심되는 모든 상황에서 EU 집행위원회가 직권으로 조사를 할 수 있도록 하고 있다. 시정조치 수단으로는 보조금의 제3국 반환(이자 포함), 투자 제한, 자산 매각 등을 상정하고 있다.

3) 미국, 일본, 호주 등 각국 사업자단체의 입장은 어떠한가?

역외 보조금 규제 법안은 정부의 대규모 지원을 받는 것으로 의심되는 중국 (공)기업을 염두에 두고 EU 집행위원회가 추진한 것으로 알려져 있다. 그러나 법안은 특정 국가만을 대상으로 적용되는 것이 아니기 때문에 법률이 시행될 경우 우리 기업도 조사 대상이 될 가능성을 배제할 수 없어 우리 기업과 정부의 관심과 대비가 필요하다.

2021년 7월에는 EU에서 활동하는 300여 개 이상의 우리 기업을 대변하는 유럽한국기업연합회Korea Business Association Europe, KBA Europe에서 법안에 대한 우려 사항을 담은 의견서를 제출하기도 했다. 또한 Google, Meta, Apple, Amazon 등 빅테크 기업을 회원사로 두고 있는 업종단체 CCIAcomputer & communications industry association 유럽도, 2021년 12월 법안이 공정경쟁 환경 조성이라는 본래의 목적과 달리 역외 기업들의 유럽 내 투자를 저해하는 부작용을 초래할 것이라면서 반대 입장을 표명하기도 했다.

한편, 2022년 2월[104]에는 AmCham EUAmerican Chamber of Commerce to the European Union(미국) 주도로 KBA Europe(우리나라), Japan Business Council in Eur-

Foreign Subsidies Regulation: cross-industry perspectives

Brussels, 15 February 2022 – Our organisations – representing significant trade and investment partners in Europe as well as a wide range of sectors – support the objective of the European Commission's proposed Regulation on Foreign Subsidies, which seeks to combat distortions of competition in the EU caused by foreign subsidies. However, we are concerned that the Proposal will have unintended consequences for multinationals, including EU-headquartered companies, who are most likely to engage in mergers and acquisitions (M&A's) and public procurement activities liable to trigger notification requirements under the Proposal. The future Regulation should be balanced and proportionate as it could otherwise impair fair competition.

More specifically, the lack of clarity of core concepts and operating mechanisms creates legal uncertainty and, in some cases, it may prove unreasonable to comply with such rules for both large and small companies that rely on various types of support measures that pose no risk of distorting competition. Importantly, the legal uncertainty inherent in the Proposal could limit investment in the EU. Companies may fear that the wide range of support measures received in third countries globally could not be accounted for in full compliance, and this could expose them to high fines. The new merger review and public procurement processes set out in the Proposal would also cause delays in M&A transactions and tender awards.

We have set out the main areas for refinement while urging co-legislators to continue a multilateral approach via the WTO and managing the most problematic subsidisers via bilateral agreements. In summary, the main Proposal refinements include:

1. **Clarity of key concepts:** Businesses need clearer and workable definitions of what transactions and regimes will be considered to give rise to a 'financial contribution' or 'subsidy,' as well as on how the Commission will determine whether these distort EU competition. Tightening these concepts and defining safe harbours that do not give rise to a financial contribution will enable an effective, efficient, and consistent tool. For example, the Proposal should exclude from the definition of 'financial contribution' locally targeted government programmes, e.g. those that help under-developed regions. Moreover, contracts with governments that are party to the WTO Government Procurement Agreement should also be excluded. In fact, any contribution used for purposes other than engaging in economic activity in the

그림 40 ..... **5개국 사업자단체 공동성명**(출처 : AmCham EU)

ope(일본), Australian Business in Europe · European Australian Business Europe(호주), Europe India Chamber of Commerce(인도) 등 5개국 사업

··········

104 2022년 5월에도 AmCham EU, KBA Europe, Europe India Chamber of Commerce, Japan Business Council in Europe, Swiss−American Chamber of Commerce(스위스)는 유럽의회 및 EU 이사회에 법안 심의 과정에서 법안의 수정을 요구하는 공동성명서를 다시 한번 발표했다.

자단체와 빅테크 업종단체 CCIA가 법안에 대한 우려 사항을 담은 공동성명서를 발표했다. 특히 ① 보조금의 정의, 경쟁왜곡의 개념 등 핵심 개념이 불확실한 점, ② 신고기업이 스스로 보유하고 있지 않은 자료(예 : 주요 공급업체 및 하청업체가 지원받은 보조금 자료)까지 제출해야 하는 등 행정 부담이 매우 커지는 점, ③ 직권조사 대상이 불분명하고 조사 시효(10년)가 지나치게 장기간인 점, ④ EU 집행위원회와 회권국의 경쟁법에 따른 기업결합 신고 의무와 중복될 수 있는 점, ⑤ 공공조달 관련 조사 기간이 최대 200일까지 소요될 수 있어 조달절차가 크게 지연될 수 있는 점 등을 지적했다.

4) 법안 심의 경과 및 전망

역외 보조금 규제 법안에는 일반 입법절차가 적용되며 2022년 8월 현재 유럽의회와 EU 이사회의 심의가 마무리 단계에 있다.

먼저 유럽의회의 심의 경과를 살펴보면, 유럽의회는 〈표 24〉와 같이 2021년 하반기에 국제통상위원회를 주관 상임위원회leading committee로 결정하고, 여타 다른 상임위의 의견도 청취할 목적으로 경제금융위원회와 역내시장 및 소비자보호위원회를 관련 상임위원회associated committee로 선정했다.

표 24_ **법안 심사 상임위원회 및 조사 위원**

	위원회	조사 위원
주관 상임위원회	국제통상위원회 international trade committee	Christophe Hansen (룩셈부르크)
관련 상임위원회	경제금융위원회 economic and monetary affairs committee	Stephanie Yon-Courtin(프랑스)
	역내시장 및 소비자보호위원회 internal market and consumer protection committee	Christian Doleschal (독일)

EU 경쟁법의 이해

이후 2022년 4월 25일 국제통상위원회는 EU 집행위원회(안)에 대한 수정안을 채택[105]했으며, 이 수정안은 5월 4일 본회의를 통과해서 유럽의회 입장으로 확정되었다.[106] 수정안의 주요 내용은 다음과 같다.[107]

첫째, 신고기준을 낮춰 신고 범위를 확대했다. <표 25>와 같이, 기업 결합과 공공조달의 신고기준을 각각 EU 역내 매출액 4억 유로 이상, 공공 조달 가액 2억 유로 이상으로 하향 조정했다.

표 25_ 신고기준 비교

	EU 집행위원회	유럽의회
기업결합	EU 매출액 5억 유로 이상 & 최근 3년간 보조금 5천만 유로 초과	4억 유로 이상 & 최근 3년간 보조금 5천만 유로 초과
공공조달	조달 가액 2억 5천만 유로 이상	2억 유로 이상

둘째, 보조금으로 포섭되는 유형의 범위를 일부 확대해서 세금 면제 tax exemption, 적절한 대가를 지불하지 않고 얻은 특별한 또는 배타적 권리inadequately remunerated special or exclusive rights를 보조금 유형으로 추가했다. 다만, 투명한 경쟁입찰 방식을 통한 공공기관과의 상품·서비스 공급 및 구매 거래는 보조금 유형에서 제외할 수 있도록 했다. 셋째, 경쟁왜곡 효과가 없을 것으로

----

105 2022년 4월 25일, 유럽의회 보도자료, "New trade defence tool to protect EU firms from distortive foreign subsidies"(https://www.europarl.europa.eu/ncws/en/press-room/20220425IPR27808/new-trade-defence-tool-to-protect-eu-firms-from-distortive-foreign-subsidies)

106 2022년 5월 4일, 유럽의회 보도자료, "New tool to protect internal market against distortive foreign subsidies"(https://www.europarl.europa.eu/news/en/press-room/20220429IPR28230/new-tool-to-protect-internal-market-against-distortive-foreign-subsidies)

107 Amendments adopted by the European Parliament on 4 May 2022 on the proposal for a regulation of the European Parliament and of the Council on foreign subsidies distorting the internal market(https://www.europarl.europa.eu/doceo/document/TA-9-2022-0143_EN.pdf)

판단할 수 있는 보조금의 규모를 과거 3년간 5백만 유로 미만에서 4백만 유로 미만으로 낮추었다.

반면, 규제에 따른 기업 부담을 경감하고 투명성을 강화하기 위한 조치들도 함께 포함되었다. 넷째, 공공조달 절차가 장기간 지연될 우려가 크다는 비판이 제기됨에 따라, 예비조사 기간은 60일에서 40일로, 심층조사 기간은 200일에서 120일로 단축했다. 다섯째, 기업결합 및 공공조달 신고 요건의 충족 여부에 대해 기업이 사전에 EU 집행위원회에 문의할 수 있도록 사전협의 절차를 도입했다. 여섯째, 규제의 예측 가능성을 제고하기 위해 보조금의 긍정적, 부정적 효과를 비교형량^{balancing test}하는 방법 등 구체적인 심사 방법에 대한 가이드라인을 EU 집행위원회가 제정하도록 했다.

일곱째, EU 집행위원회가 경쟁왜곡 효과를 평가함에 있어 제3국이 EU와 동등한 수준의 보조금 규제 제도를 운영하고 있는지 여부를 검토하도록 했다. 이에 따라 EU와 유사한 제도를 두고 있는 국가가 지원하는 보조금은 규제 대상에서 제외될 가능성을 열어두고 있다.

마지막으로, EU 집행위원회(안)은 역외 보조금 규정이 시행되는 때부터 과거 10년 이내에 지원된 보조금까지 직권조사가 이루어질 수 있도록 허용하고 있지만, 유럽의회는 그 기간을 7년으로 단축하고 있다.

한편, EU 이사회도 유럽의회와 동일한 날짜인 2022년 5월 4일 EU 집행위원회(안)에 대한 수정안을 채택했다.[108] 주요 내용은 다음과 같다.[109]

....

108 2022년 5월 4일, EU 이사회 보도자료, "Regulating distortive foreign subsidies in the internal market: Council adopts position"(https://www.consilium.europa.eu/en/press/press-releases/2022/05/04/reglementer-les-subventions-etrangeres-generant-des-distorsions-sur-le-marche-interieur-le-conseil-adopte-sa-position/)

109 Mandate for negotiation with the European Paliament(https://www.consilium.europa.eu/media/55924/st08713-en22.pdf/)

첫째, 유럽의회와는 반대로 기업결합 및 공공조달 신고기준을 상향조정해서 신고 범위를 축소했다.

표 26_ **신고기준 비교**

	EU 집행위원회	EU 이사회
기업 결합	EU 매출액 5억 유로 이상 & 최근 3년간 보조금 5천만 유로 초과	6억 유로 이상 & 최근 3년간 보조금 5천만 유로 초과
공공 조달	조달 가액 2억 5천만 유로 이상	3억 유로 이상 & 최근 3년간 국가당 보조금 5백만 유로 초과

둘째, 유럽의회와 유사하게 공공조달 관련 조사 기간을 단축했다. 예비조사 기간은 60일에서 20 영업일(10 영업일 연장 가능)로, 심층조사 기간은 200일에서 110 영업일(20 영업일 연장 가능)로 단축했다. 셋째, 보조금 규모가 최근 3년간 국가별로 20만 유로 이하인 경우에는 경쟁왜곡 효과가 없는 것으로 추정했다. 마지막으로, EU 이사회는 역외 보조금 규정의 시행시기로부터 과거 5년 이내에 지원된 보조금부터 직권조사가 이루어질 수 있도록 했다.

유럽의회와 EU 이사회는 매우 이례적으로 기관별 입장을 채택한 다음 날인 5월 5일부터 EU 집행위원회를 포함해서 신속하게 3자 협의trilogue를 시작했다. 이는 입법기관들의 적극적인 입법의지를 보여주는 것으로, 실제로 2개월도 경과하지 않은 6월 30일에 3자 협의를 완료[110]하고 최종 법안[111]을 도출했다.

··········

110 2022년 6월 30일, EU 이사회 보도자료, "Foreign subsidies distorting the internal market"(https://www.consilium.europa.eu/en/press/press-releases/2022/06/30/foreign-subsidies-regulation-political-agreement/)
2022년 6월 30일, 유럽의회 보도자료, "Agreement on foreign subsidies"(https://www.europarl.europa.eu/news/en/press-room/20220627IPR33918/agreement-on-foreign-subsidies-ensuring-equal-competition-in-the-eu)
111 최종 법안은 https://www.europarl.europa.eu/meetdocs/2014_2019/plmrep/COMMITTEES/INTA/DV/2022/07-13/1260231_EN.pdf 참조

유럽의회와 EU 이사회는 2022년 말까지 각각 승인절차를 완료할 것으로 예상되며, 6개월간의 유예기간을 거쳐 2023년 중반에는 시행될 것으로 전망된다.

3자 협의 결과 중 주요 내용을 살펴보면 다음과 같다.

첫째, 기업결합 신고기준과 공공조달 신고기준은 당초 EU 집행위원회(안)대로 결정되었다.[112] 신고 범위를 확대하려는 유럽의회와 신고 범위를 축소하려는 EU 이사회 간 협상 끝에 중간 수준에서 확정된 것이다. 둘째, 공공조달 조사 기간은 EU 이사회의 주장이 반영되어 예비조사는 20 영업일(10 영업일 연장 가능), 심층조사는 110 영업일(20 영업일 연장 가능)로 당초 EU 집행위원회(안)보다 단축되었다. 셋째, 조사 투명성을 확보하려는 유럽의회의 입장이 반영되었다. 이에 따라 EU 집행위원회는 보조금의 경쟁왜곡 효과를 평가하는 방법, 보조금의 긍정적 효과와 부정적 효과를 비교형량하는 방법 등을 담은 가이드라인을 제정하게 된다. 또한 기업들이 기업결합과 공공조달의 신고기준 충족 여부에 대해 의문이 있는 경우 EU 집행위원회에 사전에 문의할 수 있는 절차가 마련되었다. 넷째, 경쟁왜곡 효과가 없는 것으로 판단할 수 있는 보조금의 규모가 3년간 5백만 유로 미만에서 4백만 유로 이하로 하향 조정되었다. 다섯째, EU 집행위원회는 경쟁을 왜곡하는 보조금을 반복적으로 지원하는 역외 국가와 보조금 지원 중단을 위한 대화에 적극적으로 참여하도록 요구된다. 한편, 장래에 보조금에 대한 국제사회의 다자 규제체계가 마련되어 EU의 역외 보조금 규정이 불필요하게 될 경우에는 역외 보조금 규정을 폐기할 수 있도록 했다. 마지막으

----

112 다만, 공공조달의 경우 ① '공공조달 예상가액이 2억 5천만 유로 이상일 것' 외에 ② '과거 3년간 제3국당 보조금 수혜액이 4백만 유로 이상일 것'이라는 추가 요건이 신설되었다.

EU 경쟁법의 이해

로 EU 이사회의 입장이 반영되어, 직권조사는 역외 보조금 규정의 시행일로부터 과거 5년 이내에 지원된 보조금까지만 허용된다.

5) 우리 기업의 유의사항

역외 보조금 규정이 제대로 집행될지 여부는, 제3국 정부가 자국 기업에 지원한 보조금 규모와 내역을 EU 집행위원회가 해당 기업으로부터 얼마나 정확히 파악할 수 있는지에 달려 있을 것으로 예상된다. 법안은 정보 파악을 위해 신고 의무 불이행, 보조금 수혜 내역 등 관련 자료 미제출 또는 허위 자료 제출에 대해 과징금, 이행강제금 등 금전적 제재를 부과하는 한편, 기업이 자료 제출 등 조사에 협조하지 않을 경우 EU 집행위원회가 확보하고 있는 자료에만 근거해서 결정을 내릴 수 있도록 하고 있다. 따라서 기업 입장에서는 신고 요건을 충족하는지 여부에 대해 면밀히 검토해야 하며, 신고 요건을 충족할 경우 금전적 제재나 불리한 결정을 피하기 위해서라도 보조금 수혜 내역 등에 관한 정확한 자료를 제출하도록 유의할 필요가 있다. 이를 위해 기업은 우리 정부 또는 제3국 정부로부터 지원받는 보조금이 있는지, 있다면 그 규모가 얼마나 되는지를 평상시에 주기적으로 파악해서 관리하는 것이 중요하다.

한편, 우리 기업이 우리 정부로부터 지원받은 보조금으로 인해 조사 대상이 될 경우 이는 우리 정부가 지원한 보조금에 대한 문제 제기의 성격을 띠게 되므로, 조사 대상 기업은 우리 정부와 긴밀한 협조하에 EU 집행위원회 조사에 대응할 필요도 있을 것이다.

(4) 코로나 팬데믹하에서의 보조금 지원 및 심사

2019년 초 코로나 팬데믹이 전 세계에 확산되자, EU 집행위원회에서는 경제적 피해를 입은 역내 기업, 산업, 자영업자 등을 신속히 지원할 필요성이 대두되었다. 그러나 회원국의 보조금 지원은 EU 집행위원회의 심사를 통과해야만 가능하기 때문에 실제 지원까지는 장기간의 시간이 소요되는 문제점을 해결할 필요가 있었다. 이에 따라 EU 집행위원회는 신속한 심사를 통한 지원이 이루어질 수 있도록 '한시적 보조금 지원 기준state aid temporary framework'을 2019년 3월 19일 발표했다. 이후 코로나 팬데믹이 장기화되면서 지원 방식 및 대상을 확대하기 위해 6차례 기준이 개정되었다.[113] 2022년 6월까지 EU 집행위원회는 약 1,350개 이상의 보조금 승인 결정을 채택했으며 그 규모는 3.2조 유로에 달한다.[114]

상기 지원 기준에 따라 회원국은 피해기업 등에게 총 14가지 유형의 보조금, 즉 ① 현금 지원, 세금 혜택 등, ② 기업 부채에 대한 국가 채무 보증, ③ 국가의 기업에 대한 저리대출, ④ 보조금 채널 역할을 하는 은행에 대한 지원, ⑤ 단기 수출신용보험 지원, ⑥ 코로나바이러스 관련 연구개발 지원, ⑦ 코로나 테스트 시설 건설 지원, ⑧ 코로나 의료장비 생산 지원, ⑨ 세금 납부 유예 등, ⑩ 임금 보조, ⑪ 기업이 발행하는 신주 인수 등을 통한 자본 확충, ⑫ 매출 감소 기업에 대한 고정비 지원, ⑬ 녹색 전환, 디지털 전환 등 지속가능한 회복을 위한 투자 지원, ⑭ 상환 능력 지원을 할 수 있게 되었다.

이러한 신속한 보조금 지원 정책은 2022년 6월 말까지만 유효[115]하며,

··········

113 한시적 보조금 지원 기준은 EU 경쟁총국 홈페이지의 "The State Aid Temporary Framework"(https://ec.europa.eu/competition-policy/state-aid/coronavirus/temporary-framework_en) 참조
114 그간 EU 집행위원회가 코로나 팬데믹 관련 회원국의 보조금 지원 계획을 승인한 내역은 EU 경쟁총국 홈페이지의 "List of Member State Measures approved under Articles 107(2)b, 107(3)b and 107(3)c TFEU and under the State Aid Temporary Framework"(https://ec.europa.eu/competition-policy/state-aid/coronavirus_en) 참조
115 코로나 팬데믹이 장기화됨에 따라 그간 만료 기간이 여러 차례 연장되었다. 2022년 5월 12일 EU 집행위원회는 코로나 확진자 수가 하향 안정화 추세를 보이고 회원국들도

FI - Finland ↑ Back to TF

2021

- 30 November: Amendement du soutien de trésorerie en faveur d'Air France dans le contexte de la pandémie de coronavirus (SA.100430) (daily news: MEX/21/6524)

- 9 June: Commission approves €170 million Finnish scheme to support uncovered fixed costs of companies affected by coronavirus outbreak (SA.63205) (daily news: MEX/21/2905)

- 17 March 2021: €350 million Finnish support to Finavia in the context of the coronavirus outbreak (SA.59132) (press release: IP/21/1210)

2020

- 1 March 2021: €1 million Finnish scheme to support fishery and aquaculture sector affected by coronavirus outbreak (SA.61987) (daily news: MEX/21/962)

- 9 June: €286 million Finnish measure to recapitalise Finnair (SA.57410) (press release: IP/20/1032)

- 28 May: €600 million Finnish guarantee scheme to support maritime companies affected by the coronavirus outbreak (SA.57192) (press release: IP/20/966)

- 18 May: Finnish State guarantee on €600 million loan to Finnair in the context of coronavirus outbreak (SA.56809) (daily news: MEX/20/904)

- 6 May: €40 million Finnish direct grant schemes to support companies in the agriculture and fishery sectors affected by coronavirus outbreak (SA.57221 and SA.57231) (press release: IP/20/824)

- 24 April: €3 billion Finnish scheme to support companies affected by coronavirus outbreak (SA.56995) (press release: IP/20/692)

- 21 April: €2 billion Finnish public guarantee and subsidised loan scheme to support companies affected by the coronavirus outbreak (SA.57059) (press release: IP/20/705)

그림 41 ..... **핀란드의 2020~2021년 보조금 지원 현황**(출처 : EU 집행위원회)

예외적으로 ⑬ 지속가능한 회복을 위한 투자 지원과 ⑭ 상환 능력 지원의 유효기간은 각각 2022년 12월 말과 2023년 12월 말까지로 설정되었다.

그러나 코로나 팬데믹에 따른 보조금 지원 규모가 상당한 경우에는 경쟁왜곡 효과가 발생할 수 있기 때문에 EU 집행위원회는 보조금 승인 조건으로 경쟁 보호를 위한 조치를 부과해왔다. 예를 들어 2020년 6월 EU 집행

....

각종 제한 조치들을 해제함에 따라 경제 상황이 개선되고 있다는 판단하에서 추가적인 연장 조치 없이 2022년 6월 말 종료하기로 결정했다.

State aid: Commission approves €6 billion German measure to recapitalise Lufthansa

Brussels, 25 June 2020

The European Commission has approved German plans to contribute €6 billion to the recapitalisation of Deutsche Lufthansa AG (DLH), the parent company of Lufthansa Group. The measure was approved under the State aid <u>Temporary Framework</u> adopted by the Commission on 19 March 2020, as amended on <u>3 April</u> and <u>8 May</u> 2020.

- **Commitments to preserve effective competition**: DLH will benefit from a recapitalisation measure above €250 million and holds a significant market power on the relevant markets on which it operates. Before the coronavirus outbreak, its hub airports of Munich and Frankfurt were congested, meaning that landing and take-off slots were in short supply. Therefore, in line with requirements of the Temporary Framework, additional measures to preserve effective competition are necessary. These consist in the divestment of up to 24 slots/day at Frankfurt and Munich hub airports and of related additional assets to allow competing carriers to establish a base of up to four aircraft at each of these airports. These measures would enable a viable entry or expansion of activities by other airlines at these airports to the benefit of consumers and effective competition.

그림 42 ..... **독일의 Lufthansa 보조금 지원 및 승인 조건**(출처 : EU 집행위원회)

위원회는 독일 정부의 Lufthansa 항공사에 대한 60억 유로의 보조금 지원 계획을 승인하면서, 뮌헨공항과 프랑크푸르트공항의 슬롯 최대 24개 등 관련 자산을 경쟁 항공사에 매각하도록 조건을 부과했다(〈그림 42〉 참조). 또한 유사하게 2021년 4월 EU 집행위원회는 프랑스 정부의 Air France 항공사에 대한 40억 유로의 보조금 지원 계획도 승인하면서 파리 오를리공항의 슬롯 최대 18개를 경쟁 항공사에 매각하도록 조건을 부과했다.

(5) 우크라이나 사태 및 인플레이션 대응

1) 인플레이션 및 유럽중앙은행 대응

2022년 6월 중 유로지역 소비자물가는 에너지, 식료품의 가격 상승에 따라 오름세가 가속화(5월 8.1% → 6월 8.6%)되어 유로존 출범 이후 최고치를 기록했다. 이는 1997년 통계 작성 이래 가장 높은 수치로, 2021년 11월 4.9% 이후 8개월 연속 최고치를 경신하고 있다. 러시아가 유럽으로의 천연가스 공급을 축소하면서 에너지 가격 급등세가 지속되고 있으며, 식품, 주류 및 담배 가격도 우크라이나 전쟁으로 인한 농작물 공급 차질에 따라 상승폭이 확대되고 있다. 이러한 인플레이션에 대응하기 위해 유럽중앙은행 European Central Bank은 2022년 7월 자산매입프로그램의 순매입을 종료하고 기준금리를 0%에서 0.5%로 인상했다.

표 27_ 유로존 소비자물가 총지수 및 구성 항목 상승률

(전년 동월 대비, %)

	2022 가중치	2021. 6월	2022. 1월	2월	3월	4월	5월	6월*
총지수 상승률	1000.0	1.9	5.1	5.9	7.4	7.4	8.1	8.6
근원 인플레이션*	681.8	0.9	2.3	2.7	3.0	3.5	3.8	3.7
식품, 주류 및 담배	208.9	0.5	3.5	4.2	5.0	6.3	7.5	8.9
에너지	109.3	12.6	28.8	32.0	44.3	37.5	39.1	41.9
공산품(에너지 제외)	265.2	1.2	2.1	3.1	3.4	3.8	4.2	4.3
서비스	416.7	0.7	2.3	2.5	2.7	3.3	3.5	3.4

* 총지수(HICP)에서 에너지, 비가공식품, 주류 및 담배를 제외한 지수의 상승률(출처 : ECB)

2) 경쟁정책 차원의 대응

2022년 8월 현재, EU 경쟁총국은 물가수준을 안정화하거나 낮출 목적으로 경쟁정책을 마련하거나 통상적 범위를 넘어서는 경쟁법 집행 활동을 하지는 않고 있다. 반면, 경쟁법상 국가보조금 심사제도를 완화해서 에너지 가격 급등에 따른 피해기업들을 회원국이 신속히 지원하는 데 중점을 두고 있다.

EU 경쟁총국은 원칙적으로 경쟁법 집행이 인플레이션에 대처하기 위한 수단이 될 수 없다는 입장이다. 특히 현재의 인플레이션은 경쟁 부족이 아니라, ① 코로나 팬데믹 기간 동안의 유동성 증가, ② 글로벌 공급망 위기,

③ 우크라이나 사태로 인한 에너지 가격 인상, ④ 코로나 위기 완화에 따른 급격한 수요 증가 등 외생적 요인에 기인하기 때문에 경쟁정책이나 경쟁법 집행을 통한 대응에는 한계가 있다고 인식하고 있는 것이다.

그러나 인플레이션으로 인해 소비자들의 생활비 부담이 크게 증가함에 따라 가격 인상이 반경쟁적 행위에 기인하는 경우에는 주저 없이 조사하겠다는 입장도 함께 표명했다.[116]

2022년 8월 현재, 우크라이나 사태와 인플레이션에 대처하기 위한 EU 경쟁총국의 집행 활동을 살펴보면 다음과 같다. 첫째, 천연가스 분야에서 독점력 남용 행위에 대한 조사를 개시했다. 2022년 3월 EU 경쟁총국은 독일 경쟁 당국과 함께 독일에서 천연가스의 공급·전송·보관 사업을 수행하는 기업들이 인위적으로 공급을 축소하는 등의 방법을 통해 가격을 인상했는지를 확인하기 위해 현장조사를 실시했다. 공식적으로 발표되지는 않았으나, 조사 대상 기업에 러시아 국영 에너지 기업인 Gazprom의 독일 내 자회사 Wingas가 포함된 것으로 알려졌다. 둘째, 우크라이나 사태로 인해 에너지 가격이 급등하자 피해기업들을 신속하게 지원하기 위해 EU 경쟁총국은 2022년 3월 '위기 대응을 위한 한시적 보조금 지원 기준Temporary Crisis State Aid Framework'을 발표했다. 지원 내용을 살펴보면, EU 경쟁총국은 회원국이 기업당 최대 40만 유로(농수산업은 최대 3만 5천 유로)까지 보조금을 지원할 수 있고, 기업의 채무를 보증하거나 저리로 대출할 수 있으며, 기업의 전기·가스 비용을 최대 30%(상한 2백만 유로)까지 지원할 수 있도록 허용했다.[117]

··········

116 2022년 2월 8일, *Politico*, Europe wary of following US in using antitrust to fight infla-tion(https://www.politico.eu/article/europe-wary-us-antitrust-fight-inflation/)
117 기업이 영업 손실을 보고 있는 경우에는 회원국이 전기·가스 비용의 30%를 초과해서 지원할 수 있으며, 지원 상한 금액도 25백만 유로까지 확대된다. 특히 알루미늄, 펄프,

State aid: Commission adopts Temporary Crisis Framework to support the economy in context of Russia's invasion of Ukraine

- **Limited amounts of aid**: Member States will be able to set up schemes to grant up to €35,000 for companies affected by the crisis active in the agriculture, fisheries and aquaculture sectors and up to €400,000 per company affected by the crisis active in all other sectors. This

  aid does not need to be linked to an increase in energy prices, as the crisis and the restrictive measures against Russia affect the economy in multiple ways, including physical supply chain disruptions. This support can be granted in any form, including direct grants.

- **Liquidity support in form of State guarantees and subsidised loans**: Member States will be able to provide (i) subsidised State guarantees to ensure banks keep providing loans to all companies affected by the current crisis; and (ii) public and private loans with subsidised interest rates.
  - Member States can grant State guarantees or set up guarantee schemes supporting bank loans taken out by companies. These would have subsidised premiums, with reductions on the estimated market rate for annual premiums for new loans for small and medium-sized enterprises ('SMEs') and non-SMEs.
  - Member States can enable public and private loans to companies with subsidised interest rates. These loans must be granted at an interest rate, which is at least equal to the risk-free base rate plus specified credit risk premiums applicable to SMEs and non-SMEs respectively.

- **Aid to compensate for high energy prices**: Member States will be able to partially compensate companies, in particular intensive energy users, for additional costs due to exceptional gas and electricity price increases. This support can be granted in any form, including direct grants. The overall aid per beneficiary cannot exceed 30% of the eligible costs, up to a maximum of €2 million at any given point in time. When the company incurs operating losses, further aid may be necessary to ensure the continuation of an economic activity. To that end, Member States may grant aid exceeding these ceilings, up to €25 million for energy-intensive users, and up to €50 million for companies active in specific sectors, such as production of aluminum and other metals, glass fibers, pulp, fertilizer or hydrogen and many basic chemicals.

그림 43 ..... 우크라이나 사태 관련 한시적 보조금 지원 정책(출처 : EU 집행위원회)

3. 카르텔 규제

(1) 관련 규정 한눈에 보기

EU 집행위원회는 카르텔 규제를 경쟁정책의 최우선으로 삼고 있는데, TFEU 제101조 제1항에 규제 근거를 두고 있다. 회원국 간 거래에 영향을 미치고 경쟁을 제한하는 기업들 간의 합의, 사업자단체의 결정을 금지하며, 금지 행위의 예시로서 <표 28>과 같이 5가지 유형을 들고 있다. 카르

....

비료 등 특정 산업에 속한 기업들에 대해서는 최대 50백만 유로까지 에너지 비용을 지원할 수 있도록 했다.

텔 규제는 경쟁업체 간의 수평적 합의와 거래 상대방 간의 수직적 합의[118] 모두에 적용된다.

표 28_ 카르텔 금지 행위(TFEU 제101조)

① 직간접으로 구매가격, 판매가격, 기타 거래 조건을 고정하는 행위
② 생산·판매·기술개발·투자를 제한하거나 통제하는 행위
③ 시장과 공급원을 분할하는 행위
④ 동일한 거래임에도 차별적인 조건을 부과해서 경쟁에서 불리하도록 하는 행위
⑤ 계약의 성질 또는 상업적 용도에 비추어 계약 대상과 관계없는 부가 의무를 수용하는 조건으로 계약을 체결하는 행위

그러나 같은 조 제3항은 효율성, 불가피성, 소비자 후생, 경쟁 존재 등 4개 요건이 충족되는 경우에는 제1항의 적용을 면제하고 있다. EU 집행위원회 고시[119]는 제101조 제3항의 면제 요건들을 구체적으로 설명하고 있는데, 이를 요약하면 〈표 29〉와 같다.

표 29_ 카르텔 규제 면제 요건

요건	내용
효율성 efficiency gain	상품의 생산 또는 유통을 개선하거나, 기술 진보 또는 경제 발전에 기여할 것
불가피성 indispensability	효율성 효과를 창출하는 데 필수적이지 않은 경쟁제한적 내용을 포함하지 않을 것
소비자 후생 Pass-on to consumers	효율성 효과가 소비자에게 혜택(예: 가격 인하, 품질 향상 등)으로 이전될 것
경쟁 존재 no elimination of competition	관련 상품의 실질적인 부분에서 경쟁이 사라지지 않을 것

··········
118 대표적으로 제조업체가 제품 판매를 위해 유통업체와 체결하는 계약을 들 수 있다.
119 Commission Notice—Guidelines on the application of Article 101(3) TFEU

　　　　　　　　　　　　　　　　　　EU 경쟁법의 이해

Competition: Antitrust procedures in anticompetitive agreements

(Article 101 TFEU cases)

Article 101 of the Treaty on the Functioning of the European Union (TFEU) prohibits agreements between companies which prevent, restrict or distort competition in the EU and which may affect trade between Member States (anti-competitive agreements). These include, for example, price-fixing or market-sharing cartels. Anti-competitive agreements are prohibited regardless of whether they are concluded between companies that operate at the same level of the supply chain (horizontal agreements) or at different levels (vertical agreements).

Article 101 can be applied by the European Commission or by the competition authorities of the EU Member States. Details on the application of Article 101 can be found in Regulation 1/2003 (the Antitrust Regulation).

How a case starts

Article 101 cases can originate in: 1) a complaint, 2) opening of an own-initiative investigation, or 3) a leniency application from one of the participants to a

Investigation

The Commission's investigative powers to enforce Article 101 are detailed in the Antitrust Regulation. The Commission is empowered, for example, to:

- Send information requests to companies;
- In the context of an inspection:
  o enter the premises of companies;
  o examine the records related to the business;
  o take copies of those records;
  o seal the business premises and records during an inspection;
  o ask members of staff or company representatives questions relating to the subject-matter and purpose of the inspection and record the answers.

At the end of the initial investigative phase, the Commission can take the decision to pursue the case as a matter of priority and to conduct an in-depth investigation, or to close it. In cartel cases, if the case is to be pursued, the Commission decides whether or not the case is suitable for the settlement procedure. (See below.)

그림 44 .... **카르텔 규제 설명 자료**(출처 : EU 집행위원회)[120]

한편, EU 이사회 규정(No. 2821/71) 연구개발R&D, 생산 특화specialization 분야에서의 수평적 합의에 대해 집행위원회가 규정commission regulation을 제정해서 TFEU 제101조 제3항을 적용할 수 있도록 수권하고 있다. 이에 따라 EU 집행위원회는 일정 요건을 충족하는 연구개발(No. 1217/2010) 합의, 생산 특화(No. 1218/2010) 합의에 대해 카르텔 규제를 일괄면제하고 있다. 이 2개의 집행위원회 규정을 수평적 제한 일괄면제 규정horizontal block exemption regulation. HBER이라고 한다. 또한 EU 집행위원회는 가이드라인으로 HGLguidelines on horizontal cooperation agreements을 두고 있다. HGL은 연구개발, 생산

....

120 EU 경쟁총국 홈페이지, "Antitrust procedures in anticompetitive agreements"(https://ec.europa.eu/competition-policy/system/files/2020-12/antitrust_procedures_101_en.pdf)

뿐만 아니라 구매purchasing, 상업화commercialization, 표준화standardization 등 5개 유형의 합의에 대해 카르텔 규제 면제기준, 위법성 심사기준, 적용 사례 등을 자세히 설명하고 있다. 결국 기업 입장에서는 HBER과 HGL을 통해 경쟁업체와의 합의가 적법한지 위법한지 스스로 판단할 수 있다.

수직적 합의에 대해서도 EU 이사회 규정(No. 19/65, No. 1215/1999)은 EU 집행위원회가 규정을 제정해서 카르텔 규제를 면제할 수 있도록 하고 있다. 이에 따라 EU 집행위원회는 HBER, HGL과 동일한 성격의 수직적 제한 일괄면제 규정vertical block exemption regulation, VBER(No. 2022/720)과 VGLguidelines on vertical restraint을 두고 있다.

표 30_ EU 카르텔 규제 관련 주요 규정

- TFEU 제101조 : 수평적 · 수직적 카르텔 금지
- Council Regulation 1/2003 : 법률(조사 권한, 과징금 등)
- Commission Regulation 773/2004 : 시행령(세부 절차)
- HBER, HGL : 수평적 카르텔 규제 면제 및 위법성 판단 기준, 2022년 12월 말 만료 예정, 개정 작업 진행 중(2022년 3월 개정안 발표)
  - Research & Development Block Exemption Regulation
  - Specialisation Block Exemption Regulation
  - Guidelines on horizontal cooperation agreements
- VBER, VGL : 수직적 카르텔 규제 면제 및 위법성 판단 기준, 2022년 5월 말 만료, 2022년 6월 개정 · 시행
  - Vertical Block Exemption Regulation
  - Vertical Block Exemption Regulation in motor vehicle sector
  - Guidelines on Vertical Restraints
- Leniency Notice : 자진신고자 과징금 감면 · 감경 제도
- Settlement Notice : 화해제도(혐의 인정 시 사건 신속 처리)

- Terms of Reference-Hearing Officer : 청문회 개최
- Guidelines for setting fines : 과징금 산정 기준
  - 전 세계 연 매출액의 10% 상한 이내에서 과징금 부과
- Directive 2014/104/EU on antitrust damages actions : 카르텔로 인한 피해자의 손해배상소송을 활성화하기 위한 지침

(2) 자진신고자는 과징금을 감면 또는 감경받는다!

EU 집행위원회는 카르텔 자진신고자에 대한 과징금 감면 또는 감경 제도를 운영하고 있다. 이를 일반적으로 리니언시 제도라고 한다. EU 집행위원회가 조사를 개시하기 전에 자진신고가 이루어진 경우에는 과징금이 감면되며, EU 집행위원회가 조사를 실시한 이후에 자진신고한 경우에는 그 순위에 따라 〈표 31〉과 같이 과징금 감경 비율이 달라진다.

표 31_ **과징금 감면 및 감경 비율**

조사 이전	조사 이후		
	1순위	2순위	3순위 이하
100% 감면	30~50%	20~30%	최대 20%

* 출처 : EU 집행위원회(Leniency notice)

과징금을 감면받기 위해서는 EU 집행위원회가 조사를 개시할 수 있을 정도의 증거를 제출하거나, EU 집행위원회가 충분한 증거를 가지고 있지 않은 시점에 법위반을 증명할 수 있는 증거를 제출해야 한다. 또한 과징금을 감면 또는 감경을 받기 위해서는 ① EU 집행위원회의 최종 결정 시까지 계속해서 충분하고 신속하게 협조할 것, ② 자진신고 후 즉시 카르텔 참여를 중단할 것, ③ 카르텔 증거를 파기·위조·은닉하지 말 것, ④ 자진신고 사실 및 그 내용을 외부에 공개하지 말 것의 요건을 충족해야 한다.

한편, EU 경쟁법에는 카르텔에 가담한 개인에 대한 형사처벌criminal sanction 조항이 포함되어 있지 않다. 그러나 일부 회원국은 카르텔 가담자에 대한 형사처벌 조항을 두고 있는데, 유럽경쟁네트워크 플러스 지침ECN+ directive121은 그러한 회원국의 경쟁 당국에 자진신고를 하고 과징금 감면 요건 등 일정 요건을 충족하는 경우에는 해당 기업의 전·현직 임직원을 형사처벌로부터 보호하도록 회원국에 요구하고 있다.

(3) 화해제도 : 과징금 10% 추가 감경!

기업이 EU 집행위원회의 조사 내용을 모두 인정하고 소송을 제기하지 않기로 약속할 경우, EU 집행위원회는 사건을 신속히 처리할 수 있고 행정자원을 다른 사건에 효율적으로 활용할 수 있게 된다. 이러한 절차적 효율성에 대한 대가로 EU 집행위원회는 화해절차에 참여한 기업에 과징금 10% 감경 혜택을 제공한다.

화해제도는 기업의 권리가 아니며, 특정 사건에 화해절차를 적용할지 여부는 EU 집행위원회가 결정한다. 만약 EU 집행위원회가 특정 사건에 화해제도를 적용하기로 결정한 경우, 피조사기업들에게 참여 의사를 묻게 된다. 따라서 하나의 사건에서 조사 대상 기업들 중 일부 기업들만 화해절차에 참여하는 사례가 발생할 수 있는데, 이 경우 해당 기업들에 대해서만 화해절차가 적용되고 다른 미참여 기업들에는 일반 절차가 적용된다.

리니언시 제도는 EU 집행위원회가 카르텔 증거를 수집하기 위한 도구

....

121 DIRECTIVE (EU) 2019/1 OF THE EUROPEAN PARLIAMENT AND OF THE COUNCIL of 11 December 2018 to empower the competition authorities of the Member States to be more effective enforcers and to ensure the proper functioning of the internal market

Antitrust: Commission fines three EU railway companies €48 million for customer allocation cartel

Brussels, 20 April 2021

The European Commission has fined railway companies **Österreichische Bundesbahnen (ÖBB), Deutsche Bahn (DB)** and **Société Nationale des Chemins de fer belges / Nationale Maatschappij der Belgische Spoorwegen (SNCB)** a total of €48 million for breaching EU antitrust rules.

The breakdown of the fines imposed on each company is as follows:

Company	Reduction under Leniency Notice	Reduction under Settlement Notice	Fine (€)
ÖBB	100 %	10 %	0
DB	45 %	10 %	48 324 000
SNCB	30 %	10 %	270 000

그림 45 ..... **철도 화물 카르텔 사건 과징금 산정**(출처 : EU 집행위원회)

인 반면, 화해제도는 절차적 효율성을 달성하기 위한 수단이라는 점에서 차이가 있다. 두 제도는 별개의 제도이기 때문에 리니언시를 신청하지 않은 기업도 화해절차에 참여할 수 있으며, 리니언시를 신청한 기업도 화해절차에 참여할 수 있다. 따라서 EU 집행위원회의 조사가 개시된 이후 리니언시를 신청한 기업은 화해절차에도 참여해서 과징금을 추가적으로 감경받을 수 있다.

예를 들어, 2021년 4월 EU 집행위원회는 독일 DB[Deutsche Bahn], 벨기에 SNBC[Société nationale des chemins de fer belges], 오스트리아 ÖBB[Österreichische Bundesbahnen]의 3개 철도회사 간 화물 운송 담합을 적발하고 약 48백만 유로의 과징금을 부과한 바 있다. 〈그림 45〉에서 알 수 있듯이, 이 사건에서 ÖBB는 첫 번째 자진신고자로서 과징금을 전액 감면받았다. DB와 SNCB는 후순위 자진신고자로서 과징금을 각각 45%, 30% 감경받았을 뿐만 아니라, 법위반 사실을 모두 인정함에 따라 화해절차가 적용되어 추가적으로 과징금을 10%씩 감경받았다.

(4) 경쟁업체와의 합의에 대해 카르텔 규제가 면제될 수 있다?

1) 규제 면제 요건

De Minimis 고시[122]에 따르면, 합의에 참여한 경쟁업체들의 시장점유율 합계가 10% 이하인 경우 시장에 미치는 영향이 미미해서 경쟁을 제한할 가능성이 없는 것으로 추정되는데, 이를 안전지대safe harbor라고 한다. 다만, 경쟁제한을 목적으로 하는 경성제한hardcore restriction[123] 합의는 시장점유율 합계가 10% 이하이더라도 안전지대가 적용되지 않는다.[124]

한편, 시장에 영향을 미치는 수평적 합의이더라도 경성제한이 아닌 한 비용 절감, 투자 확대, 기술 혁신, 리스크 회피 등 긍정적 효과가 발생할 수 있다. 이에 따라 EU 집행위원회는 경쟁업체 간에 공동으로 연구개발, 생산, 구매, 상업화를 하는 경우 시장점유율 합계를 기준으로 TFEU 제101조 제3항을 적용해서 카르텔 규제를 면제한다. <표 32>에서 보는 바와 같이, 합의에 참여한 경쟁업체의 시장점유율 합계가 공동 연구개발은 25% 이하, 공동 생산은 20% 이하, 공동구매는 구매시장과 판매시장에서 모두 15% 이하, 공동 상업화는 15% 이하인 경우 카르텔 규제가 적용되지 않는다.

....

122 Notice on agreements of minor importance which do not appreciably restrict competition under Article 101(1) of the Treaty on the Functioning of the European Union

123 합의의 목적이 경쟁을 제한하는 것으로 가격 고정, 생산 제한, 시장 분할, 입찰 담합 등을 의미한다.

124 그러나 경성제한 합의에 해당하더라도 시장점유율 합계가 5% 이하이고 매출액 합계가 4천만 유로 이하인 경우에는, 회원국 간 거래trade에 영향을 미치지 않는다고 보아 카르텔 규제를 적용하지 않는다.

표 32_ 유형별 카르텔 규제 면제 기준

합의 유형	합의 대상	시장점유율 합계
연구개발 R&D	상품·기술의 공동 연구개발, 결과물의 공동 활용, 연구개발 아웃소싱 등	25%
생산 production	일방특화[125], 쌍방특화[126], JV 설립, 당사자 간 하도급 등	20%
구매 purchasing	JV 설립, 계약 등을 통한 공동구매	15% (상·하방)
상업화[127] commercialization	판매, 유통, A/S, 광고 등 협력	15%
표준화 standardization	상품, 생산 방식, 서비스 등이 준수해야 할 기술적 또는 질적 요건	별도 요건

* 출처 : EU 집행위원회(HBER, HGL)

또한 표준화 합의standardization agreement는 표준 설정 기구의 규칙이 4가지 요건을 모두 충족하는 경우 경쟁을 제한하지 않는 것으로 추정된다. 요건은 ① 표준 설정 절차에 제약이 없어 관련 시장의 경쟁업체 누구나 참여할 수 있을 것unrestricted participation, ② 표준 설정 절차가 투명하고 공개되어 누구든지 표준 설정 절차에 대한 정보를 효과적으로 알 수 있을 것transparent procedure, ③ 표준 준수 의무가 없을 것No obligation to comply, ④ 공정하고 합리적이며 비차별적인 조건으로 표준을 이용할 수 있을 것FRAND terms을 의미한다.

··········

125 합의에 참여한 기업들 중 한 기업이 제품 생산을 전부 또는 일부 중단하고 다른 기업으로부터 제품을 구매하는 경우를 의미한다.
126 합의에 참여한 기업들 간에 생산을 전부 또는 일부 중단할 제품을 각각 결정한 후 해당 제품을 상대 기업들로부터 구매하는 경우를 의미한다.
127 상업화는 판매, 유통, 마케팅을 통칭한다.

2) HBER 및 HGL 개정 동향

EU 집행위원회는 2011년부터 시행된 현행 HBER과 HGL에 대한 개정 작업을 진행 중이며, 개정 작업이 완료되면 2023년 1월부터 시행될 예정이다. 2022년 3월에 발표된 개정안의 주요 내용을 살펴보면 다음과 같다.[128]

① **연구개발 합의** : 기존 제품이나 기술의 개선 정도가 아니라 완전히 새로운 제품이나 기술의 개발을 위한 연구개발 합의의 경우, 혁신경쟁competition in innovation을 보호하기 위해 해당 연구개발과 유사한 수준의 3개 이상의 다른 경쟁 연구개발이 존재하지 않으면 더 이상 카르텔 규제가 면제되지 않는다.

② **생산 합의** : 2개 기업 이상의 기업들 간에도 일방특화unilateral specialization의 개념이 적용된다는 점을 명확히 했다. 또한 생산되는 제품이 완제품이 아닌 중간재intermediary product로서, 중간재를 자신의 제품 생산에 사용하는 경우, i) 해당 중간재 시장에서 합의 기업들의 시장점유율 합계가 20% 이하이고, ii) 중간재를 투입해서 생산되는 상품 시장에서 합의 기업들의 시장점유율 합계도 20% 이하인 경우에 카르텔 규제가 면제된다는 점을 명문화했다.

③ **구매 합의** : 구매 합의의 개념에 구매가격 등 구매 조건만을 공동으로 협상하고 실제 구매는 개별 기업별로 이루어지는 경우도 포함된다는 점을 명확히 규정했다. 또한 구매 합의와 수요자 담합buyer cartel 간 차이점을 명확히 설명하고 있다. 수요자들이 공동으로 공급자와 가격

---

128 개정안 원문은 EU 경쟁총국의 Public Consultation 사이트(https://ec.europa.eu/competition-policy/public-consultations/2022-hbers_en)에서 확인할 수 있다.

협상을 하는 구매 합의와 달리, 수요자 담합은 수요자들이 개별적으로 공급자와 구매 협상을 벌이기 전에 다른 수요자들과 가격 등 구매 조건에 합의하는 것으로서, 참여 기업들의 시장점유율과 관계없이 그 행위의 목적 자체가 경쟁을 제한하는 경성카르텔에 해당한다.

④ **상업화 합의** : 농산품을 공동으로 상업화하는 합의에 대해서는 TFEU 제101조가 적용되지 않음을 설명하고 있다.[129] 한편, 프로젝트의 규모나 복잡성 등으로 인해 개별 기업이 혼자서는 입찰에 참여할 수 없지만 컨소시엄 등을 구성해서 공동으로 입찰에 참여할 수 있는 경우에는 컨소시엄에 참여한 기업 간 경쟁관계가 성립하지 않기 때문에 카르텔 규제가 적용되지 않는다는 점도 명시하고 있다.

⑤ **정보교환** : 경쟁업체 간 상업적으로 민감한 정보를 교환하고, 이 정보가 경쟁업체의 미래 전략에 대한 불확실성을 줄여주는 경우 카르텔에 해당할 수 있다. HGL은 이러한 정보에 해당할 수 있는 사례를 예시하고 있는데 가격책정 방식, 현재와 미래의 생산능력, 현재와 미래 사업전략, 금융상품 입찰전략 등을 들고 있다.

⑥ **지속가능 합의** : 지속가능 합의 항목section을 신설해서 경쟁업체 간에 기후변화, 인권 존중, 동물 보호 등 지속가능 표준sustainability standard을 설정하는 합의를 하는 경우 가격 고정, 다른 표준 봉쇄, 경쟁업체 배제 등과 같은 경쟁제한 효과가 발생할 수 있음을 설명하고 있다. 아울러 지속가능 표준 합의가 카르텔 규제를 받지 않기 위해 필요한 조건들을 나열하고 있다.

----

129 대신 '농산물 시장의 공동조직화 규정Regulation (EU) No 1308/2013 establishing a common organisation of the markets in agricultural products'이 적용된다.

(5) 거래 상대방과의 합의도 카르텔 규제가 면제될 수 있다!

1) 규제 면제 요건

De Minimis 고시는 수직적 합의에 참여한 기업의 각 거래 단계별 시장 점유율이 각각 15% 이하인 경우 경쟁을 제한하는 효과가 없는 보아 규제 대상에서 제외(안전지대)하고 있다.

또한 안전지대에 속하지 않더라도 수직적 합의가 다음 3가지 요건을 충족할 경우 카르텔 규제 대상에서 제외된다.

① 가격 고정, 시장분할 등 경성제한(VBER 제4조)을 내용으로 하지 않을 것
② 경쟁 제품 취급 금지[non-compete] 제한(VBER 제5조)을 내용으로 하지 않을 것
③ 판매업체와 구매업체가 각각 판매 및 구매 시장에서 차지하는 시장 점유율이 모두 30% 이하인 경우

2) 경성제한 및 경쟁 제품 취급 금지 합의

한편, EU 집행위원회는 수직적 합의 중 경성제한에 해당하는 유형을 나열하고 있다(VBER 제4조). 따라서 다음의 경성제한을 포함하는 합의는 기업의 시장점유율에 관계없이 경성제한에 한정하지 않고 합의 전체에 대해 카르텔 규제 면제를 적용하지 않는다.

① **재판매가격 유지**[resale price maintenance] : 공급업체가 구매업체의 판매가격을 고정하거나 최저 재판매가격을 설정

EU 경쟁법의 이해

② **배타적 유통**exclusive distribution : 구매업체가 능동 판매active sales[130] 또는 수동 판매passive sales[131]할 수 있는 지역이나 고객 그룹을 공급업체가 제한[132]

③ 선별적 유통방식selective distribution[133]하에서 승인된 소매 유통업체의, 최종 사용자에 대한 능동 판매 또는 수동 판매를 제한

④ 선별적 유통방식하에서 승인된 유통업체들 간의 교차 판매를 제한

⑤ 부품 공급업체와 구매업체 간에 공급업체가 최종 사용자, 수리업체 등에게 직접 부품을 판매하지 못하도록 합의

또한 전체 합의 중 일부 조항이 다음과 같은 경쟁 제품 취급 금지 제한을 포함하는 경우에는 이 제한 부분에 한정해서 카르텔 규제 면제가 적용되지 않는다.

① 5년 초과 또는 무기한의 경쟁 제품 취급 금지 의무

② 계약 종료 후 구매업체가 경쟁 제품을 제조, 구매, 판매하지 못하도록 제한

··········

130 우편 또는 이메일 발송, 방문, 미디어 또는 인터넷 광고 등을 통해 특정 고객 또는 특정 지역의 고객에게 적극적으로 접근하는 것을 의미한다.

131 고객의 자발적 요청에 대응해 수동적으로 상품을 판매하는 행위를 의미하며, 인터넷 판매는 수동 판매로 간주된다.

132 다만, 공급업체의 구매업체에 대한 다음 4가지 제한은 허용된다. ① 다른 구매업체에게 할당된 지역·고객 그룹을 대상으로 한 능동 판매 제한, ② 도매업체의 최종 사용자에 대한 판매 제한, ③ 선별적 유통방식이 채택된 지역 내에서 승인 유통업체의 미승인 유통업체에 대한 판매 제한, ④ 공급업체 제품과 동일한 유형의 제품을 제조하려는 수요자에 대한 부품 판매 제한

133 공급업체가 특별한 요건을 갖추어 승인을 받은 유통업체에게만 상품이나 서비스를 공급하고, 승인받은 유통업체는 미승인 유통업체에게는 상품이나 서비스를 판매할 수 없는 유통방식을 의미한다.

③ 선별적 유통방식하에서 승인 유통업체에게 특정 경쟁 공급업체의
제품을 판매하지 못하도록 제한

한편, EU 집행위원회는 경쟁법과 별개로 2018년 12월부터 지역 차단
금지 규정geo-blocking regulation을 시행하고 있다.[134] 이 규정은 특히 온라인 전자
상거래에서 소비자를 국적이나 주소지에 따라 차별하는 행위를 금지한다.
대표적으로 다른 회원국에 거주하는 소비자에 대해 인터넷 쇼핑몰 접속을
차단하거나 소비자가 거주하고 있는 국가의 웹사이트로 이동re-routing시키는
사례, 다른 국가의 소비자에 대해서는 신용카드 결제를 차단하는 사례가
금지 행위에 해당된다.

3) VBER 및 VGL 개정 동향

한편, EU 집행위원회는 2020년부터 VBER과 VGL에 대한 개정 작업
을 진행해왔는데, 2021년 7월 개정안을 발표하고 2022년 5월 10일 새로운
기준을 최종 채택했다. 개정된 기준은 2022년 6월부터 시행되고 있다. 기
존 기준은 2010년부터 시행되었는데, 개정된 기준은 2010년 이후 전자상
거래, 온라인 플랫폼의 급성장 등과 같은 그간의 시장상황을 반영해서 규
제 면제 범위를 일부 조정했다. 주요 내용을 살펴보면 다음과 같다.[135]

··········

134 Regulation (EU) 2018/302 on addressing unjustified geo-blocking and other forms
of discrimination based on customer's nationality, place of residence or place of
establishment within the internal market.

135 새로 개정된 기준은 EU 경쟁총국 홈페이지 "Block Exemptions–Vertical Agreements"
(https://ec.europa.eu/competition-policy/antitrust/legislation/vertical-block-exemptions_en)
참조

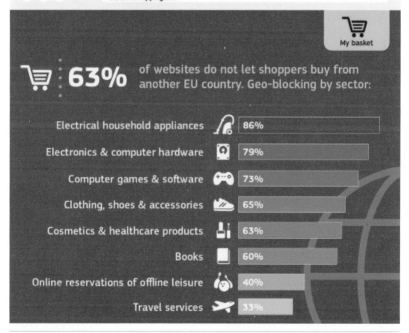

그림 46 ..... **지역 차단 금지 규정 입법 배경**(출처 : EU 집행위원회)

① **이중 유통**^{double distribution} : 이중 유통은 공급업체가 상품·서비스를 제3
의 유통업체를 통해 판매하면서 동시에 자신이 직접 최종 고객을 대
상으로 판매하는 방식을 의미한다. 이 경우, 공급업체와 제3의 독립
유통업체 간 경쟁 관계가 성립하기 때문에 수평적 경쟁제한 이슈가
발생할 수 있다. 이에 따라 개정 기준에서는 이중 유통을 하는 공급
업체와 그 유통업체 간에 유통 계약의 이행과 직접적으로 관련이 없
는 정보를 교환하는 경우 안전지대에서 제외하고, 수평적 경쟁제한
이슈가 있는지 평가하도록 하고 있다.

또한 온라인 플랫폼이 입점업체의 상품·서비스를 중개^{intermediation}하
는 경우뿐만 아니라 자신의 상품·서비스를 판매하는 경우에도 온라
인 플랫폼과 입점업체 간에 경쟁 관계가 성립할 수 있기 때문에, 온
라인 플랫폼과 입점업체 간의 수직적 계약은 VBER의 면제 혜택을
누릴 수 없도록 했다.

② **최혜국 대우**^{parity obligation or MFN(Most Favored Nation)} : 특정 온라인 플랫폼 업체
가 계약 상대방에게 계약 상대방의 자체 웹사이트, 경쟁 온라인 플
랫폼 등 다른 유통 채널과 비교해서 동일하거나 보다 유리한 거래
조건을 요구하는 것을 최혜국 대우라고 한다. 현행 VBER은 모든
형태의 최혜국 대우 조항을 안전지대로서 규제에서 면제하고 있다.
그러나 온라인 중개 서비스를 통한 유통이 급성장하고 최종 사용자
에게 판매되는 거래 조건, 즉 소매 단계에서 최혜국 대우 조항의 경
쟁제한 문제에 대한 회원국들의 경쟁법 집행이 강화되고 있는 상황
을 고려해서, 개정 기준은 경쟁 온라인 플랫폼을 상대로 한 소매 단
계에서의 최혜국 대우 조항은 면제 범위에서 제외했다. 다만, 도매
단계에서의 최혜국 대우 조항, 그리고 소매 단계이더라도 거래 상대

방의 자체 웹사이트를 상대로 한 최혜국 대우 조항[136]은 계속해서 면제 혜택을 누리게 된다.

③ **능동 판매 제한** : 배타적 유통방식하에서 공급업체는 지역·고객 그룹별로 최대 5개까지[137] 유통업체를 선정하고 지역·고객 그룹을 넘어서는 유통업체 간 능동 판매를 제한할 수 있게 되었다.

④ **온라인 판매 제한 조치** : 온라인 유통이 급성장함에 따라 오프라인 유통 대비 온라인 유통을 보호하기 위한 기존 조치들을 폐지했다. 이에 따라 공급업체는 정당한 사유가 있는 경우 동일한 유통업체에게 온라인 판매상품의 도매가격을 오프라인 판매 상품의 도매가격과 다르게 설정dual pricing할 수 있게 되었다. 또한 선별적 유통방식하에서 공급업체는 온라인 유통업체 자격 요건을 오프라인 유통업체들과 동등한 수준equivalence principle으로 맞출 필요가 없게 되었다.

⑤ **경성제한 기준** : 유통업체의 인터넷을 통한 상품·서비스 판매를 제한할 목적으로 이루어지는 공급업체의 수직적 제한(예: 검색엔진 광고 또는 가격 비교 서비스 이용 제한 등)은 경성제한에 해당된다는 점을 명확히 규정했다.

(6) 디지털 플랫폼 노동자의 단체협약은 카르텔 규제 면제!

2021년 12월 EU 집행위원회는 경제의 디지털화가 급속히 진전되면서 플랫폼을 통해 노동력을 제공하는 플랫폼 노동자들의 소득수준 등 근로조

----

136 이를 협의의 최혜국 대우 조항이라고 한다.
137 개정 전의 기준에서는 지역·고객 그룹별로 유통업체 수가 몇 개까지 허용되는지가 불분명했다.

건을 개선하기 위한 2가지 정책을 발표했다.

첫째, EU 집행위원회는 '플랫폼 노동자 근로조건 개선 지침Directive on improving working conditions in platform work' 제정안을 발표했으며, 2022년 8월 현재 유럽 의회와 EU 이사회가 법안을 심의 중이다.

둘째, EU 집행위원회는 경쟁정책 차원에서 플랫폼 노동자 등 1인 자영업자solo self-employed persons가 근로조건 개선을 위해 사용자와 체결하는 단체 협약collective agreement에 대해서는 카르텔 규제를 면제하는 내용의 가이드라인 제정안을 발표했다.[138] 이 가이드라인은 온라인, 오프라인을 구분하지 않고 일정한 유형의 1인 자영업자에 대해 모두 적용된다.

자영업자는 EU 경쟁법상 규제 대상인 사업자undertaking의 개념에 포함되고 TFEU 제101조는 사업자 간 경쟁을 제한하는 계약 체결을 금지하고 있기 때문에, 그간 1인 자영업자들이 사용자와 단일의 보수 계약 등을 내용으로 하는 단체협약을 체결하는 것이 EU 경쟁법상 허용될 수 있는지에 대해 불분명한 측면이 있었다.

이러한 불확실성을 해소하기 위해 EU 집행위원회는 일정한 유형의 1인 자영업자가 근로조건 개선을 위해 체결한 단체협약에 대해서는 카르텔 규제가 적용되지 않는다는 점을 가이드라인에 명시했다.

첫째, 1인 자영업자가 근로자에 준하는 경우이다. 그간 EU 사법재판소는 근로자와 사용자 간의 근로조건 개선을 위한 단체협약뿐만 아니라, 자영업자가 근로자에 준하는 지위에 있는 경우에는 자영업자와 사용자 간 단

----

138 가이드라인의 공식 명칭은 '1인 자영업자의 근로조건 개선에 관한 단체협약 관련 경쟁법 적용 가이드라인Guidelines on the application of EU competition law to collective agreements regarding the working conditions of solo self-employed persons'이다.

EU 경쟁법의 이해

체협약에도 EU 경쟁법상 카르텔 규제가 적용되지 않는다는 입장을 견지해 왔다. 이러한 판례에 기초해서, EU 집행위원회는 〈표 33〉에서 보는 바와 같이 1인 자영업자를 근로자에 준한다고 간주할 수 있는 경우를 3가지로 구체화하고, 이러한 요건을 충족하는 1인 자영업자들이 근로조건 개선을 위해 사용자와 체결한 단체협약은 TFEU 제101조가 적용되지 않음을 명확히 했다.

표 33_ **카르텔 규제가 면제되는 1인 자영업자의 단체협약**

① 근로자에 준하는comparable to workers 경우
- 1인 자영업자가 소득의 50% 이상을 하나의 사용자에 의존하는 경우
- 1인 자영업자가 근로자들과 함께 동일한 사용자에게 동일 또는 유사한 업무를 제공하는 경우
- 1인 자영업자가 디지털 노동 플랫폼을 통해 또는 그 플랫폼에 서비스를 제공하는 경우
② 협상 파트너에 비해 협상력이 열위imbalanced negotiating position에 있는 경우
- 1인 자영업자가 특정 산업 전체를 대표하는 단체와 협상을 하거나, 사용자의 연매 출액이 2백만 유로 이상이거나 근로자 수가 10명을 초과하는 경우
- 회원국 법률 또는 EU 법률에서 1인 자영업자의 단체협상 권리를 인정하고 있거나, 회원국 경쟁법 적용이 면제되어 있는 경우

둘째, EU 집행위원회는 1인 자영업자가 근로자에 준하는 지위에 있지 않더라도, ① 단체협상의 파트너인 사용자와 협상력bargaining power 차이가 현저해서 대등한 입장에서 근로조건 개선을 위한 협상을 진행할 수 없는 경우, ② 1인 자영업자의 협상력 열위 문제를 해결하기 위해 회원국 또는 EU 법률[139]에서 1인 자영업자에게 단체협상 권리를 부여하고 있거나, 회원국

....
139 대표적으로 EU 저작권 지침copyright directive은 공정하고 적절한 수준의 보상을 위해

의 경쟁법 적용이 면제되어 있는 경우에는 첫 번째 경우와 동일하게 EU 경쟁법상 카르텔 규제를 적용하지 않기로 결정했다.

EU 집행위원회는 2021년 12월 9일부터 2022년 2월 24일까지 개정안에 대한 이해관계자 의견 수렴 절차를 진행했으며, 수렴된 의견을 기초로 2022년 말까지 가이드라인 제정안을 확정하고 시행할 예정이다.

(7) 과거 카르텔 조사 · 제재 실적은 얼마나 되나?

〈표 34〉는 1990년 이후 EU 집행위원회의 카르텔 사건 및 과징금 부과 내역이다. 2015년부터 2019년까지 부과된 과징금(8,233백만 유로)은 1990년부터 1995년까지 부과된 과징금(344백만 유로)에 비해 그 규모가 약 24배 증가했는데, 이는 카르텔에 대한 EU 집행위원회의 경쟁법 집행이 크게 강화되어 왔음을 나타낸다.

표 34_ EU 집행위원회 카르텔 법 집행 통계

기간	사건 수	관련 기업 수	과징금(백만 유로)
1990~1994	10	185	344
1995~1999	9	45	270
2000~2005	29	156	3,157
2005~2009	33	199	7,863
2010~2014	31	180	7,598
2015~2019	26	107	8,233
2020~2021	14	34	2,034

* 출처 : EU 집행위원회(Cartel Case Statistics)

··········

작가와 공연자의 단체협약 권리를 인정하고 있다.

EU 경쟁법의 이해

한편, 2010년 이후 사건을 화해, 하이브리드, 일반 절차, 재결정 등 사건처리에 적용된 절차를 기준으로 구분해볼 수 있다. 하이브리드는 하나의 사건에서 일부 기업에는 화해절차가 적용되고 일부 기업에는 일반 절차가 적용된 경우를 의미한다. 재결정은 EU 법원의 일부 패소 결정에 따라 EU 집행위원회가 재결정한 경우를 의미한다. 〈표 35〉에서 알 수 있듯이, 거의 대부분의 사건에 화해절차나 하이브리드 절차가 적용되며, 이는 EU 집행위원회가 신속한 사건처리를 위해 화해절차를 선호하고 피조사 대상 기업들도 과징금을 감경받기 위해 법위반 사실을 인정하고 화해절차를 신청하기 때문인 것으로 해석할 수 있다.

표 35_ 사건처리 절차 기준에 따른 사건 구분

기간	화해	하이브리드	일반	재결정	합계
2010~2014	17	11	1	2	31
2015~2019	15	4	4	3	26
2020~2021	6	3	2	3	14

* 출처 : EU 집행위원회(Cartel Case Statistics)

과징금은 기업의 전년도 전 세계 매출액의 10%[140]까지 부과될 수 있다. 〈표 36〉은 2006년 9월부터 2021년 6월까지 과징금이 부과(리니언시 적용으로 과징금이 감면된 기업은 제외)된 376개 기업에 대한 매출액 대비 과징금 비중을 나타낸다. 전술한 리니언시 및 화해절차 적용에 따라 과징금이 상당부분 감경되어, 67.6%에 해당하는 기업에 매출액 대비 2% 미만의 과징금이 부과되었다. 반면, 자진신고를 하지 않거나 법위반 사실을 인정하지 않

··········

140 구체적인 과징금 규모는 Guidelines on the method of setting fines imposed pursuant to Article 23(2)(a) of Regulation No 1/2003에 따라 산정된다.

아 최고 구간인 매출액 대비 8% 이상의 과징금을 부과받은 기업들도 8.2%로 적지 않다. 기업이 카르텔에 참여한 경우에는 리니언시 및 화해절차의 활용을 적극적으로 검토하고, 반복 위반 시에는 과징금이 가중되므로 경쟁법 위반 행위가 재발하지 않도록 각별히 유의할 필요가 있다.

표 36_ 전 세계 매출액 대비 과징금 비율

과징금 구간	0~1.99	2~3.99	4~5.99	6~7.99	8~9.99	합계
기업 수	254	36	27	28	31	376
기업 비중(%)	67.6	9.6	7.2	7.4	8.2	100.0

* 출처 : EU 집행위원회(Cartel Case Statistics)

(8) 최근의 카르텔 조사 · 제재 동향은?

1) 수평적 카르텔 조사 · 제재 내역

2019년 12월 임기를 시작한 현 EU 집행위원회는 2022년 7월 현재까지 총 14건의 경쟁업체 간 카르텔을 적발해서 제재했다. 각 사건의 관련 시장 및 과징금 부과 내역은 〈표 37〉과 같다.

표 37_ 현 EU 집행위원회의 수평적 카르텔 제재 내역

조치일	관련 시장	관련 회사	과징금(백만 유로)
2020. 7.	에틸렌	Clariant 등 4개사	260.4
2020. 9.	자동차 부품	Brose 등 3개사	18
2020. 12.[141]	음식 포장	CCPL	9.4
2021. 4.	철도 화물	ÖBB 등 3개사	48

··········

141 이 사건은 2015년 6월 EU 집행위원회의 과징금 부과 결정에 대해 2019년 7월 EU 일반법원이 과징금 산정에 오류가 있음을 지적하자, 2020년 12월 EU 집행위원회가 오류를 시정해서 과징금을 재부과한 사건이다.

2021. 4.	SSA 채권(금융상품)	Deutsche Bank 등 4개사	28
2021. 5.[142]	YIRD(금융상품)	ICAP plc 등 3개사	6.5
2021. 5.	EGB(금융상품)	UBS 등 5개사	371
2021. 6.[143]	EIRD(금융상품)	HSBC Holdings 등 3개사	31.8
2021. 7.	자동차 배기가스	Daimler 등 3개사	875
2021. 11.[144]	캔 채소	Conserve Italia	20
2021. 12.	외환거래	UBS 등 5개사	344
2021. 12.	에탄올	Abegona 등 2개사	20
2022. 1.[145]	통신	Telefonica 등 2개사	79
2022. 7.	금속 캔, 뚜껑	Crown 등 2개사	31.5

* 출처 : EU 집행위원회(Case Search)

업종별로 살펴보면 EU 집행위원회가 자동차 부품 시장에서의 카르텔을 계속해서 적발하고 있는 점이 가장 눈에 띈다. 〈그림 47〉은 자동차 부품별로 EU 집행위원회가 카르텔을 적발해서 제재한 내역을 나타내고 있는데, 2013년 이후 총 22억 유로의 과징금을 부과했다.

....

142 이 사건은 2015년 2월 EU 집행위원회의 과징금 부과 결정에 대해 2017년 11월 EU 일반법원이 법위반 기간, 과징금 산정 등에 오류가 있음을 지적하자, 2021년 5월 EU 집행위원회가 오류를 시정해서 과징금을 재부과한 사건이다.

143 이 사건은 2016년 12월 EU 집행위원회의 과징금 부과 결정에 대해 2019년 9월 EU 일반법원이 과징금 산정에 오류가 있음을 지적하자, 2021년 6월 EU 집행위원회가 오류를 시정해서 과징금을 재부과한 사건이다.

144 2019년 9월 EU 집행위원회는 카르텔에 가담한 3개 경쟁업체들에 대해서는 이미 31.6 백만 유로의 과징금을 부과했다. 카르텔에 가담한 4개사 중 상기 3개사는 카르텔 가담 사실을 인정해서 화해절차가 적용되었으나, Conserve Italia는 법위반 사실을 인정하지 않아 일반 절차가 적용되어 별도로 사건이 처리되었다.

145 이 사건은 2013년 1월 EU 집행위원회의 과징금 부과 결정에 대해 2016년 6월 EU 일반법원이 과징금 산정에 오류가 있음을 지적하자, 2022년 1월 EU 집행위원회가 오류를 시정해서 과징금을 재부과한 사건이다.

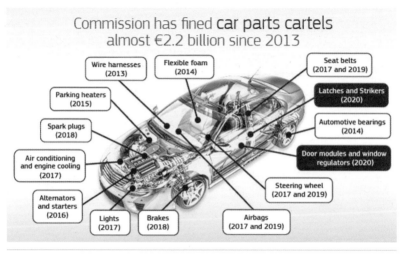

그림 47 ..... **자동차 부품 카르텔 제재 내역**(출처 : EU 집행위원회)

2) 수직적 카르텔 규제 강화

최근 EU 집행위원회는 EU 단일시장을 유지·강화하는 데 방해가 되는 시장분할 등 수직적 경성제한 합의에 초점을 두고 법 집행을 강화하고 있다.

Bandai Namco 등 5개 게임개발 업체들은 2010년 9월부터 2015년 10월까지 온라인 게임 플랫폼(Steam) 기업인 Valve에게 게임 라이선스 권한을 판매하면서, 특정 지역 내에서만 온라인 게임이 가능한 활성화 키geo-blocked activation key를 포함시키도록 요구했다. 이에 따라 소비자들은 국경을 넘어서 온라인 게임을 구매하거나 플레이할 수 없게 되었다. EU 집행위원회는 이러한 수직적 시장분할 합의에 대해 2021년 1월 7.8백만 유로의 과징금을 부과했다.

유사하게 스페인 호텔 그룹인 Melia는 2014년부터 2015년까지 4개 여행사들과 호텔 예약 서비스 판매 계약을 체결하면서, 여행사별로 판매 가능 국가를 할당하고 여행사들의 능동 판매와 수동 판매를 제한했다. 이에 EU

EU 경쟁법의 이해

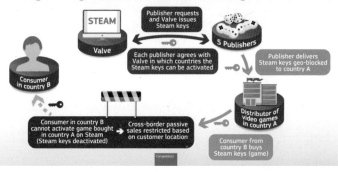

그림 48 ..... **온라인 게임 지역분할 합의**(출처 : EU 집행위원회)

집행위원회는 2020년 2월 Melia에 6.7백만 유로의 과징금을 부과했다.

표 38_ **최근 EU 집행위원회의 수직적 카르텔 제재 내역**

조치일	관련 시장	기업명	위반 행위	과징금(백만 유로)
2018.7.	가전제품	Asus, Philips 등 가전 4개사	재판매가격 유지	111
2019.3.	스포츠 용품	Nike	지역분할	12.5
2020.1.	영화 관련 상품	NBC Universal	지역분할	14.3
2020.2.	호텔 예약	Melia	지역분할	6.7
2021.1.	온라인 게임	Valve와 5개 게임회사	지역분할	7.8

* 출처 : EU 집행위원회(Case Search)

　　시장분할 행위 외에 EU 집행위원회는 재판매가격 유지 합의에 대해서
도 엄격하게 제재하고 있다. Asus(대만), Denon · Marantz(일본), Philips(네
덜란드), Pioneer(일본) 등 4개 가전제품 제조업체들은 2011년부터 2015년까

지 온라인 유통업체들에게 소매 판매가격을 정해주고 이행 여부를 감시해서, 그보다 낮은 가격으로 판매할 경우 공급 중단 등의 위협을 가했다. 이에 대해 EU 집행위원회는 2018년 7월 111백만 유로의 과징금을 부과했다.[146]

3) 코로나 팬데믹 기간 중 현장조사

2020년 2월 유럽지역에서 코로나바이러스가 급속도로 확산되고 각 회원국들이 봉쇄lock-down 조치를 취함에 따라, EU 집행위원회는 2020년 한 해 동안 현장조사dawn-raid를 실시하지 않았다. 그러나 백신 접종이 본격화되면서 확진자 수가 감소함에 따라 2021년 6월부터 현장조사를 개시했다.

과거 EU 집행위원회는 원칙적으로 현장조사 사실을 외부에 공개하지 않았으나, 코로나 위기 상황이 안정화되어감에 따라 현장조사를 재개한다는 점을 외부에 알리기 위해 최근에는 이례적으로 현장조사 이후 보도자료를 배포하고 있다.

표 39_ **코로나 팬데믹 기간 중 카르텔 현장조사**

조사일	관련 시장	기업명	진행 상황
2021. 6.	의류	비공개	예비조사
2021. 10.	목재 펄프		
2021. 11.	방위산업		
2022. 3.	자동차		
2022. 5.	패션		
2022. 6.	식수 · 폐수 처리(입찰 담합)		
2022. 7.	온라인 음식 주문 · 배달		

* 출처 : EU 집행위원회(Case Search)

··········

146 또한 EU 집행위원회는 Pierre Cardin이 자사의 의류 및 액세서리 상품의 생산과 유통을 위해 독일 의류제조업체인 Ahler와 상표권 라이선싱 계약을 체결하면서, 국경을 넘는 거래와 온라인 판매 등을 제한했다는 혐의를 가지고 2022년 1월 공식조사에 착수했다.

Antitrust: Commission carries out unannounced inspections in the defence sector

Brussels, 23 November 2021

On 23 November 2021, the European Commission is conducting unannounced inspections at the premises of a company active in the defence sector.

The Commission has concerns that the inspected company may have violated EU antitrust rules that prohibit cartels and restrictive business practices (Article 101 of the Treaty of the Functioning of the European Union). The Commission officials were accompanied by a counterpart from the relevant national competition authority.

Unannounced inspections are a preliminary step in an investigation into suspected anticompetitive practices. The fact that the Commission carries out such inspections does not mean that the company is guilty of anti-competitive behaviour nor does it prejudge the outcome of the investigation itself.

The Commission fully respects the rights of defence in its antitrust proceedings, in particular the right of companies to be heard.

The inspections have been conducted in compliance with all coronavirus health and safety protocols to ensure the security of those involved.

There is no legal deadline to complete inquiries into anticompetitive conduct. Their duration depends on a number of factors, including the complexity of each case, the extent to which the undertakings concerned cooperate with the Commission and the scope of the exercise of the rights of defence.

그림 49 ..... EU 집행위원회의 카르텔 현장 조사 발표(출처 : EU 집행위원회)

(9) 우리 기업들이 부과받은 과징금 규모는 얼마나 되나?

〈표 40〉에서 보는 바와 같이 2000년 이후 우리 기업들이 카르텔에 가담한 것이 적발되어 EU 집행위원회로부터 부과받은 과징금 규모는 총 11억 8,713만 유로에 달한다. 외국에 진출한 우리 기업들이 현지에서 가격 인상 등을 합의하는 경우는 물론이고, 국내에서 국내 업체 간에 카르텔이 이루어지더라도 해당 제품이 해외에 수출되는 경우에는 수입국의 소비자들이 피해를 볼 수 있기 때문에, 각국의 경쟁 당국은 국제 카르텔을 엄격히 제재하고 있다.

특히 카르텔 참여 기업은 각국 경쟁 당국으로부터 거액의 과징금을 부과받는 것에 그치지 않고, 경쟁 당국의 제재 결정을 기초로 피해를 입은 기업이나 소비자들이 대규모 손해배상소송을 제기하는 것이 일반적이기 때문에 자칫 기업의 존립까지 위태로운 상황에까지 이를 수 있다.[147] 경쟁업

··········

147 2009년 7월 EU 집행위원회는 9개 탄화칼슘 및 마그네슘 기반 시약 업체들의 가격 담

체와는 가격, 생산량, 판매지역 등 경쟁을 제한할 우려가 있는 정보를 교환하거나 논의하지 않도록 유의할 필요가 있다.

표 40_ **EU 집행위원회의 우리 기업 카르텔 제재 내역**

조치일	분야	기업명	과징금(만 유로)
2000. 6.	라이신	제일제당, 대상	1,721
2002. 12.	핵산조미료	제일제당, 대상	502
2010. 5.	D-RAM	삼성전자, 하이닉스	19,719
2010. 12.	LCD	LG디스플레이	21,500
2012. 12.	CRT	LG전자, 삼성SDI	64,236
2014. 4.	고압전선	LS전선, 대한전선	1,750
2014. 9.	스마트카드칩	삼성전자	3,510
2016. 12.	배터리	삼성SDI	5,775[148]

*출처 : EU 집행위원회(Case Search), 공정거래위원회(공정거래백서)

4. 독점력 남용abuse of dominance 규제

TFEU 제102조는 독점적 지위를 보유한 기업의 남용 행위를 금지하고 있다. 독점적 지위에 있는지를 판단하기 위해서는 먼저 경쟁의 범위를 확인하기 위해 상품이나 지리적 범위를 기초로 관련 시장을 획정하게 된다. 시장점유율은 그러한 지위에 있는지를 판단하는 데 유용한 1차적인 지표가 되는데,

....

합 등 카르텔을 적발하고 이 중 NCHZ(슬로바키아)에 19.6백만 유로의 과징금을 부과한 바 있다. 그 직후인 2009년 10월 NCHZ는 과징금 부과 등에 따른 재무적 위험을 이유로 파산을 신청했다. 아울러 NCHZ는 EU 일반법원에 과도한 과징금 부과 등을 이유로 EU 집행위원회의 결정에 대한 취소소송을 제기했으나, 법원은 EU 집행위원회 승소 결정을 내렸다.

148 삼성SDI는 카르텔 사실을 자진신고해서 과징금 5,775만 유로 전부를 감면받았다.

EU 경쟁법의 이해

Competition: Antitrust procedures in abuse of dominance
Article 102 TFEU cases

Article 102 of the Treaty on the Functioning of the European Union (TFEU) prohibits abusive conduct by companies that have a dominant position on a particular market.

An Article 102 case dealt with by the European Commission or a national competition authority can originate either upon receipt of a complaint or through the opening of an own-initiative investigation.

Assessing dominance

The Commission's first step in an Article 102 investigation is to assess whether the undertaking concerned is dominant or not.

Defining the relevant market is essential for assessing dominance, because a dominant position can only exist on a particular market. Before assessing dominance, the Commission defines the product market and the geographic market.

- **Product market**: the relevant product market is made of all products/services which the consumer considers to be a substitute for each other due to their characteristics, their prices and their intended use.
- **Geographic market**: the relevant geographic market is an area in which the conditions of competition for a given product are homogenous.

Market shares are a useful first indication of the whether there are any barriers to this; the existence of countervailing buyer power; the overall size and strength of the company and its resources and the extent to which it is present at several levels of the supply chain (vertical integration).

What is an abuse?

To be in a dominant position is not in itself illegal. A dominant company is entitled to compete on the merits as any other company. However, a dominant company has a special responsibility to ensure that its conduct does not distort competition. Examples of behaviour that may amount to an abuse include: requiring that buyers purchase all units of a particular product only from the dominant company (exclusive purchasing); setting prices at a loss-making level (predation); refusing to supply input indispensable for competition in an ancillary market; charging excessive prices.

Investigation

The Commission's investigative powers
The Commission's investigative powers to enforce Article 102 are detailed in Regulation 1/2003 (the Antitrust Regulation). The Commission is empowered, for example, to:

- Send information requests to companies;
- In the context of an inspection:
  - enter the premises of companies;

그림 50 ..... **독점력 남용 규제 설명 자료**(출처 : EU 집행위원회)[149]

EU 집행위원회는 시장점유율이 40% 미만인 경우에는 독점적 지위에 있지 않다고 판단한다. 시장점유율이 40% 이상인 경우에는 진입장벽, 구매자 대항력countervailing buyer power 존재 여부 등을 종합적으로 고려해서 독점적 지위 여부를 판단한다.

(1) 디지털시장의 공정경쟁 환경 조성 : 빅테크 기업이 타겟

EU 집행위원회는 디지털시장의 경쟁 촉진을 위해 빅테크 기업들의 독점력 남용 행위에 대한 조사와 제재를 강화해나가고 있다. 대표적인 사례로 EU 집행위원회는 2017년부터 2019년까지 3차례에 걸쳐 Google에 총

....

149 EU 경쟁총국 홈페이지, "Antitrust procedures in abuse of dominance"(https://ec. europa. eu/competition-policy/system/files/2021-05/antitrust_procedures_ 102_en. pdf)

그림 51 ..... 2017년 Google Shopping 사건(출처 : EU 집행위원회)

82.5억 유로의 과징금을 부과한 바 있다. 2017년 6월에는 온라인 검색시장
에서의 반경쟁 행위에 대해 과징금 24.2억 유로를 부과했는데, EU 집행위
원회는 Google이 자회사의 쇼핑서비스를 보다 좋은 위치에 노출시키는 방
법으로 자사의 서비스에 특혜를 부여했다고 판단했다(Google Shopping 사건).

　　2018년 7월에는 Android 운영체제operating system, OS 관련 독점력 남용
행위를 적발하고 과징금 43.4억 유로를 부과했는데, EU 집행위원회는
Google이 Android 디바이스 제조업체와 모바일 네트워크 사업자들에게
Google 검색과 브라우저 애플리케이션application을 선탑재하도록 요구하는
등 경쟁제한적인 제약을 가했다고 판단했다(Google Android 사건).

　　마지막으로 2019년 3월에는 Google의 온라인 광고시장에서의 경쟁
제한 행위에 대해 14.9억 유로의 과징금을 부과했는데, EU 집행위원회는
Google이 검색 광고 중개시장에서 고객사들에게 자신과 경쟁하는 다른 온

EU 경쟁법의 이해

그림 52 ..... 2018년 Google Android 사건(출처 : EU 집행위원회)

그림 53 ..... 2019년 Google Adsense 사건(출처 : EU 집행위원회)

Antitrust: Commission imposes interim measures on Broadcom in TV and modem chipset markets

Brussels, 16 October 2019

The European Commission has ordered Broadcom to stop applying certain provisions contained in agreements with six of its main customers. This will prevent serious and irreparable harm to competition likely to be caused by Broadcom's conduct, which *prima facie* (at first sight) infringes EU competition rules.

Margrethe **Vestager**, Commissioner in charge of competition policy, said: "*We have strong indications that Broadcom, the world's leading supplier of chipsets used for TV set-top boxes and modems, is engaging in anticompetitive practices. Broadcom's behaviour is likely, in the absence of intervention, to create serious and irreversible harm to competition. We cannot let this happen, or else European customers and consumers would face higher prices and less choice and innovation. We therefore ordered Broadcom to immediately stop its conduct.*"

Broadcom is the world leader in the supply of chipsets for TV set-top boxes and modems, including so-called systems-on-a-chip. Systems-on-a-chip combine electronic circuits of various components in a single unit, which constitute the "brain" of a set-top box or modem. They are essential to bring the television signals and connectivity to consumers' premises.

In June 2019, the Commission opened an antitrust investigation to assess whether Broadcom restricted competition in various markets for these chipsets and components for so-called central office/head end equipment by means of certain practices, including exclusivity, tying, bundling, interoperability degradation and abusive use of intellectual property rights.

At the same time, the Commission issued a Statement of Objections where it preliminarily concluded that interim measures with respect to certain aspects of Broadcom's conduct may be required to ensure the effectiveness of any final decision taken by the Commission in the future.

그림 54 ..... Broadcom 사건 임시중지명령 부과(출처 : EU 집행위원회)

라인 광고 중개 사업자와 거래하지 못하도록 독점력을 남용했다고 판단했다(Google Adsense 사건).

한편, Google 이외의 다른 빅테크 기업에 대한 경쟁법 집행 실적도 상당하다. 2019년 7월에는 Qualcomm이 3G 관련 베이스밴드baseband 칩셋chipset 시장에서 경쟁사업자를 퇴출시킬 의도로 약탈적 가격을 설정했다고 판단해서 과징금 2.42억 유로를 부과했다. 또한 EU 집행위원회는 TV 셋톱박스set-top box 및 모뎀에 들어가는 시스템 온 칩systems-on-a-chip 제조업체인 Broadcom 이 구매업체들에게 자사 제품만을 구매하도록 강제 또는 유인했다고 판단했다. 결국 Broadcom은 구매업체들과 체결한 계약을 파기하는 시정방안을 제출함으로써 2020년 10월에 사건이 종결되었다. 특히 EU 집행위원회는 조사가 완료되지 않은 상황에서 Broadcom의 경쟁법 위반 행위가 심각하고 회복할 수 없는 피해를 야기한다고 판단해서 계약의 효력을 중단시키는 임시중지명령interim measure을 발동했다. 이 조치는 EU 경쟁법 역사상 약 20년 만에 사용되었다. 마가렛 베스타거 EU 수석부집행위원장은 디지털시장이 네트워크 효과 등으로 인해 특정 기업으로의 쏠림 현상이 심각하다면서, 빅테크 기업의 독점력 남용 행위로 인해 혁신기업 퇴출 등과 같은 회복할 수 없는 피해가 발생할 우려가 있는 경우에는 앞으로도 임시중지명령 제도를 적극 활용하겠다는 입장을 피력했다.

2022년 8월 현재, EU 집행위원회는 Apple[150]과 Amazon[151]의 독점력 남용 행위에 대한 조사를 진행 중이다. Apple은 앱스토어App Store에서 앱 개발회사들에게 자사의 인앱 결제시스템in-app purchase system을 의무적으로 사용하도록 강제하고, 소비자들에게 앱 개발회사의 홈페이지 등에서 디지털 콘텐츠를 구매할 수 있다는 사실을 알리지 못하도록 제한했다는 혐의를 받고 있다. 또한 모바일 결제에 필요한 핵심 기능인 NFCNear Field Communications 기술에 대한 접근을 제한했다는 혐의도 받고 있다. Amazon은 입점 판매업체들의 데이터를 수집해서 자신이 직접 판매하는 상품의 품목, 가격 등을 정하는 데 활용하고, Buy Box와 Prime Label을 자신이 직접 판매하는 상품과 자신의 물류 및 배송 서비스를 이용하는 입점 판매업체들에게만 제공함으로써 경쟁을 제한했다는 혐의를 받고 있다. 2022년 3월에는 Google과 Meta에 대한 새로운 조사를 개시했다. Google은 온라인 디스플레이 광고의 실시간 경매 프로그램Open Bidding Program을 통해 광고주advertiser와 매체publisher를 중개하고

----

150 EU 집행위원회는 음악 스트리밍 서비스 관련 자사 인앱 결제시스템 사용 강제 혐의에 대해 2021년 4월 SO를 채택했다. 또한 NFC 기술 접근 제한 혐의에 대해서도 2022년 5월 SO를 채택했다.
151 EU 집행위원회는 입점업체 비공개 데이터 활용 혐의에 대해 2020년 11월 SO를 채택했다.

있는데, 2018년 9월 Meta는 이 프로그램에 참여하기 위해 Google과 계약[152]을 체결했다. EU 집행위원회는 Google이 이 계약을 광고 기술 서비스advertising technology service 시장에서 경쟁업체들을 배제시키기 위한 수단으로 활용하고 있다는 의심하에서 조사를 벌이고 있다. 최근 5년간 EU 집행위원회가 글로벌 빅테크 기업들의 독점력 남용 행위에 대해 제재를 부과했거나, 현재 조사가 진행인 사건의 조사 내역은 <표 41>과 같다.

표 41_ **글로벌 빅테크 기업 관련 주요 사건**

회사	관련 분야	주요 법위반 내용(혐의)	과징금(유로)	조치일
Google	비교 쇼핑	자사 쇼핑 노출 우대	24.2억	2017. 6.
	Android	검색 및 브라우저 선탑재	43.4억	2018. 7.
	검색 광고	경쟁 검색광고 중개업체 배제	14.9억	2019. 3.
Qualcomm	3G 베이스 밴드 칩셋	약탈적 가격 설정	2.42억	2019. 7.
Broadcom	시스템 온 칩	자사 제품 구매 강제	동의 의결	2020. 10.
Apple	음악 스트리밍	자사 인앱 결제시스템 사용 강제	-	SO 채택 2021. 4.
	e-book, audiobook	자사 인앱 결제시스템 사용 강제	-	조사 개시 2020. 6.
	모바일 결제	NFC 접근 제한	-	SO채택 2022. 5.
Amazon[153]	전자상거래	비공개 입점업체 정보 활용	-	SO 채택 2020. 11.
		Buy Box, Prime Label 관련 차별적 행위	-	조사 개시 2020. 11.

··········

152 Google은 이 계약을 내부적으로 '제다이블루Jedi Blue' 계약이라고 명명한 것으로 알려져 있다.

153 Amazon은 2개 법위반 혐의에 따른 경쟁제한 문제를 해소하기 위해 2022년 7월 EU 집행위원회에 시정방안을 제출했다.

Meta	항목별 광고 classified ad	경쟁업체 데이터의 부적절한 사용	-	조사 중 2021. 6.
Google	디스플레이 광고	자사 광고 기술 서비스 우대, 사용자 데이터 제3자 접근 제한	-	조사 중 2021. 6.
Google· Meta[154]	디스플레이 광고	광고 기술 서비스	-	조사 개시 2022. 3.
		경쟁업체 배제		

(2) 세계 최초의 온라인 플랫폼 규제 법률 : P2B 규정!

EU 집행위원회는 2019년 7월 온라인 플랫폼 공정성·투명성 규정을 제정하고 2020년 7월부터 시행했다.[155] 이 규정은 온라인 플랫폼과 입점업체 등 상업적 이용자business user 간의 거래를 규율한 세계 최초의 법률로서 줄여서 'P2BPlatform-to-Business' 규정이라고 한다.

P2B 규정은 예측 가능하고 투명한 온라인 거래 환경을 조성하고 효과적인 분쟁 해결 시스템을 마련해, 온라인 플랫폼을 이용하는 중소기업을 보호하는 데 그 입법 목적이 있다. EU 집행위원회는 입법 배경으로 EU 내 중소기업의 42%가 온라인 플랫폼을 이용하는데, 이들 중 46%가 온라인 플랫폼과 분쟁을 경험했고, 그 결과 중소기업 피해가 12.7억~23.5억 유로에 이른다는 점을 들고 있다.[156]

· · · · · · · · · ·

154 EU 집행위원회는 독점력 남용(TFEU 제102조)과 카르텔(TFEU 제101조) 금지 조항 모두를 조사 근거로 삼고 있다.

155 공식 명칭은 'Regulation (EU) 2019/1150 of the European Parliament and of the Council of 20 June 2019 on promoting fairness and transparency for business users of online intermediation services'이다.

156 2019년 2월 14일, EU 집행위원회 보도자료, "Digital Single Market: EU negotiators agree to set up new European rules to improve fairness of online platforms' trading practices"(https://ec.europa.eu/commission/presscorner/detail/en/IP_19_1168)

WHY DO WE NEED NEW RULES?

ONLINE INTERMEDIATION SERVICES:

Nearly half of business users (**46%**) experience problems with online intermediation services throughout their business relationship[1]

1 out of 5 businesses often experiences problems

Heavy users (businesses generating more than **50%** of their turnover via online platforms) are far more likely to:

Experience problems (**75%**)

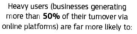

and more frequently (**32%**)

ONLINE SEARCH ENGINES:

The top 5 search results attract **88%** of clicks,

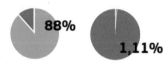

while results below the 10th ranking position have only a **1.11%** chance of being clicked on

66% of EU SMEs state that their ranking in online search engines has a significant impact on their sales

그림 55 ..... **P2B 규정 입법 배경**(출처 : EU 집행위원회)

P2B 규정의 규제 대상은, EU 역내 사업자들이 EU 역내 소비자들에게 상품·서비스를 판매하기 위해 이용하는 모든 온라인 중개 서비스와 검색엔진이며, EU 집행위원회는 그 수가 약 7천 개에 이르는 것으로 추정하고 있다. 예를 들어 Amazon(쇼핑몰), Google 스토어(앱마켓), Meta(소셜미디어), Skyscanner(가격 비교), Google(검색엔진) 등을 들 수 있다.

이 규정에서는 온라인 플랫폼에 불공정 관행 금지, 투명성 제고, 신속한 분쟁 해결을 위해 다양한 의무를 부과하고 있는데, 구체적인 내용은 〈표 42〉와 같다. 여러 의무 중 가장 눈에 띄는 것은 온라인 중개 서비스와 검색엔진 사업자에게 약관 또는 홈페이지를 통해 검색 결과의 순위ranking를 결정하는 주요 변수들이 무엇이고, 이들 변수가 다른 변수와 비교해서 상대적으로 중요한 이유를 설명하도록 의무를 부과하고 있다는 점을 들 수 있다.[157] 이를 통해 온라인 플랫폼에서 상품과 서비스를 판매하는 중소기업들은 순위 결정 변수가 무엇인지 확인해서, 검색 결과 화면의 상위에 자신의 상품과 서비스를 노출시키기 위해 어떠한 노력을 해야 하는지 알 수 있게 된다. 또한 온라인 플랫폼이 중개뿐만 아니라 직접 자신의 상품과 서비스를 판매하는 경우에는 상업적 사용자와 경쟁 관계에 놓이게 되는데, 순위를 결정하는 핵심 변수들이 공개됨으로써 온라인 플랫폼이 자신의 상품이나 서비스를 부당하게 상위에 노출하는 자사 우대self-preferencing 행위를 하지 못하도록 억제하는 효과가 있을 것으로 기대된다.

표 42_ **P2B 규정에 따른 온라인 플랫폼의 의무**

분야	의무 사항
불공정 관행 금지	① 온라인 플랫폼은 명확한 이유와 이의를 제기할 기회를 주지 않고 판매자와의 계약을 중단·종료시킬 수 없다. ② 약관은 이해하기 쉬운 용어로 작성하고 쉽게 이용 가능해야 하며, 약관을 변경할 때는 최소 15일 전에 통지해야 한다.
투명성 제고	① 쇼핑몰, 검색엔진 등 온라인 플랫폼은 판매자들이 알 수 있도록 검색 결과의 순위를 결정하는 주요 변수들을 공개해야 한다. ② 온라인 플랫폼이 자신의 상품·서비스도 판매하면서 다른 사업자에 비해 자사 상품·서비스에 유리한 혜택을 제공하는 경우에는 그 내용을 모두 공개해야 한다.
신속한 분쟁 해결	① 온라인 플랫폼(중소기업 제외)은 중소기업과 분쟁 해결을 위한 내부 시스템을 도입해야 하며, 추가로 중재인(2인 이상)도 선정해야 한다. ② 온라인 플랫폼은 분쟁 해결 시스템의 운영 결과(분쟁 건수·유형·처리 기간·처리 결과)를 작성해서 매년 공개해야 한다.

··········

157 EU 집행위원회는 온라인 플랫폼 사업자들이 순위 결정 변수 공개 의무를 제대로 이행할 수 있도록 상세한 지침을 담은 순위 가이드라인ranking guideline을 2020년 12월 발표했다. 가이드라인의 정식 명칭은 'Commission Notice Guidelines on ranking transparency pursuant to Regulation (EU) 2019/1150'이다.

P2B 규정은 EU 집행위원회가 아니라 각 회원국이 집행 권한을 보유하고 있다. 다만, 이 규정에는 온라인 플랫폼의 의무 위반에 대한 과징금 등 제재 조항이 없다. 대신 각 회원국이 적절한 제재 조치를 담은 별도의 규정을 제정하여 운영하도록, 제재 조치에 대한 재량권을 회원국에 부여하고 있다. 또한 온라인 플랫폼이 P2B 규정을 준수하지 않을 경우, 공공기관 또는 중소기업 기구·단체가 법원에 행위의 중단이나 금지를 청구하는 소송을 제기할 수 있도록 하고 있다. 이는 소송 비용, 보복 위험 등을 고려할 때 중소기업이 개별적으로 대형 온라인 플랫폼을 상대로 소송을 제기하기 어렵다는 점을 고려한 것이다.

(3) 디지털시장법 제정 추진 : 경쟁법만으로는 부족하다![158]

EU 집행위원회는 대형 온라인 플랫폼을 게이트키퍼gatekeeper로 지정하고 디지털시장에서의 경쟁 촉진 및 불공정 행위 예방을 위해 다양한 작위, 부작위 의무를 부과하는 내용의 디지털시장법Digital Markets Act, DMA[159]을 2020년 12월 15일 발표했다.[160]

이 법안 제정을 주도한 마가렛 베스타거 EU 수석부집행위원장은 2019

----

158 김문식, 「EU 디지털시장법안의 내용 및 시사점」, 『경쟁저널』(한국공정경쟁연합회, 2021년 2월호)

159 법안의 공식 명칭은 'REGULATION OF THE EUROPEAN PARLIAMENT AND OF THE COUNCIL on contestable and fair markets in the digital sector'이다. 법안은 유럽의회 홈페이지(https://www.europarl.europa.eu/RegData/docs_autres_institutions/commission_europeenne/com/2020/0842/COM_COM(2020)0842_EN.pdf)에서 확인 가능하다.

160 EU 집행위원회는 같은 날 온라인상 유해 상품, 불법 콘텐츠 등에 대한 규제 당국의 감시와 온라인 플랫폼의 책임을 강화하는 내용의 디지털서비스법안Digital Services Act, DSA을 함께 발표했다.

년 12월 취임 초기부터 온라인 플랫폼에 대한 사전 규제 법률의 필요성을 계속해서 강조했다. 특히 앞선 5년 동안 경쟁 집행위원으로서의 경험을 토대로, 디지털시장은 그 변화 속도가 매우 빠르기 때문에 조사와 제재에 수년이 소요되는 경쟁법으로는 경쟁업체들과 소비자들의 피해를 신속히 구제하기 어렵고, 사후 규제인 경쟁법 집행을 보완하기 위해 별도의 사전 규제 법률을 제정해야 한다고 역설했다.

EU 이사회와 유럽의회는 EU 집행위원회(안)에 대해 각각 2021년 11월, 12월에 기관별 입장(수정안)을 채택했다.[161] 이후 2022년 1사분기 동안 유럽의회, EU 이사회, EU 집행위원회는 4차례에 걸친 3자 협의를 통해 기관 간 입장 차이를 조율하고 마침내 3월 24일 정치적 합의에 도달했다. 유럽의회[162]와 EU 이사회[163]는 각각 2022년 7월 5일, 7월 18일 합의 결과가 반영된 최종 법안[164]을 승인했으며 이로써 사실상 입법절차가 완료되었다. 추후 관보 게재절차를 거쳐 관보 게재일로부터 20일이 경과하면 법률의 효력이 발효되며, 6개월의 유예기간을 거쳐 2023년 상반기 중에 시행될 것으로 전망된다. 이제 EU 집행위원회가 제안한 법안의 내용을 소개한 후 이에 대

....

161 유럽의회와 EU 이사회 수정안은 각각 유럽의회 홈페이지(https://www.europarl.europa.eu/doceo/document/TA-9-2021-0499_EN.pdf), EU 이사회 홈페이지(https://data.consilium.europa.eu/doc/document/ST-13801-2021-INIT/en/pdf)에서 확인 가능하다.

162 2022년 7월 5일, 유럽의회 보도자료, "Digital Services: landmark rules adopted for a safer, open online environment"(https://www.europarl.europa.eu/news/en/press-room/20220701IPR34364/digital-services-landmark-rules-adopted-for-a-safer-open-online-environment)

163 2022년 7월 18일, EU 이사회 보도자료, "DMA: Council gives final approval to new rules for fair competition online"(https://www.consilium.europa.eu/en/press/press-releases/2022/07/18/dma-council-gives-final-approval-to-new-rules-for-fair-competition-online/)

164 최종 법안은 EU 이사회 홈페이지(https://data.consilium.europa.eu/doc/document/PE-17-2022-INIT/en/pdf)에서 확인 가능하다.

한 유럽의회와 EU 이사회의 입장은 어떠했고, 3자 협의를 통해 최종적으로 합의된 내용은 무엇인지 최종 법안이 완성되기까지 시간의 경과에 따라 자세히 설명하고자 한다.

1) EU 집행위원회(안)의 주요 내용

(가) 어느 기업이 규제 대상인가? : 게이트키퍼 지정

DMA는 게이트키퍼를 규제 대상으로 하며, 다음 4가지 요건을 모두 충족하는 플랫폼은 게이트키퍼로 지정될 수 있다.

첫째, ① 온라인 중개 서비스(예 : Amazon Marketplace), ② 온라인 검색 엔진 서비스(예 : Google), ③ 온라인 SNS(예 : Meta), ④ 비디오 공유 플랫폼 서비스(예 : Youtube), ⑤ 번호 무관 개인 간 커뮤니케이션 서비스(예 : Whats-App)[165], ⑥ 운영 시스템(예 : Android, iOS), ⑦ 클라우드컴퓨팅cloud computing 서비스(예 : Amazon Web Service), ⑧ 광고 서비스(예 : Google Ads) 중 하나 이상의 서비스를 제공하는 사업자이어야 한다.[166]

둘째, EU 단일시장에 상당한 영향을 미치는 사업자이어야 한다. 이는 최근 3년간 유럽경제지역European Economic Area, EEA[167] 내에서 65억 유로 이상의 연 매출을 기록했거나 최근 1년간 기업의 평균 시가총액 또는 공정시장가액이 650억 유로 이상으로서, 3개 이상의 회원국에서 코어 플랫폼 서비스를 제공하는 사업자를 의미한다.

셋째, 상업적 사용자business user가 최종 사용자end user에 도달하기 위한 중

----

165 대표적인 사례로 메신저 서비스messenger service를 들 수 있다.
166 이러한 8개 서비스를 코어 플랫폼 서비스core platform service라고 한다.
167 27개 EU 회원국과 아이슬란드, 리히텐슈타인, 노르웨이를 합친 지역을 의미한다.

요한 관문(게이트웨이) 역할을 수행하는 사업자이어야 한다. 이 요건은 최근 1년간 EU 내 최종 사용자 수가 월간 4,500만 명[168]을 초과하고, EU 내 설립된 상업적 사용자 수가 연간 1만 개를 초과하는 코어 플랫폼 서비스 사업자를 의미한다.

넷째, 현재 견고하고 지속가능한 지위entrenched and durable position를 확보하고 있거나, 가까운 미래에 그러한 지위를 획득할 것으로 예상되는 사업자이어야 한다. 최근 3년 동안 위 세 번째 정량 요건을 충족하는 코어 플랫폼 서비스 사업자는 이 요건을 충족한 것으로 추정된다.

한편, DMA는 4가지 정량적 요건들이 충족되지 않는 경우에도 EU 집행위원회가 시장조사market investigation를 통해 해당 사업자의 특수한 사정을 평가하고 정성적 요소들을 고려해서 게이트키퍼로 지정할 수 있는 가능성을 열어 두고 있다.

(나) 어떠한 의무를 부담하게 되나? : ① Dos and Don'ts

게이트키퍼로 지정된 플랫폼 사업자는 총 18개의 이행 또는 금지 의무Dos & Don'ts를 부담하게 된다. DMA는 의무를 게이트키퍼가 스스로 이행self-executing해야 하는 의무(<표 43> 참조)와 EU 집행위원회와 게이트키퍼 간 상호 협의 과정이 필요할 수 있는 의무obligations for gatekeepers susceptible of being further specified(<표 44> 참조)로 구분하고 있다.

----

168 이 수치는 EU 전체 인구의 10%에 해당한다.

표 43_ 게이트키퍼가 스스로 이행해야 하는 의무(제5조)

① 코어 플랫폼 서비스에서 수집된 개인 정보와 다른 수단(게이트키퍼의 다른 서비스, 제3자 서비스)을 통해 수집된 개인 정보를 결합하지 말 것

② 상업적 사용자가 게이트키퍼 플랫폼에서 판매하는 조건과 다른 조건으로 제3의 플랫폼 서비스에서 동일한 상품을 판매할 수 있도록 허용할 것

③ 상업적 사용자가 코어 플랫폼 서비스를 통해 획득한 최종 사용자에게 게이트키퍼 플랫폼 밖에서 상품을 홍보하고 계약을 체결할 수 있도록 허용할 것

　- 최종 사용자가 코어 플랫폼 서비스 밖에서 획득한 콘텐츠에 대해서도 코어 플랫폼 서비스를 통한 접근 및 사용을 허용할 것

④ 상업적 사용자가 규제 당국에 게이트키퍼 플랫폼을 신고하는 것을 금지하거나 제한하지 말 것

⑤ 상업적 사용자에게 게이트키퍼의 식별identification 서비스를 사용, 제공 또는 상호 운용interoperate하도록 요구하지 말 것

⑥ 상업적 사용자 또는 최종 사용자에게 코어 플랫폼 서비스에 가입, 등록하는 조건으로 다른 코어 플랫폼 서비스에 대한 가입, 등록을 요구하지 말 것

⑦ 광고주와 출판업자가 요청하는 경우, 광고주와 출판업자가 지불해야 하는 비용과 플랫폼이 출판업자에게 지급하는 보수 정보를 제공할 것

표 44_ EU 집행위원회와 게이트키퍼 간 협의가 필요한 의무(제6조)

① 상업적 사용자가 제공했거나 상업적 사용자의 활동을 통해 얻은 데이터를 상업적 사용자와 경쟁하는 데 사용하지 말 것

② 최종 사용자가 코어 플랫폼 서비스에 선탑재된 S/W 애플리케이션을 제거할 수 있도록 허용할 것

③ 게이트키퍼의 운영 시스템을 사용하거나 그와 상호 운용되는 제3의 S/W 애플리케이션 또는 애플리케이션 스토어를 설치하고 사용할 수 있도록 허용할 것

　- 또한 이러한 S/W 애플리케이션 또는 애플리케이션 스토어가 게이트키퍼의 코어 플랫폼 서비스 이외의 다른 수단에 의해 접근될 수 있도록 허용될 것

④ 게이트키퍼의 상품 또는 서비스를 제3자가 제공하는 상품 또는 서비스에 비해 노출 순서(랭킹)상 우대하지 말 것

⑤ 최종 사용자가 게이트키퍼의 운영 시스템을 사용해서 접근할 수 있는 여러 S/W 애플리케이션 및 서비스들 간에 이동switch하지 못하도록 제한하거나 여러 개의 애플리케이션 및 서비스들에 동시에 가입하지 못하도록 제한하지 말 것

⑥ 상업적 사용자 및 보조 서비스 제공자에게 게이트키퍼가 보조 서비스를 제공하기 위해 사용하는 운영시스템, H/W, S/W에 대한 접근 및 상호 운용을 허용할 것

⑦ 광고주와 출판업자가 요청하는 경우, 무료로 광고 효과를 측정할 수 있는 수단에 대한 접근을 허용하고, 광고주와 출판업자가 스스로 광고 효과를 검증할 수 있도록 필요한 정보를 제공할 것

⑧ 상업적 사용자 또는 최종 사용자의 활동으로 생성된 데이터를 효과적으로 이동 portability시킬 수 있도록 허용할 것

⑨ 상업적 사용자(상업적 사용자가 승인한 제3자 포함)가 자신의 활동으로 생성된 데이터에 무료로 실시간 접근 및 사용할 수 있도록 허용할 것

⑩ 제3의 온라인 검색엔진 사업자가 요청하는 경우는 FRAND 조건으로 순위·검색·클릭·조회 데이터에 대한 접근을 허용할 것

⑪ S/W 애플리케이션 스토어에 대한 상업적 사용자의 접근을 공정하고 비차별적인 조건하에 허용할 것

(다) 어떠한 의무를 부담하게 되나? : ② 기업결합 통보

DMA는 EU 집행위원회의 EUMR[169]에 따른 신고 요건 충족 여부와 관계없이 게이트키퍼가 다른 디지털 기업을 인수할 계획이 있는 경우, EU 집행위원회에 기업결합을 완료하기 이전에 통보하도록 의무를 부과하고

----

169 Council Regulation (EC) No 139/2004 of 20 January 2004 on the control of concentrations between undertakings.

Examples of the "do's" - Gatekeeper platforms will have to:

- allow third parties to inter-operate with the gatekeeper's own services in certain specific situations

- allow their business users to access the data that they generate in their use of the gatekeeper's platform

- provide companies advertising on their platform with the tools and information necessary for advertisers and publishers to carry out their own independent verification of their advertisements hosted by the gatekeeper

- allow their business users to promote their offer and conclude contracts with their customers outside the gatekeeper's platform

Example of the "don'ts" - Gatekeeper platforms may no longer:

- treat services and products offered by the gatekeeper itself more favourably in ranking than similar services or products offered by third parties on the gatekeeper's platform

- prevent consumers from linking up to businesses outside their platforms

- prevent users from un-installing any pre-installed software or app if they wish so

그림 56 ..... **DMA상 게이트키퍼의 의무**(출처 : EU 집행위원회)

있다. 이에 따라 게이트키퍼는 피인수회사의 EEA 및 전 세계 매출액, 코어 플랫폼 서비스별 EEA 매출액, 연간 상업적 사용자 수, 월간 최종 사용자 수, 기업결합 사유 등을 EU 집행위원회에 제출해야 한다.

다만, DMA상 기업결합 통보 의무는 EUMR에 따른 기업결합 신고와는 별개의 제도로서, EU 집행위원회는 통보된 기업결합에 대해 승인 여부를 결정하려는 목적이 아님에 유의할 필요가 있다. EU 집행위원회는 제출받은 기업결합 관련 정보를 게이트키퍼의 코어 플랫폼 서비스 목록 수정, 게이트키퍼 (재)지정, 관련 시장의 경쟁 상황 모니터링, 시장조사 권한 발동 여부 판단 등을 위한 참고 자료로 활용하게 된다.

(라) 법 집행은 어떤 절차로 이루어지나?

첫째, 플랫폼 사업자는 게이트키퍼 지정을 위한 정량적 요건을 충족하는지 스스로 평가하고, 요건을 충족할 경우 3개월 내에 관련 정보와 함께 EU 집행위원회에 통보해야 한다. 다만, 플랫폼 사업자는 정량적 요건이 충족되더라도 구체적인 반박 자료를 제출해서 게이트키퍼가 아니라고 항변할 수 있다.

둘째, 이후 EU 집행위원회는 정량적 요건 충족 여부를 평가해서 통보를 받은 날로부터 60일 이내에 해당 기업을 게이트키퍼로 지정하게 된다. 정량적 요건(제3조 제2항)은 충족되지 않지만 정성적 요건(제3조 제1항)이 충족되는 것으로 의심되는 경우 또는 정량적 요건은 충족되지만 기업이 정성적 요건은 충족하지 않는다고 주장하는 경우, EU 집행위원회는 정확한 판단을 위해 시장조사를 개시해서 게이트키퍼 지정 요건 충족 여부에 대한 평가 작업을 수행할 수 있다.

EU 집행위원회는 평가 작업을 하면서, ① 플랫폼 사업자의 규모(예 : 매출액·시가총액 등), 사업, 시장 내 지위, ② 플랫폼을 이용하는 상업적 사용자 수 및 최종 사용자 수, ③ 네트워크 효과 및 데이터 수집 등으로 인한 진입장벽, ④ 규모 및 범위의 경제 효과, ⑤ 상업적 사용자 또는 최종 사용자의 고착lock-in 정도, ⑥ 여타 시장의 구조적 특징을 고려하게 된다. 만약 정량적 요건을 충족하지 않는 플랫폼 사업자가 시장조사 과정에서 자료 제출 거부 등 상당한 정도로 조사에 협조하지 않을 경우, EU 집행위원회는 이용 가능한 정보만을 기초로 게이트키퍼로 지정할 수 있다.

최초로 게이트키퍼를 지정한 이후, EU 집행위원회는 직권으로 또는 게이트키퍼의 요청이 있는 경우, 그리고 최소 2년마다 지정된 게이트키퍼가 게이트키퍼 요건을 충족하는지 여부, 게이트키퍼가 새로운 코어 플랫폼 서비스를 제공할 경우에 해당 서비스가 게이트키퍼 요건을 충족하는지 여부를 평가해서 게이트키퍼 지정을 취소·유지·추가할 수 있다. EU 집행위원회는 게이트키퍼의 명단과 게이트키퍼의 코어 플랫폼 서비스 목록을 공개해야 한다.

셋째, 게이트키퍼는 지정된 날로부터 6개월 내에 제5조 및 제6조의 의무를 준수해야 한다. 게이트키퍼가 제6조의 의무 이행을 위해 계획 중인 조치나 이미 실행한 조치에 대해 EU 집행위원회가 불충분하다고 판단할 경우, 사건절차를 개시해서 게이트키퍼가 준수해야 할 구체적인 조치를 개시일로부터 6개월 이내에 결정할 수 있다. 반대로 게이트키퍼는 계획 중인 조치나 이미 실행한 조치가 제6조의 의무를 준수한 것인지 여부에 대한 판단을 받기 위해, EU 집행위원회에 사건절차를 개시해 줄 것을 요청할 수 있다.

한편, 게이트키퍼가 제5조와 제6조의 의무를 준수함에 있어서 게이트키퍼가 통제할 수 없는 사정으로 인해 사업에 위험을 초래한다는 것을 입증하는 경우, EU 집행위원회는 제5조와 제6조의 의무 전부 또는 일부의 이행을 유예하기로 결정할 수 있다. 또한 EU 집행위원회는 직권으로 또는 게이트키퍼의 요청이 있는 경우, 도덕, 보건, 안보 등 공익적 관점에서 필요하다고 인정되는 경우에 게이트키퍼의 제5조와 제6조 의무의 전부 또는 일부에 대한 이행 의무를 면제하기로 결정할 수 있다.

넷째, EU 집행위원회는 게이트키퍼가 여러 의무 중 하나 이상을 준수하지 않는 경우[170]에 의무 불이행 결정non-compliance decision을 내리게 된다. EU

....

170   제5조와 제6조의 의무 불이행, 제7조 제2항에 따른 시정조치 불이행, 제16조 제1항에 따른 반복 위반자에 대한 시정조치 불이행, 제22조에 따른 임시중지명령 불이행, 제23

EU 경쟁법의 이해

집행위원회는 의무 불이행 결정 시에 게이트키퍼에게 기한을 정해서 의무 불이행을 중단하고 의무 이행 계획을 제출하도록 명령할 수 있다.

(마) 시장조사는 무엇이고, 언제 이루어지나?

EU 집행위원회는 3가지 목적으로 시장조사를 개시할 수 있다. 첫째, 게이트키퍼가 정량적 지정 요건(제3조 제2항)을 충족하지 않았지만 정성적 요건(제3조 제1항)을 충족한다고 판단되는 경우, 또는 플랫폼 사업자가 정량적 요건은 충족하지만 정성적 요건에 해당하지 않는다고 주장하는 경우, EU 집행위원회는 게이트키퍼로 지정할 수 있는지 여부를 판단하기 위해 시장조사를 개시할 수 있다.

둘째, 게이트키퍼가 제5조와 제6조의 의무를 반복적으로 위반systematic infringement하는 경우에 시정조치 부과 목적으로 시장조사를 개시할 수 있다.

셋째, EU 집행위원회는 코어 플랫폼 서비스의 범위(제2조 제2항)를 확대하거나, 새로운 유형의 경쟁제한 행위 또는 불공정 행위(제5조 및 제6조)를 찾아내기 위한 목적으로 시장조사를 개시할 수 있다.

(바) 법을 위반하면 어떠한 조치와 제재를 받게 되나?

게이트키퍼가 제5조 및 제6조의 의무를 반복적으로 위반하고 해당 게이트키퍼의 지위가 강화 또는 확대된 경우, EU 집행위원회는 시장조사를 개시해서 12개월 내에 행태적 또는 구조적 시정조치를 부과할 수 있다. 반복적 위반은 EU 집행위원회가 과거 5년 동안 3번 이상 의무 불이행 결정 또는 과징금 부과 결정을 내린 경우를 의미한다. 사업·자산·지식재산

··········

조에 따른 시정방안 조건 불이행

권·브랜드 매각 등 구조적 조치는, 동일한 효과를 갖는 행태적 조치가 존재하지 않거나 있다고 하더라도 구조적 조치보다 게이트키퍼에게 더 큰 부담이 될 경우에만 부과할 수 있다. EU 집행위원회는 SO를 시장조사 개시일로부터 6개월 내에 게이트키퍼에 송부해야 하며, SO에는 EU 집행위원회가 필요하고 적절하다고 판단하는 시정조치가 포함된다.[171] 한편, 게이트키퍼는 조사 과정에서 시정방안을 제출할 수 있다.

반복적 위반이 아닌 경우라도 EU 집행위원회는 실체적 의무 위반에 대해 게이트키퍼에게 전 세계 매출액의 10% 범위 내에서 과징금을 부과할 수 있다. 그 대상은 제5조 및 제6조의 의무 불이행, 제6조 의무 이행을 위한 EU 집행위원회 결정(제7조 제2항) 불이행, 반복 위반자에 대한 시정조치(제16조 제1항) 불이행, 제22조에 따른 임시중지명령 불이행, 제23조에 따른 시정방안 조건불이행이 해당된다.

또한 게이트키퍼의 절차적 의무 위반에 대해서는 전 세계 매출액의 1% 범위 내에서 과징금을 부과할 수 있다. 그 대상은 제3조 제2항의 게이트키퍼 요건 충족 여부 평가에 필요한 정보를 3개월 내에 제공하지 않거나 허위 정보를 제출한 경우, 제12조에 따른 기업결합 통보 의무를 이행하지 않거나 허위 정보를 제출한 경우, 제19조(자료 제출 요구) 및 제20조(진술 조사) 관련 허위 정보를 제출하거나 허위 진술하는 경우, EU 집행위원회가 정한 기간 내에 허위 정보를 수정하지 않거나 제21조(현장조사)에 따른 자료 제출 요구를 거부하는 경우, 제21조에 따른 현장조사를 거부하는 경우 등이 해당된다.

마지막으로 게이트키퍼의 의무 이행을 담보하기 위해 일평균 매출액의 5% 이내에서 이행강제금을 부과할 수 있다.

··········
171 다만, SO 송부 및 최종 결정 기한은 최대 6개월까지 연장 가능하다(제16조 제6항).

EU 경쟁법의 이해

그림 57 ..... DMA 3자 협의 종료 후 기념 촬영. 왼쪽부터 슈와브 의원, 베스타거 EU 수석부집행위원장, 브레튼 EU 집행위원회원, 세드릭 오 프랑스 장관(출처 : 슈와브 의원의 트위터)

(사) 어느 기관이 법을 집행하나?

온라인 플랫폼은 성격상 그 활동이 EU 회원국 전체에 걸쳐 이루어지기 때문에, EU 회원국 간 통일된 규제가 적용될 수 있도록 회원국이 아닌 EU 집행위원회가 DMA 집행 권한을 보유하게 된다. 다만, 3개 이상의 회원국은 EU 집행위원회에 게이트키퍼 지정을 목적으로 시장조사를 개시해 줄 것을 요청할 수 있게 된다.

2) 3자 협의 경과 및 결과

유럽의회 대표는 상임위원회인 역내시장 및 소비자보호위원회Committee on Internal Market and Consumer Protectionl, IMCO 조사위원rapporteur인 안드레아스 슈와브

Andreas Schwab(독일) 의원이 담당했다. EU 이사회 대표는 2022년 상반기 의장 국인 프랑스의 디지털 담당 국무장관인 세드릭 오Cédric O가 담당했다. EU 집 행위원회 대표는 마가렛 베스타거(덴마크) 수석부집행위원장과 티에리 브 레튼Thierry Breton(프랑스) 집행위원[172]이 담당했다.

EU 이사회는 EU 집행위원회와 입장이 대체로 유사한 반면, 유럽의회 는 규제 대상인 게이트키퍼의 수를 줄이는 대신 의무와 제재를 강화하자는 입장이어서 각 쟁점별로 기관 간 이견을 좁히기 위한 협의가 진행되었다. 3 자 협의는 2022년 1사분기 중 4차례 개최되었는데, 3월 24일 8시간 동안의 마라톤 회의 끝에 최종 합의가 도출되었다.[173]

(가) 게이트키퍼 정량적 지정 기준 상향

DMA의 핵심 조항이라 할 수 있는 게이트키퍼의 지정 요건에 대해 기 관 간 입장 차이가 상당했다. 특히 플랫폼 사업자의 매출액, 시가총액 규모 기준과 관련해서 유럽의회는 그 기준을 EU 집행위원회(안)보다 상당히 높 일 것을 주장했다. 이러한 유럽의회의 입장에 대해 미국 정부와 의회는 의 도적으로 유럽 기업을 규제 대상에서 제외시키고 미국 기업만을 규제하려

···········

172 역내 시장, 산업, 디지털 업무를 담당하고 있다.
173 2022년 3월 24일, 유럽의회 보도자료, "Deal on Digital Markets Act: EU rules to ensure fair competition and more choice for users"(https://www.europarl.europa.eu/news/en/press-room/20220315IPR25504/deal-on-digital-markets-act-ensuring-fair-compe-tition-and-more-choice-for-users)
2022년 3월 25일, EU 이사회 보도자료, "Digital Markets Act (DMA): agreement bet-ween the Council and the European Parliament"(https://www.consilium.europa.eu/en/press/press-releases/2022/03/25/council-and-european-parliament-reach-agreement-on-the-digital-markets-act/)

는 차별적인 시도라고 강하게 비판하기도 했다.[174]

최종적으로는 〈표 45〉에서 보는 바와 같이 EU 집행위원회(안)과 유럽의회(안)의 중간 수준인, 최근 3년간 EU 내 매출액이 75억 유로 이상 또는 전년도 평균 시가총액(또는 공정시장가액)이 750억 유로 이상인 경우로 기준이 확정되었다. 정확한 규제 대상은 향후 법률이 시행되는 시점에서 다른 지정 요건[175]까지 모두 고려해서 결정될 것이다. 하지만 현지 언론은 Google, Apple, Amazon, Meta, Microsoft 등 미국 기업뿐만 아니라 Booking.com(네덜란드), Alibaba(중국) 등도 포함될 것으로 전망하고 있다.[176]

표 45_ **기관별 입장 및 협의 결과**

	EU 집행위원회	유럽의회	최종 합의
EU 내 매출액	65억 유로 이상	80억 유로 이상	75억 유로 이상
평균 시가총액	650억 유로 이상	800억 유로 이상	750억 유로 이상

(나) 상호 운용 범위 확대

EU 집행위원회(안)은 게이트키퍼의 OS 등에 대해서만 상호 운용interoperability 의무를 부여하고 있으나, 유럽의회는 메시징 서비스messaging service와 SNS로 그 대상을 확대할 것을 주장했다.

....

174 2022년 2월 미국 상원 금융위원회 위원장 론 와이든Ron Wyden은 조 바이든Joe Biden 미국 대통령과 우르줄라 폰 데어 라이엔Ursula Von der Leyen EU 집행위원장에게 서한을 보냈으며, 미국 정부도 EU와의 대화 채널인 무역기술위원회trade and technology council 등을 통해 입장을 전달한 것으로 알려졌다.

175 최종 사용자와 상업적 사용자 수는 최근 1년 동안 각각 월간 45백만 명 이상, 연간 1만 개 이상으로 결정되었다..

176 2022년 3월 24일, *Politico*, "EU negotiators agree new rules to rein in tech giants".

최종적으로 게이트키퍼의 메시징 서비스에 대해 상호 운용 의무를 추가적으로 부여하기로 결정했다.[177] 이에 따라 중소 메시징 서비스(예: Signal, Telegram 등)가 게이트키퍼로 지정될 것으로 예상되는 Meta의 WhatsApp에 대해 상호 연결을 요청할 경우, Meta는 이를 수용해야 하며 그 결과 서로 다른 플랫폼을 사용하는 사용자 간에 메시지, 이미지 등의 송수신이 가능해진다. 다만, 기술적인 이유로 1:1 개인 간의 메시지, 이미지 전송에 먼저 적용하기로 했다. 그룹 채팅을 통한 메시지 전송 등은 게이트키퍼 지정일로부터 2년 내에, 1:1 개인 및 그룹 채팅 내에서의 음성통화voice call와 영상통화video call는 4년 내에 적용하기로 하는 등 점진적으로 적용 범위를 확대해 나가기로 결정했다.

표 46_ **기관별 입장 및 협의 결과**

EU 집행위원회	유럽의회	최종 합의
OS 등	메신저, SNS 추가	메신저

(다) 최혜국 대우 조항 금지 확대

게이트키퍼가 상업적 사용자에게 게이트키퍼 플랫폼에서 판매되는 가격 등 거래 조건보다 유리한 조건으로 제3자 경쟁 플랫폼 또는 상업적 사용자의 자체 웹사이트에서 판매하지 못하도록 요구하는 계약상 조항을 최혜국 대우 조항이라고 한다.

당초 EU 집행위원회는 제3자 경쟁 플랫폼을 대상으로 한 최혜국 대우 조항만을 금지하자는 입장이었으나, 유럽의회는 상업적 사용자의 자사 웹

---

177 이 의무는 최종 법안에서 제7조에 규정되었다.

사이트를 대상으로 한 최혜국 대우(협의의 최혜국 대우) 조항도 금지하자고 주장했으며 결국 유럽의회의 입장이 관철되었다.

표 47_ **기관별 입장 및 협의 결과**

EU 집행위원회	유럽의회	최종 합의
협의의 최혜국 대우 허용	협의의 최혜국 대우 금지	협의의 최혜국 대우 금지

(라) 주요 소프트웨어 소비자 선택권 확대

검색엔진, 웹브라우저web browser, 가상 지원virtual assistant 서비스와 관련해서, 사용자가 게이트키퍼의 S/W와 다른 중소 경쟁업체의 S/W 중 원하는 S/W를 선택해서 설치할 수 있도록 사용자에게 선택 화면choice screen을 제공한다.

(마) 과징금 상한 상향

한편, 게이트키퍼가 제5조에서부터 제7조까지의 의무 등을 위반할 경우 부과되는 과징금의 상한에 대해서도 기관 간 이견이 존재했다. EU 집행위원회는 전년도 전 세계 매출액의 10% 이내에서 과징금을 부과하자는 입장이었으나, 유럽의회는 4%를 최저 한도로 정하고 최대 20%까지 부과하자고 주장했다.

최종적으로 게이트키퍼의 최초 법위반 행위에 대해 매출액의 10% 이내에서 과징금을 부과하되, 과거 8년 내에 동일하거나 유사한 의무 위반 행위가 있는 경우, 즉 반복 위반repeat offence 시에는 과징금을 매출액의 최대 20%까지 부과할 수 있도록 결정되었다.

표 48_ **기관별 입장 및 협의 결과**

	EU 집행위원회	유럽의회	최종 합의
과징금	매출액 10% 이내	4~20%(최저 한도 설정)	10% 이내 단, 반복 위반 시 20% 이내

(바) 기업결합 금지 조치 및 반복 법위반 기준 강화

게이트키퍼가 반복적으로 법을 위반systematic non-compliance할 경우, EU 집행위원회는 일정 기간 동안 게이트키퍼가 다른 기업을 인수하지 못하도록 금지할 수 있다. 이러한 기업결합 금지 조치는 전술한 과징금 부과와 함께 게이트키퍼의 DMA 위반을 억지할 수 있는 매우 강력한 제재 수단이 될 것으로 보인다. 한편, 반복 위반의 개념도 당초 EU 집행위원회 제안(최근 5년 3회 위반)보다 강화(최근 8년 3회 위반)되었다.

표 49_ **기관별 입장 및 협의 결과**

	EU 집행위원회	유럽의회	최종 합의
반복 위반	5년 3회 위반	10년 2회 위반	8년 3회 위반

(사) 개인 정보 활용 제한

유럽의회의 제안에 따라, 사용자의 명시적 동의가 없는 한 게이트키퍼는 타겟 광고 등 온라인 광고를 제공할 목적으로 개인 정보를 활용할 수 없게 된다. 당초 유럽의회는 미성년자의 개인 정보는 사용자의 동의 여부와 관계없이 타겟 광고 등에 사용하지 못하도록 제한할 것을 주장했으나, 이 사항은 DMA가 아니라 디지털서비스법Digital Services Act, DSA에서 다루기로 결정했다.

EU 경쟁법의 이해

(아) 코어 플랫폼 서비스 범위 확대

EU 집행위원회는 코어 플랫폼 서비스의 범위를 온라인 중개 서비스, 온라인 검색엔진, SNS 등 8개 서비스로 한정하자는 입장이었으나, 최종적으로는 유럽의회의 주장을 일부 반영해서 웹브라우저(예 : Google Chrome), 가상 지원(예 : Amazon Alexa) 서비스도 코어 플랫폼 서비스에 포함하기로 결정했다.[178]

표 50_ **기관별 입장 및 협의 결과**

EU 집행위원회	유럽의회	최종 합의
온라인 중개 서비스 등 8개 서비스	web browser, virtual assistant, connected TV 추가	web browser, virtual assistant 추가

(자) EU 집행위원회와 회원국 간 협력

DMA 집행은 모든 회원국 내 통일된 규제를 위해 원칙적으로 EU 집행위원회가 전담하기로 결정되었다. 그러나 EU 집행위원회와 회원국 경쟁 당국은 동일 게이트키퍼에 대해 각각 DMA와 회원국 경쟁법에 기초해서 중복조사를 할 우려가 있기 때문에 기존의 경쟁분야 협의체인 ECN을 통해 정보공유의 방식으로 서로 협력하기로 했다. 한편, 회원국 경쟁 당국의 전문성과 조사 역량을 활용하기 위해 회원국 경쟁 당국에게도 게이트키퍼의 제5조에서부터 제7조까지의 의무 위반 행위를 조사할 수 있는 권한을 부여했다. 다만, 회원국 경쟁 당국은 조사 결과를 EU 집행위원회에 제공해야 하며, 법위반 여부에 대한 최종 판단 및 제재 결정은 EU 집행위원회만

....

178 유럽의회는 connected TV 서비스도 코어 플랫폼 서비스에 포함할 것을 주장했으나 최종적으로 제외되었다.

이 할 수 있도록 했다. 또한 EU 집행위원회가 조사를 개시한 경우, 회원국 경쟁 당국은 새로이 조사를 개시할 수 없으며, 이미 진행 중인 조사도 조사를 완료할 수 없게 된다.

아울러 EU 집행위원회는 경쟁, 정보통신, 데이터 보호, 소비자 보호 등 분야의 EU 및 회원국 규제 당국이 참여하는 고위급 협의 그룹high-level group을 창설하게 된다. 이 회의체를 통해 회원국 규제 당국은 관할 분야 내에서 EU 집행위원회에 DMA 집행과 관련된 정책제언 기능 등을 수행하게 된다.[179]

(차) 대표 소송 허용

게이트키퍼의 법위반 행위로 인해 소비자들에게 피해가 발생했거나 발생할 우려가 있는 경우, 회원국이 지정한 소비자단체나 적격단체는 소비자들을 대신해서 회원국 법원에 행위 금지, 손해배상 등을 목적으로 대표 소송representative action을 제기할 수 있게 된다.

(카) 게이트키퍼 지정 기간 단축

신속한 게이트키퍼 지정을 위해 지정에 필요한 기간이 단축되었다. 정량적 지정 요건을 충족하는 코어 플랫폼 서비스 사업자는 2개월[180] 이내에 EU 집행위원회에 신고해야 하며, EU 집행위원회는 45 영업일[181] 이내에 게이트키퍼로 지정해야 한다. 다만, 코어 플랫폼 서비스 사업자가 정량적 지정 요건은 충족하나 정성적 지정요건을 충족하지 않는다고 항변하는 경

----

179 EU 집행위원회의 요청에 따라 원칙적으로 연 1회 이상 개최되며, 과반수의 구성원이 요청하는 경우 특정 이슈를 다루기 위해 회의가 소집될 수 있다.
180 당초 EU 집행위원회(안)은 3개월이었다.
181 당초 EU 집행위원회(안)은 60일이었다.

우 EU 집행위원회는 시장조사를 개시할 수 있다. 게이트키퍼로 지정된 코어 플랫폼 사업자는 지정일로부터 6개월 이내에 제5조부터 제7조까지의 의무를 이행해야 한다.

3) DMA 집행기구 논의

2022년 3월 말 3자 협의가 완료된 이후 EU 집행위원회는 DMA 집행기구 설치, 인력 및 예산 확보 방안을 검토하고 있는데, 법 집행에 필요한 충분한 수의 인력을 확보할 수 있는지가 가장 큰 관건이다. 2020년 12월 EU 집행위원회가 DMA를 제안할 당시, EU 집행위원회는 집행에 필요한 소요 인력을 20명부터 시작해서 2025년 80명까지 증원할 계획이었다. 그러나 입법절차가 사실상 마무리된 2022년 8월 현재 유럽의회 안드레아스 슈와브 의원은 DMA의 신속하고 효과적인 집행을 위해서는 최소 150명의 인력이 필요하다면서, 예산 확보를 위해 유럽의회와 EU 이사회가 적극 협조해 줄 것을 요청하고 있는 상황이다.[182] 한편, DSA의 경우에도 EU 집행위원회가 초대형 온라인 플랫폼very large online platform과 초대형 온라인 검색엔진에 대한 집행업무를 담당하게 되는데, 법안 제안 당시 EU 집행위원회는 소요 인력을 6명에서 시작해서 2025년 50명까지 확대하겠다는 입장이었다. 그러나 DMA와 마찬가지로 2022년 8월 현재 유럽의회 크리스텔 샬데모스Christel Schaldemose 의원[183]은 DSA 집행에 70명의 인력이 필요하다는 입장이다.[184]

....

182 2022년 7월 5일, *EURACTIV*, "Commissioner hints at enforcement details as EU Parliament adopts DSA and DMA".

183 IMCO 위원회 소속으로 3자 협의에서 유럽의회 대표를 맡았다.

184 2022년 7월 5일, MLex, "EU's Digital Markets Act taskforce needs to be 150-strong at least, lawmaker Schwab says".

EU 집행위원회는 소요 인력 충원을 위해 경쟁총국, 정보통신총국^{DG} Connect, 성장총국^{DG Grow} 등의 관련 총국의 기존 인력을 우선적으로 활용하고, 데이터 분석가 등 외부 전문가도 일부 채용할 것으로 예상된다. 2022년 말 경에는 전담 집행조직, 인력 등에 대한 구체적인 내용이 발표될 것으로 전 망된다.

표 51_ EU 집행위원회, DMA 및 DSA 집행 소요 인력 추계

(단위 : 명)

	2022	2023	2024	2025	2026	2027
DMA	20	40	60	80	80	80
DSA	-	6	30	50	50	50

* 출처 : EU 집행위원회(DMA, DSA)

4) 우리 기업에는 어떠한 영향을 미치나?

2020년 7월 P2B 규정 시행에 이어, 2022년 DMA와 DSA 법안의 제정 이 완료되고 2023년 중에 시행되면 EU의 온라인 플랫폼에 대한 규제 체계 가 완성된다. 이 중에서도 DMA는 제한된 수의 대형 온라인 플랫폼을 게 이트키퍼로 사전에 지정하고, 이들의 사업모델과 수익성에 상당한 영향을 미칠 수 있는 각종 의무들을 부과하고 있기 때문에 3개 법률 중에서도 가장 강력한 규제로 평가할 수 있다.

DMA의 규제 대상으로는 Google, Apple, Meta, Amazon, Microsoft (이상 미국), Booking.com(네덜란드), Alibaba(중국) 등이 될 것으로 예상되며, 현재 우리 기업들 중 게이트키퍼 지정 요건을 충족하는 기업은 없는 것으 로 보인다. 그러나 우리 기업들 중에서도 EU의 상업적 사용자와 EU 소비 자를 연결하는 온라인 플랫폼 서비스를 직접 운영하는 경우에는 P2B 규정이 적용되어 각종 의무를 부담할 수 있다.

반대로, 우리 기업들이 게이트키퍼의 거래 상대방[185]이 되거나, 게이트키퍼로 지정되지 않은 온라인 플랫폼을 이용해서 상품·서비스를 판매하는 경우에는 DMA, P2B 규정에 따른 보호를 받을 수 있다.

....

185 예컨대, Google의 Android OS를 활용하는 우리 휴대폰 제조업체, Amazon에 입점해서 상품을 판매하는 우리 중소기업 등을 들 수 있다.

제3장

EU 경쟁법 이해하기:
제재와 방어

1. EU 집행위원회의 과징금 산정

EU 집행위원회는 TFEU 제101조(카르텔) 또는 제102조(독점력 남용) 위반 행위에 대해 과징금을 부과할 수 있는데, 과징금은 기업의 전년도 전 세계 매출액의 10% 이내에서 부과된다.[186]

EU 집행위원회는 과징금 산정방식을 투명하게 공개하기 위해 1998년 과징금 부과 기준을 제정했으며, 2006년에 1회 개정[187]해서 현재까지 적용하고 있다.[188] 과징금 규모는 기본금액basic amount을 가중 또는 감경 요소에 따라 조정한 후, 리니언시 제도에 따른 감면·감경 및 기업의 납부 능력을 고려해서 최종적으로 산정된다.

(1) 기본금액 산정 : 과징금에 입장료 개념이 있다!

기본금액은 ① 관련 매출액의 일정 비율 × ② 법위반 기간(연수 기준) + ③ 입장료entry fee로 계산된다.

첫째, ①에서 관련 매출액은 법위반 행위와 직접 또는 간접적으로 관련된 EEA 내 매출액을 의미하며 세전 금액(부가가치세value added tax. VAT 제외)을 기준으로 한다. 다만, 법위반 행위가 EEA 보다 넓은 지역에서 발생한 경우에는 그 전체 지역에서 법위반 기업들의 관련 매출액 합계 중 각 기업별 매출액 비율을 계산한 후, 법위반 기업들의 EEA 내 매출액 합계에 해당 기업의

----

186 Article 23(2), Council Regulation No 1/2003
187 Guidelines on the method of setting fines imposed pursuant to Article 23(2)(a) of Regulation No 1/2003
188 과징금 부과 기준은 EU 집행위원회만 구속하며, 회원국은 구속하지 않는다. 따라서 회원국이 TEEU 제101조와 제102조를 적용하는 경우에도 회원국은 자체적인 과징금 부과 기준을 적용할 수 있다.

Fines for breaking EU Competition Law

What should fines achieve?

The Commission's policy with regards to competition law infringements is one of prevention. Hence it issues extensive guidance on how to comply with the law. Should companies break the law, fines may be imposed. These too are ultimately aimed at prevention, and must hence fulfil two objectives: to punish and to deter. Breaking the competition rules is profitable if it goes unpunished – that is why companies do it. To take cartels as an example, the OECD looked at a selection of cartels, estimating the median price increase to be 15 to 20%, with a high of over 50%.[i] If a cartel lasts for several years, then the companies involved benefit from these higher prices for every year of the cartel. The fine has to take this into account if it is to achieve its objective of prevention on industry as a whole.

Commission fining policy is based on the principles that some breaches cause more harm to the economy than others, that breaches affecting a high value of sales cause more harm than infringements affecting a low value of sales, and that long-running breaches cause more harm than short ones.

How are fines assessed?

Percentage of value of relevant sales: The

Duration: This percentage of the value of relevant sales is multiplied by the number of years and months the infringement lasted. This means that the fine is linked to the value of the affected sales during the infringement, which is generally considered to be a good indicator of the damage to the economy caused by the infringement over time. An infringement that lasts for two years is therefore assumed to be twice as damaging as an infringement that lasts for only one.

Increases and Decreases: The fine can be increased (for example if the company is a repeat offender), or decreased (for example if the company's involvement was limited, or legislation or authorities encouraged the infringement). In cartel cases the fine will be increased by a one-time amount equivalent to 15-25% of the value of one year's sales as an additional deterrent which bites essentially in the case of short cartels and is designed to deter from even trying out a cartel (so called "entry-fee").

Overall limit: The fine is limited to 10% of the overall annual turnover of the company. The 10% limit may be based on the turnover of the group to

그림 58 ..... 과징금 산정 설명 자료(출처: EU 집행위원회)[189]

비율을 곱해서 관련 매출액을 계산한다. 이러한 방식은 예를 들어, 전 세계를 대상으로 한 시장분할 카르텔worldwide market-sharing cartel과 같이 법위반 행위가 EEA보다 넓은 지역에서 발생한 경우, EEA만을 기준으로 관련 매출액을 산정하면 각 기업의 법위반 기여분을 정확히 반영하지 못하기 때문이다.

관련 매출액이 결정되면 최대 30%까지 일정 비율proportion을 곱해서 기본금액 산정에 반영된다. 여기서 일정 비율은 법위반 행위의 중대성 정도에 따라 달라지며, 구체적으로는 법위반 행위의 성격, 법위반 기업들의 시

··········

189 EU 경쟁총국 홈페이지, "Fines for breaking EU Competition Law"(https://ec.europa. eu/competition-policy/system/files/2021-01/factsheet_fines_en.pdf)

장점유율 합계, 법위반이 발생한 지리적 범위, 법위반이 실제로 이행되었는지 여부[190] 등 여러 요소를 고려해서 결정된다. 경쟁업체 간 가격 고정, 시장분할, 생산량 제한 등은 그 성격상 가장 큰 피해를 유발하는 경성카르텔이기 때문에 높은 비율higher end이 적용된다.

둘째, ①의 규모가 확정되면 각 기업의 법위반 연수를 곱한다. 이는 각 기업별로 법위반에 참여한 기간을 고려하기 위함이다. 참여 기간이 6개월 미만인 경우 0.5, 참여 기간이 6개월 이상 1년 미만인 경우에는 1을 곱한다.

셋째, ①×② 금액을 산정한 후, 각 기업별로 법위반 기간이 얼마나 되는지에 상관없이 경성카르텔 사건의 경우 관련 매출액의 15~25%에 해당하는 금액을 무조건 더하게 된다. 이는 기업이 법을 위반하면 법위반 기간, 과거 법위반 전력과 관계없이 무조건 부담해야 하는 금액이기 때문에 일종의 입장료인 셈이다. 경성카르텔 이외의 다른 유형의 사건에 대해서도 ①에서와 같이 법위반 행위의 성격 등 다양한 요소를 고려해서 관련 매출액의 일정 비율만큼을 더한다.

(2) 기본금액의 조정 : 가중, 감경

기본금액이 정해지면 다음의 요소들을 고려해서 상향 또는 하향 조정하게 된다.

1) 가중 사유

다음 3가지 사유 중 어느 하나에 해당하는 경우 기본금액을 가중한다.

----

190 예를 들어 경쟁업체 간 합의가 실제로 실행되었는지 여부를 고려한다.

① 법위반 기업이 과거에 TFEU 제101조 또는 제102조를 위반한 이후 동일하거나 유사한 위반 행위를 반복한 경우 기본금액은 최대 100%까지 가중될 수 있다. 특히 과거의 법위반 행위가 있었는지를 판단할 때 EU 집행위원회의 결정뿐만 아니라 회원국 경쟁 당국의 결정까지 포함한다는 점에 유의해야 한다.

② 피조사기업이 EU 집행위원회의 조사에 협조하지 않거나 조사를 방해한 경우

③ 다른 기업을 법위반 행위에 참여하도록 강제하거나, 따르지 않는 기업에 대해 보복 조치를 하는 등 법위반 행위를 주도 또는 선동한 경우

2) 감경 사유

다음 5가지 사유 중 어느 하나에 해당하는 경우 기본금액을 감경한다.

① EU 집행위원회의 조사가 시작되자마자 법위반 행위를 중단했다는 증거를 제출하는 경우. 다만, 카르텔 사건에는 적용되지 않는다.

② 의도적으로 법을 위반한 것이 아니라 부주의로 법을 위반했다는 증거를 제출하는 경우

③ 법위반의 가담 정도가 매우 제한적(예 : 카르텔에 참여했으나 실제 이행하지 않고 경쟁적인 행태를 취한 경우)이었다는 증거를 제출하는 경우

④ 법위반 기업이 EU 집행위원회의 조사에 적극적으로 협력한 경우

⑤ 법위반 행위가 정부·공공기관이나 법률에 의해 승인·장려된 경우

Basic fine	Percentage of value of relevant sales (0-30%) x Duration (years or periods less than one year) + 15-25% of value of relevant sales: additional deterrence for cartels
Increased by	**Aggravating factors** e.g. ring leader, repeat offender or obstructing investigation
Decreased by	**Mitigating factors** e.g. limited role or conduct encouraged by legislation
Subject to overall cap	10% of turnover (per infringement)
Possibly further decreased by	**Leniency:** 100% for first applicant, up to 50% for next, 20-30% for third and up to 20% for others
	Settlement:10%
	Inability to pay reduction

그림 59 ..... **과징금 산정 기준**(출처: EU 집행위원회)

(3) 법위반 억지를 위한 가중

EU 집행위원회는 과징금이 법위반 억지 효과를 충분히 발휘할 수 있도록 과징금을 가중할 수 있다. 예를 들어, 법위반 기업의 총 매출액이 법위반 관련 매출액보다 훨씬 큰 경우에는 과징금을 가중할 수 있으며, 법위반으로 얻은 부당이득이 과징금보다 많은 경우에도 부당이득을 초과하는 수준으로 과징금을 가중할 수 있다.

(4) 법정 상한 : 전 세계 매출액의 10%!

위 (1)~(3)에 따라 산정된 과징금 규모는 법위반 기업의 전년도 전 세계 총 매출액의 10%를 초과해서는 아니된다.

(5) 카르텔 자진신고자 감면 또는 감경

기업이 카르텔 참여 사실을 자진신고하고 리니언시 고시 요건을 충족할 경우 과징금이 감면 또는 감경될 수 있다. 또한 화해절차가 적용되면 추가로 과징금이 10% 감경될 수 있다.

표 52_ **자진신고자 과징금 감면 및 감경 비율**

조사 이전	조사 이후		
	1순위	2순위	3순위 이하
100% 감면	30~50%	20~30%	최대 20%

* 출처 : EU 집행위원회(Leniency notice)

(6) 납부 능력

법위반 기업의 과징금 납부 능력을 고려해서 과징금을 감경할 수 있다. 그러나 단순한 적자는 과징금 감경 사유가 되지 않으며, 과징금 부과로 인해 기업의 경제적 영속성에 회복 불가능한 위험을 초래하고 그로 인해 기업의 자산이 모두 가치를 잃게 된다는 객관적 증거가 있는 경우에만 감경이 가능하다.

2. 피조사기업의 방어권 행사

(1) EU 집행위원회 자료에 대한 접근^{Access to file}

1) 자료접근권이란?

EU 집행위원회는 조사 결과 특정 기업이 EU 경쟁법을 위반했다고 판단할 경우, 그 내용을 적시한 SO를 채택하고 피조사기업에게 송부한다. 이후 피조사기업은 방어권 행사를 위해 EU 집행위원회가 보유한 자료 Commission file에 대한 접근권을 행사할 수 있다. EU 집행위원회는 SO를 송부하기 전까지 공개 버전의 자료를 준비해두며, 피조사기업에게 USB 등에 자료를 담아 제공하게 된다.

EU 집행위원회 자료접근권 고시[191]는 자료접근권의 행사 주체, 접근 가능한 자료의 범위, 접근이 제한되는 비밀정보의 범위, 자료접근권의 행사 시기 및 행사 방법 등을 자세히 설명하고 있다. 자료접근권은 피조사기업이 SO에 대한 반박 의견서를 EU 집행위원회에 제출하고, 구두 청문회에 참석해서 방어권을 행사하는 데 중요한 기초가 된다. 피조사기업이 자료접근권을 행사하지 않을 경우에는 후속 절차에서 EU 집행위원회가 가지고 있는 증거 자료에 대한 검토 기회가 없었다는 이유로 방어권 침해 주장을 할 수 없게 된다.

2) 행사 주체 및 허용 범위

자료접근권은 EU 집행위원회로부터 카르텔(TFEU 제101조), 독점력 남용(TFEU 제102조), 기업결합 규정 위반을 이유로 SO를 송부받은 기업에게만 허용된다. 따라서 신고인 또는 경쟁업체 등 제3자에게는 허용되지 않는다.

피조사기업은 EU 집행위원회가 조사 기간 동안 획득하고 생산한 대부분의 자료에 대해 접근이 가능하다. 그러나 사업자의 영업 비밀business secret, 다른 비밀정보other confidential information, EU 경쟁총국의 내부 문서internal document에 대해서는 자료접근이 허용되지 않는다.

----

191 Commission Notice on the rules for access to the Commission file in cases pursuant to Articles 81 and 82 of the EC Treaty, Articles 53, 54 and 57 of the EEA Agreement and Council Regulation (EC) No 139/2004

EU 경쟁법의 이해

3) 비밀정보 및 내부 문서

'영업비밀'은 피조사기업의 노하우, 원가, 생산 방법, 원재료 공급선, 생산·판매량, 시장점유율, 거래처 명단, 비용·가격 구조, 판매 전략 등과 관련된 기술·재무 정보를 의미한다. '다른 비밀정보'는 공개될 경우 자료 제공자에게 상당한 피해를 끼칠 수 있는 자료를 의미하며, 자료 제공자가 피조사기업으로부터 보복을 당할 것을 우려해서 익명으로 남길 원하는 경우 자료 제공자의 신원을 확인할 수 있는 정보도 포함될 수 있다. EU 법원은 자료의 비밀성이 인정되기 위해서는 ① 제한된 수의 사람에게만 알려져 있을 것, ② 공개될 경우 자료 제공자 또는 제3자에게 심각한 피해를 끼칠 수 있을 것, ③ 객관적으로 보호할 가치가 있을 것 등의 3가지 요건을 요구하고 있다.

예를 들어, EU 집행위원회는 5년을 넘는 기간이 경과해서 상업적 가치를 잃은 매출액, 시장점유율 등의 정보는 비밀정보로 인정하지 않고 있다. 한편, 경쟁법 위반 행위에 참여한 직원의 이름과 경쟁법 위반의 증거가 될 수 있는 정보는 법위반 여부를 입증하는 데 필요한 정보이기 때문에 비밀정보가 될 수 없다.

EU 집행위원회가 작성한 문서, EU 집행위원회와 회원국 경쟁 당국 간 또는 회원국 경쟁 당국 간에 주고받은 문서는 내부 문서로서 자료 접근권의 대상이 되지 않는다.

(2) 자료 제공자는 영업 비밀이나 신원을 어떻게 보호받나?

EU 집행위원회의 조사 과정에서 피조사기업, 신고인, 경쟁업체 등 자료 제공자는 제출 자료 중 비밀에 해당하는 부분을 표시하고, 비밀이라고 주장하는 사유 및 비밀로서 삭제되는 부분에 대한 간략한 설명concise description을 제출해야 한다. 또한 비밀에 해당하는 부분을 삭제한 공개 버전^{non-confidential} version의 자료를 EU 집행위원회에 제출해야 한다.

표 53_ **피조사기업의 비밀정보 보호 주장 예시**

문서 ID	페이지 번호	비밀이라고 주장하는 이유	삭제 부분 설명
ID 548-34	pp. 1~3	A사는 현재 B사와 가격 협상 중임. B가 A의 협상 전략을 알게 될 경우 A는 현 가격 협상과 미래 공급계약에서 매우 불리한 위치에 서게 됨.	B사와의 가격 협상 전략에 관한 이사회 회의(날짜)
ID 548-39	p. 6	B사의 경쟁 사업자와 잠재적으로 진행할 수 있는 프로젝트. 세부 논의 내용이 공개될 경우 A의 현재와 미래 사업 기회가 사라질 수 있음.	공급 계약(국가명, 지역명)과 관련한 내부 이메일(날짜)
ID 549-22	p. 18	현재의 사업 전략과 상업적 거래 관계에 중요한 생산 원가, 이윤 등 최신의 재무 정보	생산 원가, 이윤 등 재무 정보를 포함하고 있는 A사의 영업 관련 전략적, 상업적 정보
ID 549-22	pp. 54~57	A사의 사업 전략과 민감한 데이터를 포함하고 있음. 공급사인 B가 알게 될 경우 A사의 이익에 큰 피해가 발생하고 추후 협상에서도 불리해짐.	내부 경영 정보 - (제품명, 지역명)의 생산량, 가격, 계약 구조, 사업전략 등에 관한 차트(날짜)
ID 549-25	pp. 2~6	조사와 무관한 사람의 이름, 직책 등 개인 정보. 외부에 공개될 경우 개인적 피해가 우려됨.	'개인의 이름' 또는 'A사의 종업원', '개인 정보'
ID 600	p. 2, 4, 5, 8	회사 종업원의 개인적 이슈와 관련된 개인적 약속	개인적 약속

_{* 출처 : EU 집행위원회(Guidance on Confidentially Claims during Commission antitrust procedures)}

추후 피조사기업은 자료접근권을 행사해서 공개 버전 자료와 삭제된 부분에 대한 설명을 확인한 후, 삭제된 부분이 방어권 행사에 필수적인 요

소라고 판단할 경우 EU 집행위원회에 삭제된 부분에 대한 공개를 요구할
수 있다.

공개 버전의 자료를 만드는 작업은 EU 집행위원회가 자료 제공자의
비밀 보호와 피조사기업의 방어권 보장이라는 상충된 가치를 균형 있게 고
려하기 위한 절차로 해석할 수 있다.

EU 집행위원회는 자료 제공자와 여러 차례 협의를 거쳐 공개 버전의
자료를 완성하게 되는데, 비밀정보를 보호하기 위해 관련 부분을 요약하거
나 삭제하기, 숫자의 경우 정확한 값 대신 범위^{range}로 표시하기, 자료 제공
자의 신원 노출로 인한 피해가 우려되는 경우 익명 처리 등 다양한 방법을
사용한다. 만약 자료 제공자와 EU 집행위원회 간에 비밀정보 여부에 대한
다툼이 있는 경우에는 청문관$^{hearing\ officer}$이 결정하게 된다.[192]

(3) 청문관은 무슨 역할을 하나?

피조사기업이 자료접근권을 행사한 후 공개 버전의 자료만으로는 방
어권 행사에 불충분할 경우, 비공개자료에 대한 접근을 EU 집행위원회에
요청할 수 있다. 만약 피조사기업의 요구를 EU 집행위원회가 수용하지 않
을 경우 피조사기업은 청문관에게 공개가 필요한 이유를 작성해서 자료의
공개를 요청할 수 있다. 피조사기업이 청문관의 결정에 대해서도 이의가
있는 경우에는 청문관의 결정 자체에 대해서는 소송을 제기할 수 없으며,
EU 집행위원회의 최종 결정에 대한 취소소송을 제기하면서 방어권 제한

··········

[192] 청문관의 역할 등은 'DECISION OF THE PRESIDENT OF THE EUROPEAN
COMMISSION of 13 October 2011 on the function and terms of reference of the
hearing officer in certain competition proceedings'에 규정되어 있다.

등 절차적 이슈를 주장할 수 있다.

한편, 자료 제공자가 비밀정보에 해당한다고 주장함에도 불구하고 청문관이 피심인의 방어권 보장을 이유로 공개를 결정할 수 있다. 이 경우 자료 제공자는 청문관의 결정 자체에 대해 법원에 2개월 내에 취소소송을 제기할 수 있는데, 자료 공개를 방지하기 위해 집행정지 신청을 함께 하는 것이 일반적이다.

(4) 방어권 보호 vs 비밀정보 보호, 두 마리 토끼를 잡기 위한 대안

EU 집행위원회는 공개 버전 자료 제공만으로는 피조사기업의 방어권을 충분히 보장할 수 없는 경우, 자료 제공자의 비밀정보를 보호하면서도 예외적으로 비밀정보에 대한 제한적인 접근을 허용하는 2가지 대안적 절차를 운영하고 있다.

첫째, 데이터룸 이용 절차는 EU 집행위원회가 마련한 장소에서 일정 기간 동안 제한된 수의 외부 자문가(변호사, 경제학자)들에게만 비밀정보에 대한 접근을 허용하고, 이들이 피조사기업의 방어권 보장에 필요한 별도의 보고서를 작성하도록 하는 제도이다. 외부 자문가들은 일체의 통신기기 반입이 금지되며, 보고서에 비밀정보가 포함되었는지 여부를 EU 집행위원회가 확인하게 된다. 자료 제공자의 변호사는 데이터룸에 출입해서 EU 집행위원회가 마련한 비밀정보 보호 관련 안전장치들이 제대로 작동하는지 확인할 수 있다.

둘째, confidentiality rings 절차는 EU 집행위원회의 적극적인 개입 없이 자료 제공자와 피조사기업 간에 협상을 통해, 자료 제공자가 상호 합의된 제한된 수의 피조사기업 측 인원들에게만 비밀정보를 직접 제공하는 제도이다.

(5) 자료접근권 관련 분쟁 사례

1) 청문관 결정

① Case AT. 39612, Perindopril : 피조사기업이 사건처리 절차의 후반부인 회원국 경쟁 당국과의 협의절차Advisory Committee 시점에 자료접근을 요청하자, 청문관은 피조사기업이 이미 청문 기회를 부여받았으며 사건처리가 지연됨을 이유로 불허했다.

② Case AT. 40220, Qualcomm : EU 집행위원회와 피조사기업 간에 수차례에 걸쳐 자료접근권 관련 분쟁이 지속되자, 청문관은 예외적으로 피조사기업의 SO에 대한 의견 제출기간을 정지시켰다.

③ Case M. 6203, Western Digital Ireland—Viviti Technologies : 기업결합 신고기업이 자신이 경쟁업체로서 충분한 이해관계가 있다고 주장하면서, EU 집행위원회가 심사 중인 다른 기업결합 사건에 대한 자료접근을 요청했으나, 청문관은 SO를 송부받은 피조사기업만이 자료접근권을 행사할 수 있다면서 경쟁업체의 요청을 거부했다.

2) 법원 결정

① Case T-472/1, Lundbeck v. Commission : 원고 기업은 EU 집행위원회가 덴마크 경쟁 당국과 주고받은 문서에 대한 자료접근을 요청했으나, 법원은 내부 문서는 피조사기업의 무죄를 입증하는 증거가 될 수 없다며 원고의 요청을 거부했다.

② Case T-699/14, Topps v. Commission : 법원은 신고인의 자료접근권 범위는 SO를 수령한 피조사기업의 자료접근권 범위에 미치지 못한다고 판결했다.

③ Case T-201/01, General Electric v. Commission : 기업결합 사건

은 심사기간이 정해져 있고 당사회사들도 조속히 기업결합을 완료
하고자 하는 경제적 이해가 있기 때문에, EU 집행위원회는 피조사
기업의 방어권 행사 정도를 평가함에 있어 기업결합 심사를 신속히
처리해야 할 필요성도 함께 고려할 수 있다고 판결했다.

(6) 비밀정보 보호 관련 분쟁 사례

1) 청문관 결정

① Case M. 8792, T-Mobile NL—Tele2 NL : 피조사기업은 EU 집행
위원회가 제공한 자료만으로는 비밀정보의 존재 여부와 삭제된 정
도를 확인할 수 없다고 이의를 제기했다. 이에 청문관은 EU 집행위
원회로 하여금 피조사기업에게 덜 삭제된 버전을 제공하고 데이터
룸을 통해 자료를 공개하도록 결정했다.

② Case AT. 39398, Visa Mif : EU 집행위원회는 데이터룸을 통해 피
조사기업의 외부 변호사들에게는 정성 자료, 외부 경제 분석 전문가
들에게는 정량 자료에 대해서만 접근을 허용했다. 이에 대해 청문관
은 변호사와 경제 분석 전문가 간 상호 의사소통의 중요성을 이유로
EU 경쟁총국의 이러한 제약이 정당치 않다고 판단했다. 한편, 청문
관은 자료 제공자의 신원이 공개될 위험이 있다는 이유로 데이터룸
에서도 자료 제공자를 익명 처리하도록 결정했다.

③ Case AT. 40136, Capacitors : EU 집행위원회가 관행적으로 고객
사 명칭을 잠정적 비밀provisionally confidential 정보로 분류하는 것에 대해,
청문관은 고객사 명칭도 피조사기업의 방어권과 관련될 수 있고 통
상 비밀정보로 보기 어렵다면서 EU 집행위원회의 관행에 대해 우
려를 표명했다.

2) 법원 결정

① Case C-310/93 P, BPB Industries and British Gypsum v. Commission : EU 집행위원회가 비밀정보를 포함하고 있다는 이유로 피조사기업에게 제3자로부터 받은 문서의 공개를 거부했다. 이에 대해 법원은, EU 집행위원회가 제3자의 비밀을 보호하지 않을 경우 제3자는 EU 집행위원회에 자료 제출을 기피하게 될 것이라면서, EU 집행위원회가 비밀정보 보호를 이유로 피조사기업에게 제3자가 제출한 자료를 공개하지 않을 수 있다고 판단했다. 특히 시장에서 독점적 지위를 확보하고 있는 피조사기업이 EU 집행위원회의 조사에 협조한 경쟁업체, 공급업체, 수요업체에게 보복 조치를 취할 가능성이 있다고 판결했다.

② Case T-5/02, Tetra Laval v. Commission : 피조사기업이 EU 집행위원회의 질문지에 대한 제3자들의 답변서를 요청하자, EU 집행위원회는 공개 버전인 두 페이지의 요약된 자료를 제공했다. 원고 기업은 자료접근권이 충분히 보장되지 않았다고 주장했으나, 법원은 제3자의 신원이 공개될 경우 독점적 지위를 지닌 피조사기업으로부터 보복을 받을 우려가 있다는 이유로 원고의 주장을 배척했다.

③ Case T-410/03, Hoechst GmbH v. Commission : 원고는 EU 집행위원회가 빈 페이지에 단순히 영업비밀이라고 적힌 문서를 제공해서 자료접근권이 침해되었다고 주장했다. 이에 대해 법원은 EU 집행위원회가 관련 문서의 요약본과 같은 보다 식별 가능한 공개 버전의 자료를 제공했어야 했다고 원고의 주장을 인정했다.

④ Case C-162/15 P, Evonik Degussa v. Commission : 법원은 과거 비밀정보에 해당했으나 5년이 경과한 정보에 대해, 당사자가 시간

의 경과에도 불구하고 그 정보가 자신이나 제3자의 상업적 지위를 드러낼 수 있음을 증명하지 않는 한, 비밀정보로서의 가치를 상실한다고 판결했다.

⑤ Case C-318/19 P(R) Lantmännen v. Commission : 하나의 카르텔 사건에서 1개 기업에는 화해절차가 적용되었으며, 다른 2개 기업에는 일반 절차가 적용되었다. 후자의 기업들은 SO를 송부받은 이후에, EU 집행위원회와 전자의 기업 간에 논의된 화해절차 관련 문서에 대한 자료접근을 요청했다. 청문관이 자료공개를 결정하자 화해절차가 적용된 기업은 자료 공개를 막기 위해 소송을 제기했으나, EU 일반법원 및 EU 사법재판소 모두 화해절차 문서는 EU 집행위원회의 자료에 해당하기 때문에 자료를 공개할 수 있다고 판단했다.

제4장

EU 경쟁정책을
바라보는 시각

1. 들어가며[193]

올해 1월 EU의 금지 결정으로 우리 조선사 간 기업결합인 현대중공업의 대우조선해양 인수가 무산되었다. 이 결정에 대해 대형 LNG 운반선 시장에서의 경쟁 보호를 위한 불가피한 조치라는 평가와, 자국 산업 보호를 위한 EU의 몽니라는 상반된 평가가 제기되었다.

또한 EU는 2017년부터 Google의 독점력 남용 행위에 대해 총 82억 5천만 유로의 과징금을 부과하고, 최근에는 글로벌 빅테크 기업들에게 다양한 의무를 부과하는 디지털시장법Digital Markets Act, DMA 제정을 추진하고 있다. 한편, 역외 기업들이 자국 정부로부터 보조금을 지원받아 EU 기업을 인수하거나 공공조달 시장에 참여하는 것을 차단하기 위한 법률 제정도 추진되고 있다. 이러한 EU의 경쟁정책에 대해 국가가 과도하게 시장에 개입해서 규제를 양산한다거나, 미국·중국 등 특정 역외 국가의 기업들을 견제하기 위한 차별적 규제라는 시각이 존재하는 반면, 다른 한편으로는 공정경쟁 환경을 조성하기 위한 노력이라는 의견도 상당하다.

EU의 경쟁정책에 대해 이렇게 평가가 다양하고 엇갈리는 이유는 무엇일까? 이는 EU 경쟁정책에 대한 전체적인 이해가 부족한 상황에서 개별 사안별로 접근이 이루어지기 때문으로 보인다. 특정 정책에 대해 한 가지 평

----

[193] 본 장에서는 제1장~제3장의 내용을 요약하고 EU 경쟁정책을 어떠한 시각에서 평가할 수 있는지에 관해 정리했다. 따라서 일부 내용은 제1장~제3장의 내용과 중복된다. 책 전체를 모두 읽을 시간적 여유가 없는 독자들의 경우 전체적인 내용 파악을 위해 본 장을 먼저 읽는 것도 유용한 방법이 될 수 있다. 특히, EU는 무역 및 투자 측면에서 우리나라의 중요한 경제 파트너이며 주요 경쟁 및 산업정책에서 국제 흐름을 주도하고 있는 바, 본 장은 우리 정책입안자들에게도 유익한 정보가 될 수 있다. 본 장은 2022년 6월 2일 주벨기에·유럽연합대한민국대사관 홈페이지에도 게재했다.

가만이 옳다고 할 수 없고, EU의 경쟁정책이 다른 국가에 비해 반드시 선진적이고 우수하다고도 할 수 없다. 그러나 EU에서 경쟁정책이 유독 발달해 있고 엄격히 집행되는 이유는 무엇인지, EU의 경쟁정책은 다른 국가와 비교해 어떠한 특징이 있는지, 최근의 정책 추진 동향과 그 배경은 무엇인지, 산업정책과는 어떻게 조화롭게 운영되고 있는지 등에 대한 종합적이고 정확한 이해가 선행되어야만 EU 경쟁정책 리스크를 예방하거나 최소화할 수 있을 것으로 생각된다.

2. 유럽 통합과 EU 경쟁정책 간의 관계

(1) 단일시장 유지의 핵심 수단

전 세계적으로 시장경제를 채택하고 있는 국가들은 대부분 경쟁정책을 채택하고 있다. 이는 시장의 독과점화가 심화될 경우 기업 간 경쟁이 제한되어 가격 인상, 품질 저하 등 소비자 피해가 발생하기 때문이다. 그런데 EU는 경쟁정책을 독과점의 문제를 넘어서 EU 단일시장을 유지하고 강화시키기 위한, 즉 유럽 통합의 핵심 수단으로 활용하고 있다.

EU는 경제적으로 27개 회원국들이 단일시장을 형성하고 있다. 따라서 단일시장이 붕괴되면 유럽 통합은 그 경제적 의미를 상실하게 된다. EU의 법적 근거인 TFEU 제3조는 단일시장을 유지하기 위한 핵심 수단으로 통화정책, 관세동맹과 함께 경쟁정책을 규정하고 있다. 즉 EU 회원국들이 단일 통화(유로)를 사용하고, 역외 국가로부터의 수입품에 대해 단일의 관세율을 적용하면서 회원국 간의 무역에 대해서는 관세를 부과하지 않고 있다.

그렇다면 경쟁정책은 단일시장을 형성하는 데 어떤 역할을 수행하는

그림 60 ..... 로마 조약 체결(1957, 왼쪽)과 EU 단일시장(2022, 13쪽 그림 1 재수록)

것일까? 27개 회원국 시장이 경제적으로 하나로 통합되기 위해서는 상품과 서비스의 자유로운 이동이 가능해야만 한다. 그런데 예를 들어 독점적 지위에 있는 자동차회사가 회원국별로 자동차 판매가격을 다르게 설정하고, 소비자들이 국경을 넘어 가격이 낮은 다른 회원국에서는 자동차를 구매할 수 없도록 제한하는 경우를 생각해보자. 회원국 간 무역을 제한하는 법률적인 장벽이 없더라도 이러한 시장분할 등 반경쟁적 행위가 지속되면 EU 단일시장은 유지될 수 없다. 회원국들이 각기 경쟁정책을 채택하고 있음에도, EU 차원에서 모든 회원국에 동일하게 적용되는 경쟁정책을 직접 수립하고 강력히 집행하는 이유가 바로 여기에 있다.

연혁적인 측면에서도 EU 차원의 경쟁정책은 1957년 EEC의 창설 근거인 로마 조약 시절부터 포함되어 현재의 EU에까지 이르고 있다.

(2) EU 경쟁정책의 독특한 규제 : 국가보조금 심사

EU 경쟁정책이 유럽 통합에 실질적으로 기여하는 구체적인 사례로 국가보조금 규제를 들 수 있다. 회원국은 특정 기업에 일정 규모 이상의 보조

EU 경쟁법의 이해

금을 지원하려는 경우, 사전에 EU에 신고하고 심사를 거쳐 승인을 받은 경우에만 보조금을 지원할 수 있다. EU는 관련 시장에서의 경쟁이 왜곡되는지를 심사해서 승인 여부를 결정하게 된다.

일반적으로 경쟁정책이란 독점력 남용, 카르텔, 기업결합 규제를 의미하는데, EU는 이에 더해 전 세계에서 유일하게 국가보조금을 경쟁정책 차원에서 규제하고 있는 것이다. 더욱이 경쟁 담당 부처인 EU 경쟁총국의 업무 중 국가보조금 업무가 50% 이상을 차지할 정도로 그 중요성이 매우 크다. 이는 회원국들이 보조금 지원 경쟁을 펼칠 경우 공적자금의 낭비, 경쟁 왜곡을 넘어 단일시장 붕괴 및 유럽 통합에 위협이 되기 때문이다.

예를 들어, 회원국이 낙후지역의 경제개발을 위해 기업 투자를 유치하면서 인센티브로 지원하는 보조금을 지역 투자 보조금이라고 한다. 2011년 이후 EU 집행위원회가 심층조사를 진행한 사건은 총 13건(종결 사건 기준)인데, 이 중 보조금 승인 결정은 6건에 불과할 정도로 국가보조금 심사가 엄격하게 이루어지고 있다(<표 54> 참조).

표 54_ **2011~2022년 심층조사 사건**

(단위: 유로)

회원국	투자기업	투자 분야	투자액	보조금	최종 결정
폴란드	Fiat Powertrain	자동차 부품	180백만	40백만	철회 2011. 12. 1.
독일	Linamar Powertrain	자동차 부품	145백만	27백만	철회 2012. 11. 7.
독일	Volkswagen Sachsen	자동차	700백만	84백만	철회 2012. 12. 4.
슬로베니아	Revoz d.d. (Renault)	자동차	3억	40백만	철회 2013. 10. 22.

포르투갈	Europac Kraft Viana	제지	88백만	7백만	철회 2014.5.28.
스페인	Ford Espana	자동차	419백만	25백만	철회 2014.7.8.
독일	Porsche Leipzig	자동차	521백만	44백만	승인 2014.7.9.
독일	Propapier	제지	350백만	43백만	승인 2014.10.1.
포르투갈	Volkswagen	자동차	672백만	36백만	승인 2015.11.27.
헝가리	Audi Hungaria Motor	자동차	12억	133백만	승인 2016.2.1.
독일	Rehau AG	자동차 부품	50백만	4백만	철회 2016.9.23.
슬로바키아	Jaguar Land Rover	자동차	14억	125백만	승인 2018.10.4.
폴란드	LG에너지솔루션	전기차 배터리	10억	95백만	승인 2022.3.18.

* 출처 : EU 집행위원회(Case Search)

3. EU 경쟁정책의 엄격한 적용 및 외연 확대

(1) 역내외 기업에 대한 일관되고 단호한 법 집행

영국의 권위 있는 경쟁정책 저널인 글로벌컴피티션리뷰Global Competition Review. GCR는 매년 전 세계 경쟁 당국에 대한 평가 결과를 발표하고 있는데, EU 경쟁총국은 거의 매년 최고 등급을 받고 있다. EU에 대한 평가가 이렇게 높은 것은 여러 가지 요인이 있지만, 기업의 경쟁제한 행위에 대해 역내외 기업을 구분하지 않고 매우 엄격히 경쟁정책을 적용한다는 점을 빼놓을 수 없다.

EU는 매년 300~400건의 기업결합을 신고 받아, 관련 시장에서의 경쟁이 제한되어 가격 인상 등 소비자 피해가 발생할 가능성이 있는지 심사한다. 그러한 가능성이 높은 경우, 인수회사와 피인수회사 간 중복 사업 overlapping business 매각 등 경쟁 보호를 위한 시정방안을 조건으로 기업결합이 승인될 수 있다. 그러나 기업이 시정방안을 제출하지 않거나 시정방안이 불충분한 경우에는 기업결합 자체가 금지될 수 있다. EU의 심사를 통과하지 못할 것을 우려해서 기업이 스스로 기업결합을 중도에 포기(신고 철회)하는 사례도 상당한데, 이는 사실상 EU의 금지 결정으로 해석할 수 있다. 최근 5년 간 EU가 심사한 전체 기업결합 건수 대비 시정조치[194] 비율은 약 5.1%로, 이는 같은 기간 우리 경쟁 당국인 공정거래위원회(0.4%)와 비교해서 10배가 넘는 수치이다. EU가 우리나라에 비해 경쟁정책을 얼마나 엄격하게 적용하고 있는지 확인할 수 있는 대목이다.

표 55_ **한-EU 기업결합 심사 통계 비교**

(단위: 건)

		2017	2018	2019	2020	2021	합계
EU	심사	380	414	382	361	405	1,942
	조치(비중)	24 (6.3%)	25 (6.0%)	19 (5.0%)	18 (5.0%)	14 (3.5%)	100 (5.1%)
한국	심사	668	702	766	865	1,113	4,114
	조치(비중)	4 (0.6%)	3 (0.4%)	5 (0.7%)	3 (0.3%)	1 (0.1%)	16 (0.4%)

* 출처 : EU 집행위원회(Merger Case Statistics), 공정거래위원회(공정거래백서, 92쪽 〈표 14〉 재수록)

한편, EU는 피조사 기업이 회원국 기업인지 여부에 관계없이 동일한

··········
194 조건부 승인, 금지, 2단계 조사 개시 후 철회 건수를 모두 합한 수치이다.

기준을 일관되게 적용하고 있다. 전술한 바와 같이, 올해 1월 EU는 현대중공업의 대우조선해양 인수를 금지한 바 있다. 당시 기자회견에서 마가렛 베스타거 EU 수석부집행위원장은 금지 사유로 ① 대형 LNG 운반선 시장에서 두 회사의 시장점유율 합계가 60%를 넘고 견제할만한 경쟁업체가 없으며, ② 기업결합 당사회사가 경쟁제한 문제를 해소할 수 있는 시정방안을 제출하지 않았다는 점을 강조했다. 이에 앞서 약 1년 전인 2021년 2월 EU는 역내 조선사(크루즈선 제조) 간의 기업결합인 이탈리아 Fincantieri의 프랑스 Chantiers de L'Atlantique 인수에 대해 사실상 기업결합 금지 결정을 내린 바 있다. 당시 EU는 기업결합으로 인해 크루즈선 제조업체 수가 3개에서 2개로 줄어들게 되어 경쟁이 크게 제한되는 점을 지적하면서, 시정방안이 제출되지 않을 경우 금지 결정을 내릴 수밖에 없다는 입장을 여러 차례 피력했다. 두 기업은 재무구조가 부실해서 각각 이탈리아와 프랑스 정부가 대부분의 지분을 소유하고 있었는데, 두 국가의 경제부 장관들은 마가렛 베스타거 EU 수석부집행위원장과 전화 통화를 통해 EU의 입장을 재확인한 후 기업결합을 포기했다. 시장구조가 유사한 두 사건에서 EU는 경쟁 보호를 위한 시정방안이 마련되지 않을 경우 기업결합을 금지한다는 원칙을 동일하게 적용한 것이다.

또한 EU는 2021년 두 건의 항공사 간 기업결합에 대해서도 역내외 기업을 구분하지 않고 일관된 기준을 적용했다. 2021년 4월 캐나다 항공사 간 기업결합(Air Canada-Transat)에 이어 같은 해 12월 스페인 항공사 간 기업결합(IAG-Air Europa)에서 신고기업들은 모두 중복 노선에서의 공항 슬롯 매각 등 시정방안을 제출했으나, EU 집행위원회는 두 건 모두 시정방안이 경쟁제한 문제를 해소하기에 충분하지 않다는 이유로 금지 결정을 내리기 위한 절차를 진행했고 결국 항공사들은 스스로 기업결합을 포기했다.

　　　　　　　　　　　　　　　　　　　　　EU 경쟁법의 이해

표 56_ **역내외 기업 경쟁법 적용 사례**

분야	신고일	결정일	기업결합 회사	심사 결과	사유
조선	2019. 9.	2021. 2.	Fincantieri(이탈리아)– CAT(프랑스)	포기 (신고 철회)	독점적 지위 확보 및 시정방안 미제출
	2019. 11.	2022. 1.	현대중공업– 대우조선해양	금지	
항공	2020. 4.	2021. 4.	Air Canada(캐나다)– Transat(캐나다)	포기 (신고 철회)	다수 중복 노선에서 의 경쟁제한 및 시정 방안 불충분
	2021. 5.	2021. 12.	IAG(스페인)– Air Europa(스페인)	포기 (신고 철회)	

* 출처 : EU 집행위원회

(2) 디지털시장 및 보조금 분야의 공정경쟁 환경 조성

한편, EU는 기존 경쟁정책의 엄격한 집행뿐만 아니라 디지털시장, 역외 보조금 등 새로운 분야에서의 공정경쟁 환경 조성을 위한 입법을 적극적으로 추진하고 있다.

EU 집행위원회는 2010년대 중후반부터 빅테크 기업들의 독점력 남용 행위를 본격적으로 조사·제재해왔다. 대표적인 사례로, EU는 2017년부터 2019년까지 3년 간 Google에 대해 총 82억 5천만 유로라는 거액의 과징금을 부과했다. 2017년 6월에는 자사의 쇼핑서비스를 경쟁사보다 좋은 위치에 노출시킨 행위에 대해 과징금 24억 2천만 유로를 부과(Google Shopping 사건)하고, 2018년 7월에는 모바일 Android 기기 제조사들에게 애플리케이션 선탑재를 요구한 행위 등에 대해 과징금 43억 4천만 유로를 부과(Google Android 사건)했다. 마지막으로 2019년 3월에는 검색 광고 중개시장에서 고객사들에게 경쟁업체와 거래하지 못하도록 요구한 행위 등에 대해 과징금 14억 9천만 유로를 부과(Google Adsense 사건)했다.

그러나 Google 사건처리 이후에도 디지털시장은 매우 빠른 속도로 변

그림 61 ..... 2017년 Google Shopping 사건(162쪽 <그림 51> 재수록)

화하는 반면, 경쟁법 집행은 기업의 법위반 행위를 사후에 적발해서 제재하기 때문에 선제적으로 대응하기 어렵고, 조사에 수년의 시간이 소요되어 경쟁업체 보호와 소비자 피해 구제에도 효과적이지도 않다는 비판이 계속 제기되었다. 특히 2015년부터 2019년까지 경쟁 담당 집행위원을 역임하고 2019년 말부터 디지털 정책 총괄 업무까지 담당하게 된 마가렛 베스타거 EU 수석부집행위원장은 디지털시장에서의 공정경쟁 환경 조성을 위해서는 기존 경쟁법을 넘어서 별도의 사전 규제 법률을 제정해야 한다고 지속적으로 주장했다. 결국 EU는 2020년 12월 DMA를 제안했는데, 이 법안은 대형 온라인 플랫폼을 게이트키퍼로 지정해서 경쟁 촉진 및 불공정 행위 예방을 위한 총 18가지 의무를 부담시키고 있다.

법안이 제안될 당시에는 Google, Apple, Amazon, Meta 등 대부분의 빅테크 기업들이 미국 기업이기 때문에 미국 정부의 상당한 반발이 예상되었다. 그러나 2021년 1월 민주당 정부가 새로 들어서고 미국 의회 내에서

EU 경쟁법의 이해

도 경쟁정책 차원에서 빅테크 기업을 규제하기 위한 법률 제정 작업이 시작됨에 따라, EU의 DMA 제정 자체에 대해서는 미국도 명시적으로 반대하고 있지 않은 상황이다.[195] 2022년 3월 유럽의회, EU 이사회, EU 집행위원회 간 3자 협의를 통해 최종 법안이 도출되었으며, 2022년 하반기 중 입법절차가 모두 완료되어 2023년 상반기에는 법이 시행될 수 있을 것으로 전망된다. DMA가 시행되면 어떤 기업들이 규제 대상인 게이트키퍼로 지정될 것인지가 가장 관심사인데, 미국 기업뿐만 아니라 Booking.com(네덜란드), Alibaba(중국) 등도 규제 대상에 포함될 수 있을 것으로 전망되고 있다. 미국에서 유사한 입법이 이루어지고 EU DMA의 규제 대상에 미국 이외의 국가 기업들도 포함될 경우, 이 법이 미국 기업을 견제하기 위한 의도적이고 차별적인 규제라는 비판은 상당히 줄어들 것으로 예상되며, 오히려 여러 국가들이 디지털시장에서의 공정경쟁을 명분으로 유사한 입법을 추진하는 데 상당한 동력으로 작용할 것으로 보인다.[196]

한편, EU 집행위원회는 역외 기업들이 자국 정부로부터 보조금을 지원받아 EU 기업을 인수하거나 공공조달 시장에 참여하는 것을 차단하기

....

195 다만, 2021년 12월 유럽의회가 게이트키퍼의 정량적 지정 기준을 EU 집행위원회(안)보다 상향 조정하는 수정안을 채택하자, 미국 행정부와 의회는 규제 대상 기업에서 유럽 기업을 제외하고 미국 기업만을 포함하기 위한 시도라고 비난한 바 있다. 이후 유럽의회, EU 이사회, EU 집행위원회는 3자 협의를 통해 2022년 3월 게이트키퍼 지정 기준을 EU 집행위원회(안)과 유럽의회(안)의 중간 수준에서 합의했다.

196 영국은 '전략적 시장 지위strategic market status'에 있는 디지털 플랫폼을 규제하기 위한 입법을 추진 중이며, 2021년 4월 집행기구인 DMU(Digital Market Unit)를 출범했다. 호주는 디지털 플랫폼 규제를 목적으로 경쟁법 개정을 추진하기 위해 2022년 2월 토론 페이퍼discussion paper를 발표했다. 한편, 독일과 일본은 이미 2021년부터 디지털 플랫폼에 대한 사전 규제 법률을 시행 중이다. 우리나라도 앱마켓 사업자가 특정 결제 방식의 사용을 강제하지 못하도록 전기통신사업법을 개정해서 2022년 3월부터 시행하고 있다.

위해 2021년 5월 역외 보조금 규제 법안^{regulation on foreign subsid}을 EU 이사회 및 유럽의회에 제출했다. 전술한 바와 같이, EU는 회원국의 보조금 지원, 즉 역내 보조금을 경쟁정책 차원에서 엄격하게 규제하고 있는데, 중국 등 제3국 정부로부터 보조금 지원을 받은 역외 기업은 EU 시장에 진출하더라도 유사한 규제를 받지 않기 때문에, 역내 기업이 역외 기업에 비해 경쟁에서 불리한 위치에 놓여 있다는 비판과 불만이 꾸준히 제기되어 왔다.

법안은 일정 요건하에 역외 기업이 EU 기업을 인수하거나 공공조달에 참여하는 경우 사전신고 의무를 부여하고 있다. 또한 신고 요건에 해당하지 않더라도 보조금 지원을 받은 역외 기업이 EU 시장의 경쟁을 왜곡하고 있다고 의심되는 경우 EU는 직권조사를 할 수 있게 된다. 조사 결과 제3국의 보조금 지원에 따라 EU 시장의 경쟁이 왜곡될 우려가 있는 경우, 기업결합은 시정방안을 조건으로 승인되거나 기업결합 자체가 금지될 수 있으며, 공공조달의 경우 해당 기업은 계약 체결이 금지된다.

당초에는 법률이 시행되면 주로 중국 (공)기업이 조사 대상이 될 것으로 예상되었으나, 법안 발표 후 보조금의 개념이 지나치게 넓고 불확실한 점, 직권조사 대상이 불분명한 점, 공공조달 조사 기간(최대 200일)이 매우 길어 조달 절차가 장기간 지연될 수 있는 점 등을 이유로 2022년 2월과 5월에 미국, 호주, 일본, 우리나라 등 주요국 사업자단체와 글로벌 빅테크 기업들의 업종단체(CCIA)도 법안의 수정을 요청하는 공동성명서를 발표했다. 2022년 6월 말 유럽의회와 EU 이사회는 EU 집행위원회와의 3자 협의를 통해 이러한 이해관계자들의 의견을 일부 수용해서 최종 법안을 도출했으며, 2022년 말까지는 입법절차가 마무리되고 6개월의 유예기간을 거쳐 내년 중반경 시행될 것으로 전망된다.

EU 경쟁법의 이해

표 57_ 역외 보조금 규정 최종 법안 주요 내용

		신고 및 조사 대상	시정 조치
사전 규제	기업결합	EU 매출액 5억 유로 이상 & 3년간 보조금 5천만 유로 초과	조건부 승인 및 금지
	공공조달	조달 가액이 250백만 유로 이상 & 3년간 국가당 보조금 4백만 유로 이상	계약 체결 금지
사후 규제	직권조사	경쟁을 왜곡하는 보조금 지원이 의심되는 모든 경우	보조금 반환, 자산 매각 등

* 출처 : EU 집행위원회

현실적으로 역내 기업들이 이미 국가보조금 규제를 받고 있는 상황을 고려할 때, EU 역외 보조금 규정에 대해 역외 국가에 대한 차별적 규제 또는 기업에 대한 과도한 규제라고 보는 시각보다는, 역내외 기업이 동등한 위치에서 경쟁할 수 있도록 함으로써 역내 기업들을 보호하려는 EU 경쟁 정책 차원의 시도라는 평가에 조금 더 무게가 실릴 수 있을 것으로 보인다. 다만, 법률이 시행되더라도 EU가 제3국 정부의 보조금 지원 내역을 정확히 파악하는 데는 한계가 있을 수밖에 없기 때문에 얼마나 효과적으로 집행될 수 있을지에 대해서는 불확실성이 남아 있다.[197]

----

197 이에 따라 3자 협의를 통해 도출된 최종 법안은 EU 집행위원회에게 역외 보조금 규정의 충실한 집행을 넘어서 제3국이 보조금 지원을 중단할 수 있도록 제3국과 직접 대화에 나서도록 요구하는 한편, WTO 등을 통한 다자 차원의 보조금 규제 체계가 마련될 수 있도록 관련 논의에 적극 참여하도록 요구하고 있다.

4. EU 경쟁정책의 유연성 및 산업정책과의 조화

(1) 코로나 경제 위기 극복을 위한 경쟁정책적 고려

2019년 초 코로나 팬데믹이 유럽 전역에 확산되자 경제적 피해를 입은 기업, 산업 등을 신속히 지원할 필요성이 대두되었다. 그러나 회원국의 보조금 지원은 EU의 엄격한 심사를 통과해야만 가능하기 때문에 실제 지원까지는 장기간이 소요되는 문제점이 있었다. 이에 따라 EU는 신속한 심사를 통해 지원이 이루어지도록 2019년 3월 '한시적 보조금 지원 기준'을 제정했으며, 코로나 팬데믹이 장기화되면서 6차례에 걸쳐 지원 방식과 범위를 확대했다.

EU는 보조금 규모가 작아 경쟁에 거의 영향을 미치지 않는 경우에는 며칠 내에 신속하게 승인하는 한편, 경쟁을 왜곡할 우려가 큰 대규모 보조금 지원 계획에 대해서는 경쟁을 촉진시킬 수 있는 시정방안의 제출 및 이행을 조건으로 승인하고 있다. 예를 들어, 2020년 6월 EU는 독일 정부의 Lufthansa 항공사에 대한 60억 유로의 보조금 지원 계획을 승인하면서, 뮌헨공항과 프랑크푸르트공항의 슬롯 최대 24개 등 관련 자산을 경쟁 항공사에 매각하도록 조건을 부과했다. 이는 보조금 지원으로 Lufthansa가 부당하게 이득을 얻는 점을 고려해서 Lufthansa의 허브 공항에 경쟁 항공사가 진입하도록 함으로써 경쟁을 촉진시키기 위한 조치이다. 또한 유사하게 2021년 4월 프랑스 정부의 Air France 항공사에 대한 40억 유로의 보조금 지원 계획은 파리 오를리공항의 슬롯 최대 18개를 경쟁 항공사에 매각하는 조건으로 승인되었다.

코로나 팬데믹 위기 극복을 위한 EU의 국가보조금 정책은 경쟁정책이 경제 위기 극복을 위해 절차적 유연성을 발휘할 수 있음을 보여준다는 점

State aid: Commission approves €6 billion German measure to recapitalise Lufthansa

Brussels, 25 June 2020

The European Commission has approved German plans to contribute €6 billion to the recapitalisation of Deutsche Lufthansa AG (DLH), the parent company of Lufthansa Group. The measure was approved under the State aid Temporary Framework adopted by the Commission on 19 March 2020, as amended on 3 April and 8 May 2020.

- **Commitments to preserve effective competition**: DLH will benefit from a recapitalisation measure above €250 million and holds a significant market power on the relevant markets on which it operates. Before the coronavirus outbreak, its hub airports of Munich and Frankfurt were congested, meaning that landing and take-off slots were in short supply. Therefore, in line with requirements of the Temporary Framework, additional measures to preserve effective competition are necessary. These consist in the divestment of up to 24 slots/day at Frankfurt and Munich hub airports and of related additional assets to allow competing carriers to establish a base of up to four aircraft at each of these airports. These measures would enable a viable entry or expansion of activities by other airlines at these airports to the benefit of consumers and effective competition.

그림 62 ..... 독일의 Lufthansa 보조금 지원 및 승인 조건(130쪽 〈그림 42〉 재수록)

에서 긍정적으로 평가할 수 있다. 그런데 2021년 9월 말까지 EU는 3조 유로가 넘는 회원국 보조금을 승인했는데, 이 중 독일이 약 50%를 차지하는 것으로 나타났다.[198] 기울어진 운동장을 바로잡기 위해 운영되는 국가보조금 심사제도가 의도치 않게 재정이 건전한 국가와 그렇지 못한 국가 간 보조금 지원의 불균형을 유발시켜 오히려 회원국 간 경쟁을 왜곡시켰다는 비판도 충분히 제기될 수 있을 것으로 보인다.

(2) 산업정책과 경쟁정책의 조화 : IPCEI, 유럽반도체법

경쟁정책은 시장경제에 대한 신뢰를 기초로 정부의 시장 개입을 반대하는 반면, 산업정책은 특정 산업을 육성하기 위한 정부의 지원을 수반하기 때문에 두 정책은 일반적으로 서로 친하지 않고 종종 양 당국이 갈등을 일으키는 것도 사실이다. 그럼에도 불구하고 시장 실패를 극복하기 위한 목적 또

....

198 2021년 2월 9일, *EURACTIV*, "Massive German state aid to virus-hit firms? Others in EU doing as much or more: Vestager".

는 경쟁을 제한하지 않는 범위 내에서 정부의 개입은 충분히 가능할 수 있기 때문에 두 정책은 상호 보완적일 수 있다. EU가 산업정책과 경쟁정책 간 조화를 적극적으로 추진하고 있는 대표적인 정책 사례로 유럽 공동이익 중요 프로젝트Important Projects of Common European Interest, IPCEI와 유럽반도체법European Chips Act 을 들 수 있다.

IPCEI는 녹색 전환, 디지털 전환 등 유럽의 중요한 정책 목표와 관련된 대규모 연구·개발·혁신 프로젝트에 대해 여러 회원국들이 보조금을 지원하는 프로그램이다. 혁신적인 기술 개발을 위해서는 투자 리스크가 크기 때문에 단일 국가나 단일 기업이 감당하기 어려워, 여러 회원국들과 기업들이 공동으로 투자를 진행하는 것이다. 그간 EU는 반도체(2018년 12월), 배터리(2019년 12월, 2021년 1월), 수소(2022년 7월) 분야의 4개 IPCEI에 대해 총 132.5억 유로의 보조금 지원을 승인했으며, 추가적으로 2022년 8월 현재 반도체, 클라우드, 헬스 등 3개 분야의 IPCEI를 준비 중이다.

표 58_ **EU 집행위원회의 IPCEI 승인 내역**

일자	분야	보조금 규모	참여 회원국	참여 기업 등
2018.12.	반도체	17.5억 유로	4개	29개
2019.12.	배터리	32억 유로	7개	17개
2021.1.	배터리	29억 유로	12개	42개
2022.7.	수소	54억 유로	15개	35개

* 출처: EU 집행위원회(Case Search)

그렇다면 이런 대규모의 보조금 지원정책이 어떻게 경쟁정책과 양립할 수 있을까? EU는 경쟁을 왜곡하지 않는 범위 내에서 보조금이 지원될 수 있도록 IPCEI 심사기준[199]에 〈표 59〉와 같은 다양한 안전장치를 두고 있으며, 이러한 경쟁 보호 조치들을 조건으로 IPCEI 프로젝트를 승인하고 있다.

표 59_ IPCEI 기준상 경쟁 보호 조치

① 지원 대상은 고도의 연구·개발·혁신 프로젝트이어야 하며, 대량 생산이나 상업적 활동은 지원 대상이 될 수 없음.

② 시장 실패 또는 시스템 실패를 극복하기 위한 목적일 것[200]

③ 프로젝트 성과물이 참여 회원국·기업에게만 공유되지 않고, EU 전체에 전파될 것

④ 경쟁을 덜 왜곡하는 다른 수단이 없을 것

⑤ 관련 시장 및 상·하류 시장에서 생산능력 과잉을 야기하지 않을 것

⑥ 시장을 봉쇄하거나 독점적 지위를 창출하지 않을 것

한편, EU는 2022년 2월 유럽반도체법[201]을 발표했다. 이 법안은 전 세계 반도체시장에서 현재 10%에 불과한 EU의 시장점유율을 2030년까지 20%로 확대시키는 것을 목표로 삼고 있으며, 이를 달성하기 위해 반도체 생산시설을 유치할 수 있도록 회원국이 보조금을 지원하는 것을 허용하고 있다. 법안 발표 후 약 한 달이 지나 미국 반도체 기업 인텔Intel은 독일에 170억 유로를 투자해서 대규모 생산시설을 건설하는 등 EU에 향후 10년 간 800억 유로를 투자할 계획을 발표했다. 이에 대해 현지 언론은 세계 3대 반도체 회사(TSMC, 인텔, 삼성전자) 중 한 회사가 유럽에 생산시설을 짓게 됨으로써 이 법안의 핵심 목표가 달성되었다고 평가하기도 했다.[202]

....

199 Criteria for the analysis of the compatibility with the internal market of State aid to promote the execution of important projects of common European interest(2021/C 528/02)

200 국가보조금 지원이 없을 경우 동일한 규모나 방식으로 프로젝트가 수행될 수 없음을 의미한다.

201 법안의 공식 명칭은 'REGULATION OF THE EUROPEAN PARLIAMENT AND OF THE COUNCIL establishing a framework of measures for strengthening Europe's semiconductor ecosystem'이다.

202 2022년 3월 15일, *Politico*, "Intel unveils 'landmark' 33B Euro investment in EU Chipmaking"

보조금은 다수의 경쟁업체 중 일부에게만 지원되기 때문에 일반적으로 경쟁을 왜곡하게 되는데, 유럽반도체법은 어떠한 방식으로 경쟁정책과의 조화를 꾀한 것일까? EU는 이에 대해 매우 전략적인 방식으로 이 문제를 해결하고 있다. 이 법안은 반도체 생산시설을 다른 기업을 위해 부품을 생산하는 시설Open EU Foundries과 자사의 제품에 사용되는 부품을 생산하는 시설Intergrated Production Facilities로 구분한 후, 두 유형의 생산시설로서 각각 유럽 내 '최초First-of-a-kind'의 시설에 대해서만 보조금을 지원할 수 있도록 하고 있다. '최초'의 생산시설이란 유럽 내 다른 경쟁업체가 없다는 것을 의미하기 때문에 보조금을 지원하더라도 경쟁을 왜곡하지 않는다는 것이다.[203]

　　사실 이러한 논리는 경제적 관점에서 반도체 시장의 지리적 범위를 전세계 시장으로 확대하면 설득력이 부족하지만, 법률적 관점에서는 유럽반도체법이 EU 시장에 한정되어 적용된다는 점을 고려할 때 쉽게 반박하기 어려운 논리이기도 하다. EU가 경쟁 원칙을 훼손하지 않으면서도 보조금 지원을 통해 외국 반도체 기업을 유치할 수 있는 방안이 무엇인지에 대해 많은 고민을 했음을 알 수 있는 대목이다.

5. 마치며

　　EU는 보다 강화된 형태의 유럽 통합을 지향하고 있어 경제적으로 진정한 의미의 단일시장을 만들기 위해 앞으로도 강력한 경쟁정책 기조를

----

[203]　2022년 2월 8일, 마가렛 베스타거 EU 수석부집행위원장이 유럽반도체법을 발표하면서 설명한 내용이다.

유지해 나갈 것으로 전망된다. EU에 진출하는 우리 기업과 이를 지원하는 우리 정부 모두 EU 경쟁정책 리스크가 발생하지 않도록 각별한 주의가 필요하다.

최근에는 디지털시장의 경쟁 회복을 위한 대형 온라인 플랫폼 규제, 역내외 기업 간 비대칭적 보조금 규제를 해결하기 위한 역외 보조금 통제 등 새로운 분야에서 EU가 선도적으로 경쟁정책의 영역을 확대해나가고 있다. 또한 EU 체제에서 비롯된 독특한 경쟁정책 수단인 국가보조금 심사제도는 코로나 팬데믹으로 인한 경제 위기 극복, 공급망 강화 등 산업정책상 목표를 달성하기 위해 유연하고도 전략적으로 활용되고 있다. 이러한 추세는 녹색 및 디지털 전환, 우크라이나 사태로 인한 피해기업 지원 등 상당한 공적자금이 수반될 수 밖에 없는 최근의 정책 여건하에서 계속 강화될 것으로 전망된다.

결론적으로 독과점 폐해를 규제하기 위해 시작된 전통적 경쟁정책이 EU에서는 다양한 모습으로 진화해 나가고 있다고 평가할 수 있다. 기울어진 운동장을 평평하게 바로잡아 EU 기업과 산업이 피해를 입지 않도록 보호하거나, 더 나아가 경쟁의 가치와 원칙을 훼손하지 않는 범위 내에서 EU의 경쟁력을 적극적으로 강화시키기 위한 여러 정책들을 조화롭게 실현시켜 나가고 있는 것이다. 이러한 EU 경쟁정책의 진화는 우리에게 경쟁정책을 새로운 시각에서 바라볼 수 있는 기회와 많은 정책적 아이디어를 제공해준다.

EU 기능조약의 경쟁 관련 조항

Article 101
(ex Article 81 TEC)

1. The following shall be prohibited as incompatible with the internal market: all agreements between undertakings, decisions by associations of undertakings and concerted practices which may affect trade between Member States and which have as their object or effect the prevention, restriction or distortion of competition within the internal market, and in particular those which:

   (a) directly or indirectly fix purchase or selling prices or any other trading conditions;
   (b) limit or control production, markets, technical development, or investment;
   (c) share markets or sources of supply;
   (d) apply dissimilar conditions to equivalent transactions with other trading parties, thereby placing them at a competitive disadvantage;
   (e) make the conclusion of contracts subject to acceptance by the other parties of supplementary obligations which, by their nature or according to commercial usage, have no connection with the subject of such contracts.

2. Any agreements or decisions prohibited pursuant to this Article shall be automatically void.

3. The provisions of paragraph 1 may, however, be declared inapplicable in the case of:
   - any agreement or category of agreements between undertakings,
   - any decision or category of decisions by associations of undertakings,
   - any concerted practice or category of concerted practices,
   which contributes to improving the production or distribution of goods or to

promoting technical or economic progress, while allowing consumers a fair share of the resulting benefit, and which does not:

(a) impose on the undertakings concerned restrictions which are not indispens-able to the attainment of these objectives;

(b) afford such undertakings the possibility of eliminating competition in respect of a substantial part of the products in question.

Article 102
(ex Article 82 TEC)

Any abuse by one or more undertakings of a dominant position within the internal market or in a substantial part of it shall be prohibited as incompatible with the internal market in so far as it may affect trade between Member States.

Such abuse may, in particular, consist in:

(a) directly or indirectly imposing unfair purchase or selling prices or other unfair trading conditions;

(b) limiting production, markets or technical development to the prejudice of consumers;

(c) applying dissimilar conditions to equivalent transactions with other trading parties, thereby placing them at a competitive disadvantage;

(d) making the conclusion of contracts subject to acceptance by the other parties of supplementary obligations which, by their nature or according to commercial usage, have no connection with the subject of such contracts.

Article 103
(ex Article 83 TEC)

1. The appropriate regulations or directives to give effect to the principles set out in Articles 101 and 102 shall be laid down by the Council, on a proposal from the Commission and after consulting the European Parliament.

2. The regulations or directives referred to in paragraph 1 shall be designed in particular:

(a) to ensure compliance with the prohibitions laid down in Article 101(1) and in

Article 102 by making provision for fines and periodic penalty payments;

(b) to lay down detailed rules for the application of Article 101(3), taking into account the need to ensure effective supervision on the one hand, and to simplify administration to the greatest possible extent on the other;

(c) to define, if need be, in the various branches of the economy, the scope of the provisions of Articles 101 and 102;

(d) to define the respective functions of the Commission and of the Court of Justice of the European Union in applying the provisions laid down in this paragraph;

(e) to determine the relationship between national laws and the provisions contained in this Section or adopted pursuant to this Article.

Article 104
(ex Article 84 TEC)

Until the entry into force of the provisions adopted in pursuance of Article 103, the authorities in Member States shall rule on the admissibility of agreements, decisions and concerted practices and on abuse of a dominant position in the internal market in accordance with the law of their country and with the provisions of Article 101, in particular paragraph 3, and of Article 102.

Article 105
(ex Article 85 TEC)

1. Without prejudice to Article 104, the Commission shall ensure the application of the principles laid down in Articles 101 and 102. On application by a Member State or on its own initiative, and in cooperation with the competent authorities in the Member States, which shall give it their assistance, the Commission shall investigate cases of suspected infringement of these principles. If it finds that there has been an infringement, it shall propose appropriate measures to bring it to an end.

2. If the infringement is not brought to an end, the Commission shall record such infringement of the principles in a reasoned decision. The Commission may publish its decision and authorise Member States to take the measures, the conditions and details of which it shall determine, needed to remedy the situation.

3. The Commission may adopt regulations relating to the categories of agreement in

EU 경쟁법의 이해

respect of which the Council has adopted a regulation or a directive pursuant to Article 103(2)(b).

Article 106
(ex Article 86 TEC)

1. In the case of public undertakings and undertakings to which Member States grant special or exclusive rights, Member States shall neither enact nor maintain in force any measure contrary to the rules contained in the Treaties, in particular to those rules provided for in Article 18 and Articles 101 to 109.

2. Undertakings entrusted with the operation of services of general economic interest or having the character of a revenue-producing monopoly shall be subject to the rules contained in the Treaties, in particular to the rules on competition, in so far as the application of such rules does not obstruct the performance, in law or in fact, of the particular tasks assigned to them. The development of trade must not be affected to such an extent as would be contrary to the interests of the Union.

3. The Commission shall ensure the application of the provisions of this Article and shall, where necessary, address appropriate directives or decisions to Member States.

Article 107
(ex Article 87 TEC)

1. Save as otherwise provided in the Treaties, any aid granted by a Member State or through State resources in any form whatsoever which distorts or threatens to distort competition by favouring certain undertakings or the production of certain goods shall, in so far as it affects trade between Member States, be incompatible with the internal market.

2. The following shall be compatible with the internal market:

    (a) aid having a social character, granted to individual consumers, provided that such aid is granted without discrimination related to the origin of the products concerned;

    (b) aid to make good the damage caused by natural disasters or exceptional occurrences;

(c) aid granted to the economy of certain areas of the Federal Republic of Germany affected by the division of Germany, in so far as such aid is required in order to compensate for the economic disadvantages caused by that division. Five years after the entry into force of the Treaty of Lisbon, the Council, acting on a proposal from the Commission, may adopt a decision repealing this point.

3. The following may be considered to be compatible with the internal market:

(a) aid to promote the economic development of areas where the standard of living is abnormally low or where there is serious underemployment, and of the regions referred to in Article 349, in view of their structural, economic and social situation;
(b) aid to promote the execution of an important project of common European interest or to remedy a serious disturbance in the economy of a Member State;
(c) aid to facilitate the development of certain economic activities or of certain economic areas, where such aid does not adversely affect trading conditions to an extent contrary to the common interest;
(d) aid to promote culture and heritage conservation where such aid does not affect trading conditions and competition in the Union to an extent that is contrary to the common interest;
(e) such other categories of aid as may be specified by decision of the Council on a proposal from the Commission.

Article 108
(ex Article 88 TEC)

1. The Commission shall, in cooperation with Member States, keep under constant review all systems of aid existing in those States. It shall propose to the latter any appropriate measures required by the progressive development or by the functioning of the internal market.

2. If, after giving notice to the parties concerned to submit their comments, the Commission finds that aid granted by a State or through State resources is not compatible with the internal market having regard to Article 107, or that such aid is being misused, it shall decide that the State concerned shall abolish or alter such aid within a period of time to be determined by the Commission.

If the State concerned does not comply with this decision within the prescribed time, the Commission or any other interested State may, in derogation from the provisions of Articles 258 and 259, refer the matter to the Court of Justice of the European Union direct.

On application by a Member State, the Council may, acting unanimously, decide that aid which that State is granting or intends to grant shall be considered to be compatible with the internal market, in derogation from the provisions of Article 107 or from the regulations provided for in Article 109, if such a decision is justified by exceptional circumstances. If, as regards the aid in question, the Commission has already initiated the procedure provided for in the first subparagraph of this paragraph, the fact that the State concerned has made its application to the Council shall have the effect of suspending that procedure until the Council has made its attitude known.

If, however, the Council has not made its attitude known within three months of the said application being made, the Commission shall give its decision on the case.

3. The Commission shall be informed, in sufficient time to enable it to submit its comments, of any plans to grant or alter aid. If it considers that any such plan is not compatible with the internal market having regard to Article 107, it shall without delay initiate the procedure provided for in paragraph 2. The Member State concerned shall not put its proposed measures into effect until this procedure has resulted in a final decision.

4. The Commission may adopt regulations relating to the categories of State aid that the Council has, pursuant to Article 109, determined may be exempted from the procedure provided for by paragraph 3 of this Article.

Article 109
(ex Article 89 TEC)

The Council, on a proposal from the Commission and after consulting the European Parliament, may make any appropriate regulations for the application of Articles 107 and 108 and may in particular determine the conditions in which Article 108(3) shall apply and the categories of aid exempted from this procedure.

참고문헌

1. 주요 기관 등

유럽의회 https://www.europarl.europa.eu/portal/en

주벨기에 · 유럽연합대사관 https://overseas.mofa.go.kr/be-ko/index.do

EU 경쟁총국 https://ec.europa.eu/competition-policy/index_en

EU 사법재판소 https://curia.europa.eu/jcms/jcms/j_6/en/

EU 이사회 https://www.consilium.europa.eu/en/

EU 집행위원회 https://ec.europa.eu/info/index_en

EU-아시아 경쟁협력 프로젝트 https://aisa.competitioncooperation.eu/

EU-아프리카 경쟁협력 프로젝트 https://africa.competitioncooperation.eu/

EU Whoiswho https://op.europa.eu/en/web/who-is-who/

마가렛 베스타거 수석부집행위원장 https://ec.europa.eu/commission/commissioners/
2019-2024/vestager_en

EU 경쟁총국 트위터 계정 https://twitter.com/EU_Competition

EU 경쟁총국 링크드인 계정 https://www.linkedin.com/showcase/dg-competition/

2. 단행본, 저널 등

김문식, 「EU 경쟁법 리스크 대비 선택 아닌 필수」, 『나라경제』, KDI 경제 정보센터, 2020년
2월호

김문식, 「EU의 기업결합 심사제도와 동향: 한국과 EU 비교 및 국내 기업의 유의사항」, 『경쟁
저널』, 한국공정경쟁연합회, 2020년 8월호

김문식, 「EU 디지털시장법안의 내용과 시사점」, 『경쟁저널』, 한국공정경쟁연합회, 2021년 2
월호

김문식, 「EU 지역 투자 보조금 심사제도 및 우리 기업의 유의사항」, 『경쟁저널』, 한국공정경
쟁연합회, 2021년 5월호

김문식, 「유럽 투자 시 주의할 EU 보조금 규제」, 『나라경제』, KDI 경제 정보센터, 2021년 12
월호

EU 경쟁법의 이해

주벨기에 · 유럽연합대사관, 『EU 정책브리핑』, 2021년 4차 개정판

Alison Jones and Brenda Sufrin, *EU Competition Law: Tax, Cases, and Materials*, Oxford University Press, 6th edition, 2016.

Ariel Ezrachi, *EU Competition Law: An Analytical Guide to the Leading Cases*, Bloomsbury Academic, 7th edition, 2021.

Jacques Cremer, Yves-Alexandre de Montjoye and Heike Schweitzer, *Competition Policy for the Digital Era*, European Union, 2019.

3. 주요 규정, 법안 등

유럽의회, Digital Markets Act 심사경과, European Paliament, Procedure file 2020/0374 (COD) https://oeil.secure.europarl.europa.eu/oeil/popups/fichepro-cedure.do?lang=en &reference=2020/0374(COD)

유럽의회, Regulation on Foreign subsidies 심사경과, European Paliament, Procedure file 2021/0114(COD) https://oeil.secure.europarl.europa.eu/oeil/popups/ficheprocedure. do?lang=en&reference=2021/0114(COD)

EU 이사회, Digital Markets Act 심사경과, Regulating 'big tech': Council agrees on enhancing competition in the digital sphere, https://www.consilium.europa.eu/en/press/press-releases/2021/11/25/regulating-big-tech-council-agrees-on-enhancing-competition-in-the-digital-sphere/

EU 집행위원회, 코로나 위기 극복을 위한 보조금 지원 및 심사기준, https://ec.europa.eu/ competition-policy/state-aid/coronavirus /temporary-framework_en

Commission Consolidated Jurisdictional Notice under Council Regulation (EC) No 139/2004 on the control of concentrations between undertakings, OJ C 95, 2008.4.16.

Commission Notice on the definition of the relevant market for the purposes of Community competition law, OJ C 372, 1997.12.9.

Commission Notice on cooperation within the Network of Competition Authorities, OJ C 101, 2004.4.27.

Commission Notice on the rules for access to the Commission file OJ C 325, 2005. 12.22.

Commission Notice on immunity from fines and reduction of fines in cartel cases, OJ C 298, 2006.12.8.

Commission Notice on the conduct of settlement procedures in view of the adoption of Decisions pursuant to Article 7 and Article 23 of Council Regulation (EC) No 1/2003 in cartel cases, OJ C 167 2008.7.2.

Commission Notice on remedies acceptable under the Council Regulation (EC) No 139/2004 and under Commission Regulation (EC) No 802/2004, OJ C 267, 2008.10.22.

Commission Notice on best practices for the conduct of proceedings concerning Articles 101 and 102 TFEU Text with EEA relevance, OJ C 308, 2011.10.20.

Commission Notice on agreements of minor importance which do not appreciably restrict competition under Article 101(1) of the Treaty on the Functioning of the European Union (De Minimis Notice), OJ C 291 2014.8.30.

Commission Notice of 5 December 2013 on a simplified procedure for treatment of certain concentrations under Council Regulation (EC) No 139/2004, OJ C 366, 2013.12.14.

Commission Notice on Case Referral in respect of concentrations, OJ C 56, 2005.3.5.

Commission Notice on restrictions directly related and necessary to concentrations, OJ C 56, 2005.3.5.

Commission Regulation (EC) No 773/2004 of 7 April 2004 relating to the conduct of proceedings by the Commission pursuant to Articles 81 and 82 of the EC Treaty, OJ L 123, 2004.4.27.

Commission Regulation (EC) No 794/2004 of 21 April 2004 implementing Council Regulation (EC) No 659/1999 laying down detailed rules for the application of Article 93 of the EC Treaty, OJ L 140, 2004.4.30.

Commission Regulation (EC) No 802/2004 of 21 April 2004 implementing Council Regulation (EC) No 139/2004 on the control of concentrations between undertak-ings, OJ L 133, 2004.4.30.

Commission Regulation 330/2010 of 20 April 2010 on the application of Article 101(3) of the Treaty on the Functioning of the European Union to categories of vertical agreements and concerted practices, OJ L 102, 2010.4.23.

Commission Regulation No 1217/2010 of 14 December 2010 on the application of Article 101(3) of the Treaty on the functioning of the European Union to categories of research and development agreements, OJ L 335, 2010.12.18.

Commission Regulation No 1218/2010 of 14 December 2010 on the application of Article 101(3) of the Treaty to categories of specialisation agreements, OJ L 335, 2010.12.18.

Commission Regulation (EU) No 1407/2013 of 18 December 2013 on the application of Articles 107 and 108 of the Treaty on the Functioning of the European Union to de minimis aid Text with EEA relevance, OJ L 352, 2013.12.24.

Commission Regulation (EU) No 651/2014 of 17 June 2014 declaring certain categories of aid compatible with the internal market in application of Articles 107 and 108 of the Treaty, OJ L 187 2014.6.26.

Commission Regulation (EU) 2015/2282 of 27 November 2015 amending Regulation (EC) No 794/2004 as regards the notification forms and information sheets, OJ L 325, 2015.12.10.

Commission Regulation (EU) 2022/720 of 10 May 2022 on the application of Article 101(3) of the Treaty on he Functioning of the European Union to categories of vertical agreements and concerted practices, OJ L 134, 2022.5.11.

Commission Regulation (EU) No 461/2010 of 27 May 2010 on the application of Article 101(3) of the Treaty on the Functioning of the European Union to categories of vertical agreements and concerted practices in the motor vehicle sector, OJ L 129, 2010.5.28.

Council Regulation (EC) No 1/2003 of 16 December 2002 on the implementation of the rules on competition laid down in Articles 81 and 82 of the Treaty. OJ L 1, 2003.1.4.

Council Regulation (EC) No 139/2004 of 20 January 2004 on the control of concentrations between undertakings, OJ L 24, 2004.1.29.

Council Regulation (EU) 2015/1589 of 13 July 2015 laying down detailed rules for the application of Article 108 of the Treaty on the Functioning of the European Union, OJ L 248, 2015.9.24.

Consolidated version of the Treaty on the Functioning of the European Union, OJ C 326, 2012.10.26.

Council Regulation (EC) No 1215/1999 of 10 June 1999 amending Regulation No 19/65/EEC on the application of Article 81(3) of the Treaty to certain categories of agreements and concerted practices OJ L 148, 1999.6.15.

Council Regulation No 19/65/EEC of 2 March 1965 on application of Article 85(3) of the Treaty to certain categories of agreements and concerted practices OJ 36, 1965.3.6.

Council Regulation No 2821/71 on application of Article 85(3) [now 81(3)] of the Treaty to categories of agreements, decisions and concerted practices OJ L 285, 1971.12.29.

DECISION OF THE PRESIDENT OF THE EUROPEAN COMMISSION of 13 October 2011 on the function and terms of reference of the hearing officer in certain competition proceedings, OJ L 275, 2011.10.20.

Directive 2014/104/EU of the European Parliament and of the Council of 26 November 2014 on certain rules governing actions for damages under national law for infringements of the competition law provisions of the Member States and of the

European Union Text with EEA relevance, OJ L 349, 2014.12.5.

Directive (EU) 2019/1 of the European Parliament and of the Council of 11 December 2018 to empower the competition authorities of the Member States to be more effective enforcers and to ensure the proper functioning of the internal market, OJ L 11, 2019.1.14.

European Commission, Antitrust Manual of Procedures, 2012

European Commission, State Aid Manual of Procedures, 2013

Guidance on the application of the referral mechanism set out in Article 22 of the Merger Regulation to certain categories of cases, OJ C 113, 2021.3.31.

Guidelines on the method of setting fines imposed pursuant to Article 23(2)(a) of Regulation No 1/2003, OJ C 210 2006.9.1.

Guidelines setting out the principles for the assessment of vertical agreements under Article 101 of the Treaty on the Functioning of the European Union, OJ C 130, 2010.5.19.

Guidelines on the applicability of Article 101 of the Treaty on the Functioning of the European Union to horizontal cooperation agreements, OJ C11, 2011.1.14.

Guidelines on regional State aid, OJ C 153, 2021.4.29.

Guidelines on the assessment of horizontal mergers under the Council Regulation on the control of concentrations between undertakings, OJ C 31, 2004.2.5.

Guidelines on the assessment of non-horizontal mergers under the Council Regulation on the control of concentrations between undertakings, OJ C 265, 2008.10.18.

Guidelines on Vertical Restraints setting out the principles for the assessment of vertical agreements under Article 101 of the Treaty on the Functioning of the European Union, OJ C 248, 2022.6.30.

Proposal for a REGULATION OF THE EUROPEAN PARLIAMENT AND OF THE COUNCIL on contestable and fair markets in the digital sector (Digital Markets Act), 2020.12.15.

Proposal for a REGULATION OF THE EUROPEAN PARLIAMENT AND OF THE COUNCIL on foreign subsidies distorting the internal market, 2021.5.5.

Regulation (EU) 2019/1150 of the European Parliament and of the Council of 20 June 2019 on promoting fairness and transparency for business users of online intermediation services, OJ L 186, 2019.7.11.